中華文明史

下

章天亮 著

飛天大學出版社

作者自序

1787年，剛剛獨立不久的美國十三州代表聚集在費城舉行制憲會議。在此之前，人類社會從未出現過成文憲法。因此制憲既是在制定未來美國政治的框架和所需遵循的最高原則，也是在開創一個先例，即人類憑藉理性和善意，協商出解決未來利益紛爭的原則，並永為定例。

儘管願望是美好的，但具體操作時，各方卻多次因利益衝突而令會議陷入僵局。當然最簡單的做法就是拂袖而去，各州繼續各自為政，形成鬆散邦聯，如此就不會有今天的美國和美國的憲法了。正當大家感到氣憤和絕望時，本傑明·富蘭克林站了起來，向會議主席華盛頓將軍講了這樣一番話：「主席先生，我建議在我們休會之前提名和任命一位牧師，其職責是在我們每天開會之前，帶領我們向創世主禱告，因為他是天下萬國的王。我們懇請他來主持我們的會議，用天賜的智慧來啓迪我們，讓我們的心中充滿對真理和正義的愛，並保佑我們最後的成功[*1]」。

按照後來的眾議院議長戴頓將軍的回憶，富蘭克林的這番話讓華盛頓將軍及幾乎所有代表悚然動容，他們用欽佩的表情和沉默表達贊許。會議由是得以進行，並最終通過了憲法。

雖然憲法通過了，但美國能否維持在憲法之下的憲政，則是另外一個問題。國父亞當斯說「我們的憲法是為了有信仰和有道德的人制定的。如果人們失去信仰和道德，憲法將淪為一紙空文[*2]。」

回顧這段歷史，乃是為了說明，人類如果要創造文明，依靠個體的力量顯然是做不到的，而人類大面積的分工協作就涉及到社會的組織和管理。道德敗壞的人既無法自我管理，也不會與他人協作，因此文明只能靠有道德的人來創造。歷史上，當一個社會的道德敗壞時，我們看到的就是天災人禍、國家解體、朝代更迭，乃至文明的沒落和消亡。反過來講，如果中華文明能夠延續五千年，那麼其背後必然有一股強大的維繫道德的力量。因此，我絕不同意「中華沒有文明」或「中國歷史一團漆黑」的偏見。持有這種偏見的人也常常不會意識到，這是共產黨有意誤導的結果。

接下來的問題就是，誰擁有定義道德的權力和維繫道德的力量。答案只能是神。上帝在西奈山給摩西傳的十誡，就是道德上的誡命。而中國的倫理體系則來自於佛教、道教和儒家思想。

人活在世間必須處理好三種關係：第一是人與自然的關係，我們也可稱之為「物質文明」，這是個體生存的基本物質保障；第二是人與人的關係，也就是如何建立共同體，以及共同體內部及共同體之間應該遵循什麼樣的相處規則，我們也可以稱之為「政治文明」；第三是人與神的關係，這是維繫道德的唯一途徑，也是文明得以延續的前提和基礎，我們也可以稱之為「精神文明」。當人背離了神，人們就會淪為道德相對主義者，即無所謂是非善惡，就會把壞事當作好事。此時持有不同道德標準的人就失去了相互交流和達成可靠共識的基礎，社會也就崩裂了。

在物質、政治、精神這文明的三個層面中，唯物主義者傾向於物質決定意

識，因此在講述文明史的過程中，會以物質文明為重點、甚至為中心，對政治文明的解釋也常常以物質文明為出發點，這是讓我讀目前各類的文明史書籍或文章時常感美中不足的地方。

事實上，信仰塑造了文明。就像我們無法否認天主教對歐洲文明的塑造，和基督教新教對美國文明的塑造一樣，我們也無法否認儒、釋、道對中華文明的塑造。這是理解中華文明的關鍵，因此本書用大量的篇幅探討了儒、釋、道信仰體系的精髓，包括對一些常見誤解的辨析。

時至今日，過去的信仰在各國都走向了衰落，人們傾向於用科學解決人和自然的關係，用法律解決人和人的關係，本質上來說這是啓蒙運動的餘殃，也就是人對自身理性的信仰，認為人可以憑著自身的理性解決一切問題，乃至發現宇宙的真理、生命的奧秘、征服自然甚至長生不老。這時文明的發展已經走上了歧途。人固然應當具備和弘揚理性，但必須是在信仰框架之下的理性。人需要保持對神的謙卑，需要維繫神給人規定的道德。當對神的信仰缺位時，文明必然行之不遠，社會的亂象也將接踵而至。事實上，我們已經看到其惡果正在顯現和蔓延。

因此這本書除了想探討中華文明的精髓和延續五千年的真正原因，另一個目的也是想藉著這些探討，找到在中共毀滅性地破壞中華文化之後，我們去復興中華文明的著力點。

《中華文明史》是根據我在飛天大學的授課講義整理而成的，共分為五大部分：第1至7講為中華文明概述；第8至18講為簡明中國史；第19至55講為中國的哲學史部分，著重討論了先秦的道家、儒家、兵家和法家思想，佛教傳入中國和發展的簡史，和中國哲學思想的流變；第56至64講為政治制度史部分；第65至72講為中國文學簡史。

受本人對於信仰的理解和體悟所限，也受個人知識體系的完備程度所限，書中乖謬舛誤之處在所難免，敬請讀者批評指正。一家之言，僅供參考。

　　　　　　　　　　　　　　　　　　　　　　　　章天亮

　　　　　　　　　　　　　　　　　　　2022年4月19日於紐約飛天大學

---

*1　"I will suggest, Mr. President, that propriety of nominating and appointing, before we separate, a chaplain to this Convention, whose duty it shall be uniformly to assemble with us, and introduce the business of each day by an address to the Creator of the universe, and the Governor of all nations, beseeching Him to preside in our council, enlighten our minds with a portion of heavenly wisdom, influence our hearts with a love of truth and justice, and crown our labors with complete and abundant success!" ——Benjamin Franklin

*2　Our Constitution was made only for a moral and religious people. It is wholly inadequate to the government of any other. —— John Adams

目　錄

第三部分・中國哲學史（下）

【第三十六講】・法家思想(1)法家的歷史背景和影響　　1

【第三十七講】・法家思想(2)商鞅生平　　11

【第三十八講】・法家思想(3)韓非子生平和法家的「法」　　21

【第三十九講】・法家思想(4)法家的「術」與「勢」　　33

【第四十講】・法家思想(5)「馬克思加秦始皇」與「批林批孔」　　43

【第四十一講】・法家思想(6)中共與法家的相似之處　　55

【第四十二講】・法家思想(7)中共與法家的不同之處　　67

【第四十三講】・法家思想(8)中共為什麼要破壞傳統文化？　　79

【第四十四講】・中國佛教簡史(1)佛法東傳　　91

【第四十五講】・中國佛教簡史(2)鳩摩羅什、佛教石窟　　103

【第四十六講】・中國佛教簡史(3)禪宗簡史　　111

【第四十七講】・中國佛教簡史(4)西行求法　　121

【第四十八講】・中國佛教簡史(5)鑒真東渡與藏傳佛教簡史　　131

【第四十九講】·中國佛教簡史 (6) 漢地佛教的四次法難　　141

【第五十講】·中國哲學簡史 (1) 關於哲學和哲學史　　151

【第五十一講】·中國哲學簡史 (2) 中國哲學的特點　　163

【第五十二講】·中國哲學簡史 (3) 魏晉玄學　　173

【第五十三講】·中國哲學簡史 (4) 佛教的義理　　185

【第五十四講】·中國哲學簡史 (5) 義理的討論與隋唐佛學　　195

【第五十五講】·中國哲學簡史 (6) 宋明理學和心學　　205

第四部分·中國政治制度史

【第五十六講】·中國政治制度簡史 (1) 秦始皇生平及功業 (1)　　219

【第五十七講】·中國政治制度簡史 (2) 秦始皇生平及功業 (2)　　229

【第五十八講】·中國政治制度簡史 (3) 秦始皇生平及功業 (3)　　235

【第五十九講】·中國政治制度簡史 (4) 秦始皇生平及功業 (4)　　243

【第六十講】·中國政治制度簡史 (5)

　　　　楚的分封與漢初的分封郡縣並存　　251

【第六十一講】·中國政治制度簡史 (6)

　　　　中央集權的加強與國家意識形態的演變　　259

【第六十二講】·中國政治制度簡史(7)獨尊儒術　　　　　　267

【第六十三講】·中國政治制度簡史(8)

　　　　　中國古代的選官與考試制度(1)　　　　　277

【第六十四講】·中國政治制度簡史(9)

　　　　　中國古代的選官與考試制度(2)　　　　　285

第五部分 · 中國文學簡史

【第六十五講】·中國文學史(1)先秦時期　　　　　　297

【第六十六講】·中國文學史(2)漢賦和建安文學　　　　307

【第六十七講】·中國文學史(3)六朝駢文、文學理論和小說　315

【第六十八講】·中國文學史(4)唐詩(上)　　　　　325

【第六十九講】·中國文學史(5)唐詩(下)、古文運動和傳奇小說　335

【第七十講】·中國文學史(6)宋詞　　　　　　347

【第七十一講】·中國文學史(7)元曲、明清小說(上)　　355

【第七十二講】·中國文學史(8)明清小說(下)　　　367

第三部分

中國哲學史

（下）

第三十六講 ❖ 法家思想(一)
法家的歷史背景和影響

Chapter. 36 Legalism (1) History and Influence of Legalism

大家好，咱們上幾堂課講了兵家思想，咱們今天開始講法家。

法家對中國的影響非常之大。我們首先會講一下關於法家的歷史背景，然後講法家的歷史影響，我們還會再簡單談一下性善與性惡之爭，因為這是法家的哲學基礎，之後我們會介紹一下商鞅的生平，最後會分析法家學說的一些具體內容。

一、法家出現的歷史背景

對於法家出現的時間，存在著幾種不同的看法。一種說法是早在春秋時期，齊桓公的相管仲就是法家，還有說鄭國的子產是法家等等，學界還把法家分為「齊法家」和「晉法家」。我個人覺得他們都談不上是真正的法家，因為他們的思想不成體系，並沒有完全形成一種學說，做事還有一定的底綫，這都是跟真正的法家不同的地方。這就好像你不能說儒家是周公創立的，而只能說是孔子創立的。我個人認為，準確地說，法家應該從戰國時的商鞅算起，三大巨頭就是商鞅、李斯和韓非子。

戰國時期的特點是什麼呢？我們知道從春秋時期，中國就進入了一個禮崩

樂壞的時代。但春秋時期傳統的勢力還比較大,至少在初期,還是一種靠溫情來維繫秩序的熟人社會,也靠家庭的溫情來維繫君臣父子之間的關係,戰爭也還不是那麼激烈和殘酷。但是到了戰國時期,諸侯都想去吞併別人的土地、掠奪對方的人口和財富。所以這時在戰場上大家可能用的是兵家的學問,諸侯之間的外交可能用的是縱橫家的學問,那麼在內政上,用的就是法家的學問。

周代最開始實行的是宗法等級分封制度。但隨著土地的開拓和人口的增加,過去那種以小共同體為本位的、充滿溫情的分封制度已經無法再滿足兼併戰爭的需要。咱們看這張圖,這個黃色的大圈,如果代表一個諸侯國;這個諸侯國裡會劃分出很多的土地給大夫,大夫就是除了諸侯的嫡長子之外的其他兒子。這些大夫的土地雖然在邦國之內,但是這些土地相對來講是獨立的,大夫是這塊土地的主人,土地上的一切資源像人口、出產

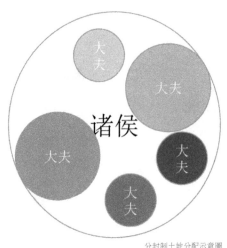

分封制土地分配示意圖

等都歸大夫所有。如果諸侯國的國君在戰爭中需要動用大夫的資源,就得跟大夫商量。他不能命令大夫說把兵給我、把錢給我等等,因為那些資源不是國君的。所以在這種情況下,國君就難以動員一個國家的全部資源。

所以為了動用國家全部資源就得廢除分封制,把以前給大夫的土地再收回來,這就是廢分封、置郡縣。戰國時期,列國都在進行改革,很大的一部分改革內容就是摧抑貴族,要想辦法把大夫手中的資源再收回來。秦國的商鞅變法、魏國的李悝變法、楚國的吳起變法其實都跟摧抑貴族有關。吳起還因為這個事後

來被貴族給殺了。所以，當時國家的一切都是圍繞著富國強兵和兼併戰爭而運作，整個國家就在走向軍國主義。法家就是實現這種軍國主義的路徑。

在走向軍國主義的過程中，世卿世祿的制度開始瓦解，因為廢除了分封制度後，世卿世祿的制度當然就瓦解了。過去國君和大夫之間是家屬關係，大夫是諸侯的兄弟子侄，這樣國君很難去解雇一個大夫，因為大夫是國君的兄弟，按照宗法制度你就得封他做大夫的。如果他不是犯了特別大的罪過，哪怕他把自己的家搞得一團糟你也沒辦法，那是他家裡的事。

所以在分封制度之下，君臣之間是家庭關係。到了戰國時期就不一樣了，國君為了打贏戰爭，不能只任用自己的兄弟，因為萬一你兄弟沒有能力，打了敗仗怎麼辦呢？所以國君就必須在國內選拔人才做官，去管理經濟、制定法律等等。也就是說，這時選官就不看血緣關係的遠近，而看你的能力了。這就是世卿世祿制度的瓦解和官僚制度的出現。

因為是量才授官，那也就必然涉及到官員上任之後，是不是能夠稱職的問題。你不能嘴上說得挺好，做得很差勁兒，或者貪污腐敗。過去的大夫不容易出現貪污的問題，因為他封地裏的一切都是他自己的，所以他貪污也是貪污自己的東西。但官僚制度之下，你管理的地方不是你自己的，你把這些財富裝到自己兜裏，那就是貪污了。怎麼監督官員呢？那就必須有官員的考察制度，然後根據考察結果來決定官員的賞罰黜陟，這就叫「上計」制度。

所以整個國家的管理方式跟過去就完全不同了。法家的出現就是為了解決這樣一些非常現實的問題。

我們知道中國傳統上是農業社會，人們日復一日地重複著同樣的生活，耕種同一塊土地。所以人們習慣于用過去的傳統來解決當下的問題，因為這些問題很可能以前發生過。比如說今年鬧旱災了，那麼就會查一查以前鬧旱災之後，

是怎麼解決的問題呀；今年鬧蝗蟲了，那麼以前鬧蝗蟲，我們是怎麼解決問題的？所以百家爭鳴的時候，諸子幾乎都是從歷史的過去中尋找答案。所以孔子的儒家崇尚周公；墨子為了跟孔子對著幹，他就找到了大禹，因為大禹比周公還早了1000年；孟子為了對抗墨家，孟子就找到了堯舜；道家找到了三皇，比堯舜還早。所以大家都在往古代找，希望能夠從歷史的經驗中找到解決現實問題的答案，這就叫作「法先王」。但法家不這樣認為。法家認為我們面臨的是全新的問題，我們就必須得用全新的手段來解決，所以法家叫作「法後王」。

韓非子還專門講了一個故事，這個故事變成了一個成語「守株待兔」。故事說宋國有個人在種地，突然一隻兔子跑出來，一頭在樹樁上撞死了。宋國人認為既然樹樁能撞死兔子，那我就不用種地了，天天在樹樁那兒等著兔子來撞死。故事就是為了說明他把過去的經驗視為一成不變，而且未來一定會發生的事，結局是這個人的田地就荒蕪了。韓非子的意思是如果守著過去的法律不變，就像那個宋國人守株待兔一樣。這就是法家出現的歷史背景，目的是為了富國強兵。為了動員國內全部的資源，要廢分封置郡縣；為了要打贏戰爭，所以要重用人才，這樣就發展出一套官僚制度，把過去君臣之間的親屬關係變成了後來君臣之間的雇傭關係，然後還有上計和考核制度等等，都是為了解決現實問題而發展出來的。

二、法家的歷史影響

我們前面講到儒家、道家、兵家，都是比較正的，也就是正常的社會是需要這些學問的，應該這麼運轉的。但我個人覺得，法家的學問很糟糕。有的人一看到「法家」就覺得它肯定是研究法律的，它的英文也翻譯成Legalism，但其實不是。法家研究的不是法律，而是陰謀。法家完全是一門關於陰謀的學問，這就是為什麼我說法家不好。

　　它雖然不好，但我們卻無法回避它，因為它的歷史影響實在是太大了。我們知道人世間有相生相剋的道理，小到一個人、大到一個國家，甚至到整個世界，總是有好人有壞人，有正的學說也會有邪的學說，象西方有基督教也有撒旦教，就是它要一對兒一對兒地出現。中國有儒家，也有法家，它也是這樣成對兒出現的。儒家主張以正道治國，法家主張以陰謀治國。

　　法家對歷史的影響非常大，我覺得至少可以表現在三個方面。第一、由於商鞅變法，幫助秦國富國強兵，最後統一了天下，其中法家功不可沒；第二、法家主張「廢分封、置郡縣」，把過去周代的封建制度變成了秦以後的中央集權制度，而且從那以後基本上歷朝歷代實行的都是中央集權，中國就從一個封建社會變成了一個帝國，而且這個帝制時代延續了2000多年；第三、漢武帝聽了董仲舒的建議，以儒家作為官方的學問，但法家的影子一直都在，我們以後講到秦漢史的時候就會談到這個問題。

　　儒家針對的是一個小共同體社會，而秦統一以後，出現的是一個龐大的中央集權國家。這時儒家這個針對小共同體的學說和中央集權之間是不匹配的，所以就必須對儒家進行一些改造，於是儒家裡就被添加了很多法家的東西。法家的這些歷史影響，是我們無法回避的。

　　在我看來，法家其實跟兵家非常像，因為兵家主要強調的就是詐術，欺騙你的敵人、揣摩敵人的心理，法家也是一樣的。法家是以詐術來治國。它是把兵家的那一套騙敵人的陰謀詭計用在了治國上，這就是為什麼我說法家不正的原因。

　　按照過去道家的說法「兵者不祥之器，非君子之器，不得已而用之」，不到萬不得已是不能用的，而法家把這種萬不得已才使用的陰謀變成了生活中的日常，所以它是反道德的。我們知道天下可以於馬上得之，不可於馬上治之，而秦

是歷史上唯一的一個徹頭徹尾地以法家思想來治國的王朝，所以秦只存在了15年，就亡國了。可以說秦統一天下是因為法家，失去天下也是因為法家，所以大秦帝國成也法家、敗也法家。

下面我簡單地回顧一下關於性善與性惡之爭。我們知道儒家有三巨頭——孔子、孟子、荀子。法家也有三巨頭——商鞅、李斯、韓非子。其中李斯和韓非子都生活在戰國末期，都是荀子的學生。咱們在講儒家思想的時候提到荀子的「性惡論」，就是人性本惡。但荀子針對人性之惡，解決方案是通過「禮」來約束人們的慾望，從而把人變成一個好人。而法家認為人性本惡而且不可改造，人人都是壞人，所以法家認為講大道理是根本沒用的，所以法家的解決方案是「以惡制惡」，這就是為什麼法家主張嚴刑峻法。我們知道儒家是講等級的，君臣父子，上下尊卑。法家是不講等級的，韓非子說：「所謂壹刑者，刑無等級，自卿相、將軍以至大夫、庶人，有不從王令、犯國禁、亂上制者，罪死不赦」。

孔子之前的儒家講「禮不下庶人」，但孔子「有教無類」，庶人也可以學習「禮」，這是把庶人當作貴族對待；儒家講「刑不上大夫」，而法家講「刑無等級」，可以把刑罰施加給所有的人，這是把貴族貶為庶人來對待。

三、商鞅生平（上）

商鞅的本名不叫商鞅，他後來被秦孝公封到了一個叫「商」的地方，於是指地為姓，變成了商君。他的本名叫衛鞅，是衛國的庶孽公子，相當於衛國國君小老婆生的孩子。他還有一個姓叫「公孫」，所以也叫公孫鞅。他覺得衛國太小，於是就離開了衛國到達了魏國。魏國的相叫公叔痤，也有寫作公叔座的，衛鞅在他家擔任中庶子。中庶子就是負責子女教育的官。

衛鞅那時很年輕。公叔痤很喜歡他，經常跟他攀談，覺得他很有才能。後來

公叔座病重了，魏惠王去看望他。魏王很難過，問公叔座說：你要是死了，魏國的國政應該委託給誰啊？公叔座說我家裡有一個家庭教師叫衛鞅，雖然年輕但是很有才，就請大王用他做相國。魏王沒吱聲，因為是一個完全不認識的人。公叔座緊接著說：如果大王不用他，請一定殺了他。魏王就站起來走了，一邊走一邊說：公叔座看來不行了，神智不清了，一會兒讓我用衛鞅，一兒會讓我殺衛鞅。

商鞅畫像

　　魏王走了以後，公叔座把衛鞅叫到床前，跟衛鞅講：剛才我跟國君推薦了你，還跟魏王講如果不能用你就要殺你。我感覺是不能用你的，那他可能就會殺掉你，你還是跑吧。衛鞅說：不用，他如果不聽你的話而用我，當然也不會聽你的話而殺我。魏王最後也沒有再理衛鞅。衛鞅覺得在魏國呆下去，也沒有出頭之日了，就想離開。這時正好秦孝公在下榜招賢，於是衛鞅西渡黃河，到了秦國。

　　衛鞅到秦國以後，沒有直接去揭那個招賢榜，而是去投靠了秦孝公一個寵信的太監叫作景監。衛鞅請求景監推薦他，景監就三次把衛鞅推薦給秦孝公。

　　第一次秦孝公和衛鞅的見面不太愉快，因為衛鞅給秦孝公嘮嘮叨叨講了一大堆五帝的事跡，講得很無聊，秦孝公聽著聽著就睡著了，睡醒了之後發現他還在講，又睡著了，再醒了之後發現他還在講。《史記》中的說法叫做「時時睡」。秦孝公脾氣挺好，耐著性子聽完，也沒有處罰衛鞅，就把他給打發走了。打發走了之後，秦孝公跟景監說：你怎麼給我推薦這麼一人，他口才確實很好，但誇誇

其談，跟我們現在要解決的問題完全搭不上。景監就回去跟衛鞅說：國君對你說的很不滿意，太不實用了。衛鞅說：那是我講得太高了，他沒聽懂，再給我一次機會吧。這樣在景監的推薦之下，衛鞅又第二次見了秦孝公。這次的效果也不怎麼樣，景監又被秦孝公罵了一頓，他又回來罵商鞅。衛鞅說：其實我有三套方案，第一套方案是教他怎麼做帝，象堯舜一樣；我又拿出第二套方案，教他怎麼做成湯周武這樣的王，他又不聽；我還有第三套方案，就是如何像齊桓公、晉文公一樣稱霸。秦孝公聽說衛鞅還有一套霸術，眼睛就亮了，然後第三次見了衛鞅。第三次談話就比較愉快了。《史記》中說：「公與語，不自知跶之前於席也。語數日不厭」，就是說秦孝公聽得太入神了，忘記了周圍的環境，不知不覺跪坐起來，用膝蓋慢慢走到衛鞅的面前。衛鞅講了好幾天，秦孝公都覺得還沒聽過癮。

衛鞅跟景監講，「故吾以強國之術說君，君大說之耳，然亦難以比德於殷、周矣」，就是孝公需要的不是數十年數百年積累道德才能顯出功效的王道，而是需要立竿見影的霸道，這樣孝公的德行功業就沒辦法媲美殷、周了，就是改朝換代的成湯、周武了。

那麼衛鞅到底跟秦孝公說了些什麼東西呢？簡單地講，就是耕戰之術，也就是商鞅變法的理論基礎。儘管他這個時候還不叫商鞅，但大家都習慣叫他商鞅，我們也就用他後來這個名字了。商鞅講：「夫國不富，不可以用兵，兵不強，不可以摧敵。欲富國，莫如力田，欲強兵，莫如勸戰，誘之以重賞，而後民知所趨；脅之以重罰，而後民知所畏，賞罰必信，政令必行，而國不富強者，未之有也」。意思就是說：如果你要想取得戰爭的勝利，你得有錢，為了要有錢，你就必須鼓勵農業生產；你要讓軍隊打贏，就要鼓勵士兵在戰場上殺人立軍功。那麼怎麼鼓勵大家呢？就是要用重賞去引誘他們，殺一個敵人賜爵一級，用很重的懲罰去恐嚇他們，讓他不敢不聽話。當你賞罰必行的時候，你就在老百姓心目中樹立起了權

威，你只要一說話大家都聽，全國的力量都往一處使，這個國家想不強大都不可能的。這就是商鞅給秦孝公講的稱霸的方法。

在商鞅講完這些建議之後，秦孝公並沒有馬上去實施他的主張，還有一些別的問題需要解決。什麼問題呢？咱們就等到下堂課的時候再說。

第三十七講 ❖ 法家思想(二)商鞅生平

Chapter. 37　Legalism (2) Shang Yang's Life

大家好。咱們上一堂課講了法家出現的歷史背景和歷史影響,商鞅的生平也開了個頭,今天咱們繼續講商鞅的生平。

四、商鞅生平(下)

商鞅在三見秦孝公之後終於說服了秦孝公要以「霸道」來治國,但是這並不是說秦孝公想做就可以做的,因為還需要徵得大臣們的同意。我以前曾經講過一個道理,任何一次社會的變革都涉及一個利益重新分配的問題,也就是說,過去的利益本來在你手裡,現在要把它拿出來分給別人。大家想一想,它一定會觸及到既得利益集團,所以商鞅變法其實是面臨著很大阻力的。

秦孝公一開始也希望商鞅能夠說服那些貴族,於是就有了一次朝堂辯論。商鞅講了這樣一段話:「疑行無名,疑事無功,且夫有高人之行者,固見非於世,有獨知之慮者,必見敖於民」,意思是一般人的智力達不到你的水平,所以你想的問題太高深、你的目光太遠大的話,一般人是跟不上的,於是他們不但不會跟隨你,而且還會嘲笑你。商鞅接著說:「愚者暗於成事,知者見於未萌,民不可與慮始而可與樂成,論至德者不和於俗,成大功者不謀於眾」,意思是說愚昧的人

等事做成了他都不知道你是怎麼做成的,但有智慧的人在事情還沒有出現很明顯的徵兆的時候,他就可以意識到。對於愚昧的百姓們,不可以和他們一起探討如何開始去做;只能等到事情做成了之後,讓他們一起去享受這個成果。如果一個人道德特別高尚,那麼他跟普通人是很難相處的;如果一個人要想建大功的話,他是不能夠跟大家商量的,因為大家理解不了、也不會同意你。商鞅說:「是以聖人苟可以強國,不法其故,苟可以利民,不循其禮」,就是一個聖人為了讓國家強大、人民得到好處,他是會打破過去的做法和禮制的限制的。孝公說「說得好」。於是商鞅就在朝堂上和兩個守舊的大臣甘龍和杜摯發生了辯論。

甘龍認為「聖人不易民而教,知者不變法而治。因民而教,不勞而成功,緣法而治者,吏習而民安之。」就是聖人教導老百姓不需要做什麼變更,有智慧的人不需要改動法律,也能把社會管理得很好。順著老百姓的人情,不用很辛苦就會獲得成功;按照現在的法律去管理,官吏們都駕輕就熟,老百姓也無需經歷動盪。商鞅反駁說甘龍所說的就是世俗的人考慮問題的方法,「常人安於故俗,學者溺於所聞」,一般的人過去日子怎麼過,他就還怎麼過;而學者通常會食古不化,這些人因循守舊地過日子是可以的,但舊框架之外的東西是無法跟他們討論的。商鞅說:「三代不同禮而王,五伯不同法而霸,智者作法,愚者制焉,賢者更禮,不肖者拘焉」,夏商周三代的禮樂都有變化,春秋五霸用的方法各有不同;有智慧的人制定法律,愚昧的人受制於法律;有才能的人會改動禮,沒有能力的人就跟著做。甘龍怎麼回答的我們不知道,《史記》中的記錄到此為止。接下來是跟杜摯的討論。

杜摯說:「利不百,不變法;功不十,不易器,法古無過,循禮無邪」,就是說如果我不能夠有之前100倍的利益就不要去變法,如果沒有以前十倍的功業就不要更改爵位、名號,所以遵循古代的做法是沒有錯的,遵循過去的禮也是正道。商鞅回答說:「治世不一道,便國不法古,故湯武不循古而王,夏殷不易禮而

亡，反古者不可非，而循禮者不足多」，意思是說治理國家的道是可以變的，為了國家的方便也不用遵循古代的規定，所以成湯周武沒有遵循古禮，取得了改朝換代的成功；夏朝和殷朝死守著過去的禮節還是亡國了，所以我認為反對古代的禮制是無可指責的，遵循古代禮制也沒有什麼可值得誇獎的。秦孝公認為商鞅說的對，就決定開始變法。

但商鞅並沒有馬上開始行動，而是先做了一件事。這件事也非常有名，叫做「徙木立信」。當時秦國的都城在雍，還不在咸陽。商鞅在雍的南門外立了一根木頭，貼了一告示，說誰把這根木頭從南門搬到北門，我就賞十金。我們知道，古時候的城都很小。孟子說「三里之城，七里之郭」，從南門到北門，橫穿過去大概也就幾百米。把一根木頭扛幾百米就賞你十金，感覺好像現在說扛一根木頭走幾步就給你十萬美元一樣，大家都難以相信。於是大家就光看，但沒有人動。商鞅說：沒人動，是不是因為賞金太少了？於是把十金改成五十金。大家就更覺得奇怪了。結果有個人說：秦國從來都沒有給百姓這麼重的賞賜，我把這根木頭扛過去，就算不賞賜我五十金，給幾個銅錢也是好的。於是他把木頭扛過去了。商鞅正在北門那兒坐著等，看到他來了之後說，「你真是一個良民啊」，立刻就給了他五十金。

所以商鞅設計的這個事，是一個非常成功的營銷學案例。因為那時候沒有人知道商鞅是誰，他說話算不算數大家也不知道，突然間他要對秦國的法律做大規模的更改，老百姓都會抱著觀望的態度，覺得我能不能相信你呀？我應不應該按照你的新法去做呀？那麼商鞅就通過「徙木立信」，在老百姓心目中樹立了自己的信用。因為那時候也沒有媒體嘛，所以他也不可能做廣告，但他通過這麼一件事之後馬上就製造了一個口耳相傳的大新聞，幾個小時之內滿城都傳遍了，說新來了一個左庶長衛鞅，說話真是算數，那個誰誰誰得了五十金。這樣商鞅就建立了自己的信用。這件事做完後，他就開始變法。

商鞅變法是分兩次做的,中間隔了十年的時間。第一次變法的主要內容包括連坐、告奸、勞改、以軍功賜爵等等。

國家「令民為什伍,而相牧司連坐」,什麼意思呢?就是他改變了社會結構,把五家劃分成為一個伍,十家劃分成為一個什。然後讓他們互相監督,如果有一家犯法,其他家有義務舉報他。如果你不舉報的話,你們和他等於犯下同樣的罪過,這就叫做連坐。衛鞅說:「不告奸者腰斬,告奸者與斬敵首同賞,匿奸者與降敵同罰」,如果他要犯罪了,你沒有舉報,那就要腰斬。如果被告的人被斬首了,那麼舉報人就得到跟斬敵人一顆首級同樣的賞賜,賜爵一級。

然後說,「民有二男以上不分異者,倍其賦」,就是如果一家裡面有兩個兒子的話一定要分家,如果不分家的話,稅收的稅率要加一倍。為什麼鼓勵分家呢?就是鼓勵你多多開墾土地。「有軍功者,各以率受上爵,為私鬥者,各以輕重被刑大小」,如果你出去打仗很勇敢,那就給你很高的爵位賞賜,如果不是出去打仗而是你們民間自己打架,根據受傷的嚴重程度給以相應的處罰。

「戮力本業,耕織致粟帛多者復其身,事末利及怠而貧者,舉以為收孥」,這個事也特別狠,跟共產黨差不多。意思是你們每個人應該把自己的本業做好,比如把地種好、多織布等等,獎勵就是「復其身」。所謂「復其身」就是免除你的徭役,不需要給政府工程做免費的勞動力。如果「事末利」,就是做商人或者是由於你不努力工作而變得很窮的話,「舉以為收孥」,就把你全家都變成奴隸。

大家可以看到,這就是中共的勞動改造啊,就是你不好好幹活的話,就強制勞動。商鞅說「宗室非有軍功論,不得為屬籍」,哪怕你是國君的親戚,按儒家的分封制度你該當大夫,現在不行了,你必須得立下軍功才可以。如果你不立軍功,就不把你的名字登記在家譜裡,也就是說你就失去了貴族的地位。「明尊卑爵秩等級,各以差次名田宅」,根據你的軍功大小來佔據不同的房子,「名」就是

· 14 ·

佔有。「臣妾衣服以家次」，家臣妻妾的衣服也需符合這家的爵位。「有功者顯榮，無功者雖富無所芬華」，就是如果你軍功很大，就可以穿漂亮的衣服、坐漂亮的馬車、住好房子，可以嬌妻美妾，但如果沒有軍功的話，即使有錢，你也不能像貴族那樣生活。你只能穿布衣服、坐牛車。

　　一般人咱們都覺得治理一個國家，如果老百姓非常善良，社會就應該比較安定，因為社會的管理成本會降低，不需要那麼多警察。但商鞅不這樣認為，他不希望秦國的百姓是好人。為什麼呢？因為他覺得如果你們都是好人，你們就會很團結。團結起來的老百姓就會形成一股民間的力量，而這股力量是可以對抗政府的。所以商鞅希望大家都變成壞人。當大家都是壞人的時候，民間就變成一盤散沙了，沒有任何一個人有安全感，覺得每個人都想害自己。你會想如果政府迫害我，也沒人替我出頭說話，怎麼辦呀？所以我只好老老實實地聽政府的話，甚至你可能為了能夠得到某種好處去親近政府的權力，希望得到名利，所以商鞅講「用善則民親其親，任奸則民親其制」。大家都是壞人的話，就會去親近這個制度。其實你看中國現在也很明顯。大家為什麼都喜歡去巴結當官的呢？這就是「親其制」。所以商鞅治國，並不是要把大家變成好人，讓大家變得富裕，而是讓大家變成貧民，就是窮人；奸民，就是壞人；愚民，就是蠢人。這就是商鞅治國的方法。

　　商鞅變法當然遭到了貴族的抵制，其中包括太子。商鞅的解決方案是強硬的懟回去。商鞅不能處罰太子，因為太子是國之儲君，將來要做國君的，所以商鞅就處罰了太子的兩個老師，一個叫公子虔，一個叫公孫賈。

　　商鞅最開始變法的時候，有很多人過來跟商鞅抱怨，說這個法律給我們帶來了很多的不便，這不好那不好；過了一段時間，大家習慣了，又覺得這個法律挺好，於是又有很多人來跟商鞅講說變法變得真好啊，這也好那也好。對待批評

和讚揚商鞅的人，商鞅的處理方法是一樣的，把他們全部發配到邊疆去。你可能覺得很奇怪，怎麼誇你也不行啊？商鞅這麼做，其實是為了釋放一個明確的信號，就是這個國家的政策是我說了算，我來想就可以了，你們不要想。當你說好還是不好的時候，就說明你還有自己的價值判斷，但你們作老百姓的，就不要管它好不好，你就只管去照我說的做就是了！所以在《史記》中，商鞅曰：「此皆亂化之民也」，就說你們竟然還敢思考問題，一千個人有一千個想法，把國家都搞亂了。所以「盡遷之於邊城」，把他們全部發配到邊疆去，「其後民莫敢議令」，從此之後老百姓連議論都不敢，好壞都不能說了。

然後商鞅又以誅殺立威。「初，商君相秦，用法嚴酷，嘗臨渭淪囚，渭水盡赤」，《資治通鑒》裡說商鞅為了恐嚇大家，在渭水旁邊檢閱囚徒，殺了之後就扔到渭水中，把整個一條大河全都給染紅了。所以商鞅通過徙木立信、誅殺立威，處罰梗令之民和媚令之民，樹立了一個鐵血丞相的形象。

剛才說的是商鞅的第一次變法，後面還有第二次變法。第二次變法就是遷都咸陽；不讓父子兄弟住在同一個房間裏，過去是說一個爹倆兒子，倆兒子必須分家，現在父親跟兒子之間也必須分家；廢井田、開阡陌；統一度量衡；有的事我們覺得是後來秦始皇幹的，其實商鞅的時候就統一度量衡；廢分封、置郡縣等等。商鞅還焚書。新法推行4年後，秦國的公子虔又去說這個新法不好，商鞅就割了他的鼻子，所以商鞅真的是挺狠的。

就這樣，秦國在商鞅的治理之下就變得越來越強大。接下來商鞅又做了一件事情，就是「詐取西河」。

大家可以看這張圖（見17頁），中間這個「几」字形是黃河。黃河西邊有一塊藍的，就叫西河，在黃河以西嘛。一共八個城。這時，它屬於魏國，是當年吳起打下來的。大家看這張圖就知道秦國很難過，因為他丟了河西八城後，就沒有黃河

天險作為跟魏國之間的邊境了，所以秦孝公念念不忘想把西河拿回來。於是商鞅就主動領兵出戰。魏國派過來抵抗的將軍叫公子卬。公子卬和商鞅之前在魏國是好朋友。商鞅就給公子卬寫了封信，說咱倆以前關係不錯，現在各為其主，在戰場上相見。真的打起來，我也心有不忍。你看看能不能這樣，咱們舉行個宴會，大家一起喝喝酒、聽聽音樂、敘敘交情，然後咱倆就各自回家吧，不打仗了。千載以下，大家再一提到真心的朋友，就拿我們倆作為一個樣本。公子卬非常輕信，於是就來參加宴會。結果在宴會上，商鞅把公子卬給抓起來了。然後把魏國士兵的衣服脫下來穿到秦國士兵的身上，回去叫城，說公子卬已經喝完酒回來了，問題都解決了。魏國城門一開，秦兵一擁而入，就把這八個城給占了。這樣商鞅通過詐術取得了西河地區的八個城。

　　商鞅凱旋以後，秦孝公重賞了商鞅，給他封了商於之地十五座城，從此之

虛線內為西河地區

商鞅詐取西河

後他才叫作「商君」。商鞅其實是這麼來的。

商鞅被封為商君後特別得意，請來很多人吃飯，他志得意滿地誇了自己一頓，說大丈夫人生一世能到我這個地步真的算很成功了。就在他洋洋得意的時候，一個叫趙良的人站了起來，跟商鞅講說，「千人諾諾，不如一士諤諤」，說是大家都在拍你馬屁，但這種人再多都比不上一個能跟你說真話的人。趙良接著就跟商鞅講了一番話，《史記》記載的跟《東周列國志》上講的差不多，但《東周列國志》講得比較簡潔。趙良跟商鞅講，「今君相秦八載，法令雖行，刑戮太慘」，你雖然當了八年的丞相，法令雖然大家都服從，但殺戮實在太重。「民見威而不見德」，老百姓只是怕你，但是卻不尊敬和感激你；「知利而不知義」，在你的統治之下，老百姓只知道什麼叫利益，不知道什麼叫做道義。

趙良接著說：「太子恨君刑其師傅，怨入骨髓，民間父兄子弟久含怨心」，你把太子的老師割了鼻子、臉上刺字，他們都恨死你了，民間的父子兄弟也因為你殺戮太慘而怨恨你，一旦國君秦孝公死了，你就像是早上的露水一樣，太陽一出露水蒸發沒了，你的好運氣就結束了。那時，商於的富貴就是一場春夢啊，不要再誇什麼大丈夫了。你現在最好的做法就是找一個有才能的人取代你，然後自己趕緊低調一點回到家鄉，最好是新的國君都想不起你來。萬一國君要是想起你來，你推薦的那個人因為感激你，說不定替你說兩句好話，這些事就過去了，你還有機會頤養天年。所以你現在應該趕快辭職。商鞅默然不應，就是沒說話，也沒答應。

僅僅五個月之後，秦孝公就薨了，之後太子繼位，就是秦惠文公。惠文公特別恨商鞅，於是就有人告商鞅謀反。他們跟國君說：秦國的百姓現在一提法律，不說是秦國的法律，而說是商君之法。商鞅都這麼牛了，將來萬一造反怎麼辦？

本來秦惠文公就比較恨他，馬上就派人將商鞅免職。又有人告商鞅僭越、

謀反，所以國君就派人去追商鞅。商鞅聽到喊殺之聲大作，知道國君找他報仇來了，趕緊脫掉官服換上普通人的衣服，化妝逃跑。結果晚上他跑到一個旅館，要住店。旅館的主人問他，你的身份證呢？商鞅說我沒有身份證。旅館主人說「商君之法，舍人無驗者坐之」，你沒身份證，我讓你住店，那你犯什麼罪，我就等於犯了同樣的罪，你要是被腰斬的話，我也得腰斬啊。我哪知道你是誰呀？商鞅喟然歎曰，「嗟乎，為法自斃一至此哉！」留下了一個成語叫做作法自斃，就他自己制定的法律結果把自己給坑死了。

商鞅一看沒辦法了，就想往魏國逃跑。這完全是一種錯誤的算計，因為你想他剛剛通過欺騙的手法打下了魏國河西八個城，所以魏王正恨他，一聽說商鞅來了，立刻在邊境上布兵，等他來，好把他抓起來。商鞅一看情況不好，只好逃回到自己的封地，然後舉兵造反。結果秦國大軍趕到，商鞅戰敗被擒。最後秦惠文王將商鞅車裂，五馬分屍，所以商鞅死得非常慘。

關於商鞅的生平咱就說這麼多了。關於具體他的思想，包括後面韓非子提出的法家思想到底是什麼，咱們等到下面幾堂課再說。

第三十八講 ❖ 法家思想(三)
韓非子生平和法家的「法」

Chapter. 38　Legalism (3) The Life of Han Feizi and the "Law" of Legalism

　　大家好，上堂課我們談了一下商鞅的生平和他變法的內容。今天我們開始剖析一下法家的思想。法家思想的集大成者是韓非子，所以我們首先介紹一下韓非子的生平。

五、韓非子生平

韓非子畫像

　　韓非子出身比較高貴，他是韓國的公子，屬於王室。韓非子長得非常帥，但是口吃，說話結結巴巴。我們知道戰國時期諸子在辯論的時候，口才是非常重要的，韓非子因為有這種先天缺陷，不善於辯論，但他非常善於寫作，就寫了很多的書。在《史記》中講韓非子和李斯一起做荀子的學生，而李斯認為自己不如韓非子。

　　韓非子寫的一些書後來逐漸就

傳到了秦國，秦王看到之後非常佩服，這個秦王就是後來的秦始皇。秦王就講，我真希望能夠和這樣的人交交朋友，死了也沒有什麼遺憾了。李斯說作者是我同學，就是韓非子。於是秦國就對韓國用兵，韓王認為秦國用兵主要是為了得到韓非子，於是就派韓非子為使臣到了秦國。後面的故事，《史記》中有點語焉不詳，可能是秦王想重用韓非，但李斯就詆毀他，說韓非子是韓國的公子，不管怎麼樣，即使韓非子做了秦國的官，考慮問題的時候，他還是首先會考慮韓國的利益而不是秦國的利益，這是人之常情。但韓非在秦國住了這麼長時間，已經搜集了很多秦國的情報，回去以後恐怕會有不利於秦國的行動。這樣秦王就把韓非關到了監獄裡。《史記》中說：李斯給韓非送了一副藥，韓非子吃完之後就中毒死了。法家的這幾個代表人物最後都不得好死，商鞅是車裂；李斯是腰斬；韓非是被李斯下毒害死的。

韓非子是法家思想的集大成者，他把商鞅的「法」、申不害的「術」和慎到的「勢」三種不同的學問結合起來，成為一個完備的法家思想體系。下面我們就講一下法家思想的三個重要方面：法、術、勢。

六、法家的「法」

我們首先說一下法家的法。我們在談到「法」的時候，很多人認為這個「法」就是法律，說法家喜歡法律不是挺好的嗎？但在這裡，我想給大家區分兩個非常重要的概念，一個叫做rule of law，法治；還有一個叫 rule by law，法制。

二者到底是什麼區別呢？第一個rule of law就是用法律作為社會的一種是非評判的準則或者是維繫公平的手段，在這樣的法律之下人人都是平等的，包括政府和個人之間也是平等的。咱們說美國是一個法治國家，尊重rule of law，政府如果做什麼錯事，平民百姓也可以起訴政府。比如說拜登政府頒佈了一個行政令，強制私人企業必須強制雇員注射疫苗，官司打到最高法

院，最高法院判拜登敗訴，這個強制令就取消了。也就是說如果政府的行政令違反了美國的法律，很多平民也好或者是州的總檢察長也好，就可以對聯邦政府提起訴訟，然後由司法部和地方政府打官司，或者跟個人打官司，最後由最高法院來裁決或者由聯邦法院來裁決。政府也必須遵守法令，這叫做rule of law，大家都得遵守法律。

那麼rule by law是個什麼概念呢？就是政府專門為了整你、為了害你來制定一個法律。這個法律其實沒有公平正義可言。你一旦做了政府不喜歡的事，政府就抓你、迫害你，然後還說它在執法。在這種情況下，政府其實是凌駕於法律之上的，這個就叫作rule by law。

這麼說可能有些抽象。我給大家舉一個簡單的例子，就是2020年6月30號通過的《香港國安法》。

這個事可能很多朋友都關注過，也大概知道一個情況。但是呢，因為我想我們這套《中華文明史》不是一個時事評論節目，我們講的內容可能過幾年、幾十年、幾百年都會有人看。那時候的人就未必知道《香港國安法》的來龍去脈了。所以我們還得把香港國安法的背景講一下。

這件事的背景如果你要是追溯源頭的話，應該追到1840年鴉片戰爭。清廷戰敗以後，中國和英國簽訂了《南京條約》，其中一條是割讓香港。但大家要注意當時的香港不是指現在的香港，而只是香港本島。我們現在講的香港已經包括了香港、九龍、新界三個部分。這三個部分是清政府三次割讓和租借的結果：第一次是1842年簽訂《南京條約》時割讓了香港本島；第二次是在1860年第二次鴉片戰爭以後和列強簽訂的《北京條約》，割讓了九龍，就是香港本島北邊一點的地方。所以香港本島和九龍是永久割讓給了英國。第三次就是一個租借條約。1894年爆發了中日甲午戰爭，清廷戰敗。1895年，中國和日本簽訂《馬關條

約》，不光放棄了對朝鮮的宗主國權力，同時也割讓遼東半島給日本，遼東就是遼河以東。但是歐洲列強覺得日本在中國的勢力變得太大了，所以當時德國、法國和俄國就一起勸日本不要占遼東半島，最後日本不得不同意了。而大清國為了感謝德國、法國和俄國的斡旋，就跟他們簽訂一些條約，對他們進行酬勞。當時跟俄國簽訂的條約是租借旅順和大連給他們，這樣俄國第一次在遠東獲得了一個不凍港。俄羅斯傳統來說在亞洲是沒有出海口的。它的出海口都是在黑海，從黑海往地中海走還得有一段，然後再從直布羅陀海峽出大西洋，所以它如果出海從西面走比較費勁，它如果在遠東能夠有一個不凍港，就可以直接進入太平洋了，這樣俄國就租借了旅順和大連。法國就租借了廣州灣。在這種情況下，

1900年香港殖民地地圖

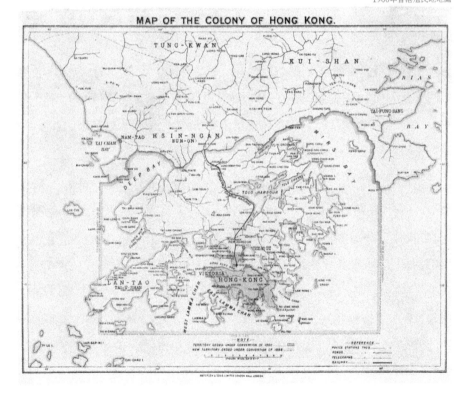

英國覺得法國租到廣州灣，離香港太近了，英國就覺得很受威脅。於是英國就提出向大清政府租新界，咱們要看地圖，就會看到新界是好大一塊兒。1898年，雙方簽訂了一個條約，租借新界給英國，租期是99年。這樣1898年加99年就是1997年。這就是為什麼中共在1997年說要恢復對香港行使主權，就是因為這個租約到期了。

但英國從1840年鴉片戰爭以後一直佔領香港本島，後來很快又佔領了九龍，所以香港、九龍和新界這三個地方在英國的統治下長達100到150年，當然中間有非常短暫的三年零八個月，就是在二戰時期香港一度被日本佔領，但總的來講整個香港的政治和法律體系，都是屬於英國的體系，那麼也就是說他們享有一個民主國家所應該享有的言論自由、獨立的司法等等。

當然英國在歸還新界的時候不希望原來英國治下的香港人失去這些權利，於是就跟中共談判。當時鄧小平也希望能夠收回香港，作為他自己的一個政治遺產和重大的歷史功績，於是就雙方各讓了一步。英國不光是歸還了新界，還把九龍和香港本島一塊兒給了中共。中共就承諾在香港實行一國兩制。所謂「一國兩制」就是中國大陸實行共產邪教政權的社會主義制度，那麼在香港就實行資本主義制度。

1984年，當時的中共總理趙紫陽和英國首相撒切爾夫人簽訂了中英聯合聲明。在聲明中規定香港除了外交和軍事以外，其它一切事務都由香港自己決定，所以香港甚至有自己的貨幣就是港幣，而且在中英聯合聲明裡面明確提出「港人治港」。大家注意，「港人治港」不是指香港的特首一定是香港人，而是香港的治理應該由香港人民來決定，這才是「港人治港」的真諦，也是香港民主制度的法理基礎。

1997年香港回歸以後，中共一開始並沒有感到那麼大的威脅。它主要是想

保留香港的制度,給台灣做一個樣本,就是香港回歸了,生活方式不也沒什麼改變嗎?一國兩制不是很成功嗎?台灣也照樣辦理。這是中共當時的一個打算。但實際上中共這樣一個極權主義政府,是不能夠允許人們享有自由的,因為你真的享有自由就會有一個示範作用,會讓中國大陸的人也嚮往香港擁有的獨立司法、選舉、言論自由等等。所以很多對中共不滿的人會以香港作為基地,宣傳一些對中共不利的思想,還有一些被中共迫害的人們也會在香港把他們受到的迫害揭露出來。尤其是1999年,中共開始鎮壓法輪功,於是法輪功學員就在香港大量散發揭露中共本來面目的材料,還有就是中共是如何造謠、妖魔化法輪功的,也勸人退出中國共產黨。而中共當時為了扶持香港經濟,就搞「自由行」,所以大批大陸人到香港的時候就會看到法輪功的傳單等真相材料。中共就認為香港可能會成為一個顛覆中共邪教政權的基地。於是在2003年,中共就想在香港通過一個法律,禁止這些中共不喜歡的組織。

香港在回歸以前,成立了一個「《基本法》起草委員會」,起草了《香港基本法》,相當於香港回歸後的小憲法。《基本法》的第二十三條就相當於國安條例,防止香港成為顛覆中國大陸共產政權的基地。但這一條裏沒有任何具體規定。中共就準備在2003年把第二十三條的規定細化,凡是反共的,香港警察就可以入室搜查、逮捕、審判,就是想通過這樣一個惡法來壓制香港反對中共的聲音。

2003年的時候,香港的保安局長叫葉劉淑儀。她就強推二十三條立法。結果在2003年7月1號,50多萬香港人走上街頭,搞了一個七一大遊行。民意洶湧,都堅決反對二十三條立法。當時自由黨主席田北俊宣佈他們不支持二十三條立法,這樣二十三條立法在立法會表決時就沒有足夠的票數,於是立法被迫擱置。但中共一直對這事耿耿於懷,一定要通過這條法律,否則對它的威脅就太大了。

2019年,香港特首林鄭月娥在中共中央的授意下準備在香港立法會通過

一個條例，叫逃犯條例，後來被普遍稱為「送中條例」。所謂「送中」，就是送到中國大陸。簡單的講就是，可以在大陸的要求下，經由特首批准之後，不經任何其它司法程式，把任何一個在大陸視為罪犯的人，引渡到大陸去審判。比如中共說某個人在香港煽動顛覆國家政權，就可以要求香港特首說我要把這個人引渡到中國大陸去。哪怕你是香港人，都得送到大陸，在中共法庭上受審。但這種中共強加的罪名在西方社會大多屬於言論自由或者結社自由範疇，也就是被引渡的其實是良心犯。這個問題就很嚴重，等於把香港置於中共的司法管轄之下。

這比「二十三條」還厲害，因為按照「二十三條」，即使在香港逮捕某人，也是在香港受審。香港至少有獨立的司法，至少判刑不會那麼重，或者在香港監獄不會遭到酷刑虐待。但「送中條例」一旦通過，香港人也會因為表達對中共的不滿被引渡到大陸去，沒有申訴渠道，面臨可能遭到酷刑的風險等等。香港人不能接受這樣的惡法，於是就自發組織了「反送中」運動。

這個運動的聲勢非常浩大。2019年6月9號下午有103萬人上街遊行反對「送中條例」。香港一共才700多萬人，相當於七分之一的人走上街頭。中共一看這種情況，就開始通過暴力手段去鎮壓，在6月12號，把這個和平抗爭定性為暴亂。這種「暴亂」定性似曾相識，讓大家想起來1989年的「426社論」《旗幟鮮明地反對動亂》和六四天安門大屠殺。所以香港人非常反感，而且中共還派了很多大陸的警察到香港去所謂的執法。有很多視頻顯示這些警察連廣東話都不會講，完全是講普通話，就是大陸警察派過去鎮壓的，手段非常殘忍，跟在中國大陸街頭鎮壓民間聚集差不多。

到6月16號，就是距離6月9號100萬人大遊行之後的一個禮拜，200多萬香港人走上街頭，相當於香港人的三分之一出來抗議。因為聲勢規模太浩大，香港政府被迫取消了「送中條例」。但因為游行過程中又有很多人因為鎮壓而受傷，

再加上「暴亂」的定性，香港人就認為只撤回送中條例是不夠的，所以就提出了五大訴求。

五大訴求的第一是撤回送中惡法；第二是撤回對抗爭者的控罪；第三是收回暴動的定性；第四是徹查警察的濫權；第五是實行雙普選，就是民間直選立法會議員和特首。香港人稱之為「五大訴求，缺一不可」，就要爭取這些東西。

中共對當時的形勢有一個誤判。為了實現「五大訴求」，香港人每到星期日就出來抗議，變成了一個例行的事件。中共認為香港是一個大家都想做生意都想發財的一個地方，看重經濟更重於看重政治，香港人這麼抗議，生意也不好做了，經濟肯定會下滑，那麼大多數香港人會越來越反感。正好2019年11月有一個區議會選舉，大概有400多個區議會的議席要改選。中共認為香港人一定會支持建制派，也就是會投票給那些支持中共的人。建制派反對抗議，在他們看來香港的秩序，高於香港人的自由，哪怕這種秩序是靠鐵血鎮壓達成的監獄中的秩序。

這種誤判讓中共允許區議會選舉在11月24號正常進行。但選舉的結果是泛民大勝，中共建制派大敗。最終，民主派獲得了389個席位，而建制派僅獲得了59個席位，所以中共在這次選舉中遇到了前所未有的挫敗。這意味著什麼呢？意味著泛民有可能會控制香港的立法會。立法會一共是70席，其中有35席是直選，以當時香港的民意之洶湧，35席立法會如果選的話大概能拿到30席，然後區議會還可以有六席進入立法會，這樣泛民在立法會裡面的票數就過半了，這樣立法會就可以制約行政當局，而且甚至有可能是泛民會有足夠的票數，推出自己的特首候選人，最後再把泛民推舉的特首選上去。所以中共也看到了，它有可能同時失去對立法會和對香港政府的控制。

怎麼辦呢？中共在2020年6月30號的時候就通過了《香港國安法》。《香港國

安法》裡有幾大辣招，給大家簡單說一下。

第一招就是新訂立的「國安法」如果與基本法有衝突，則以國安法為准。本來香港《基本法》相當於香港的小憲法，對言論集會、新聞自由等等都是要保障的，但是現在只要跟國安法衝突的話，就以國安法為准。這就等於把大陸的法律全盤移植到香港，而且置於基本法之上，也就等於把香港變成了大陸的一部分。

第二，中共在香港增加了一個國安公署，在香港可以直接抓人送回大陸。這個更狠。過去你要抓人還得通過香港警察，還得走一定的程序，但現在不用了，中國大陸在香港直接設置這樣一個警察機構，可以直接抓人送回大陸。

第三，如果一個人因為違反了《國安法》在香港被審理，法官必須是由特首指定的法官，而不能夠用外籍法官。也就是說，中共要判一個人，那麼香港特首任命完全受中共控制的人做法官，按照中共的政治命令決定判決結果。所以這是對香港司法獨立的踐踏。

還有就是模糊定義外國與境外勢力危害國家安全罪，等於把中國大陸的「顛覆國家政權罪」，隨意加以解釋之後施加到香港人身上。

還有就是中共在《國安法》中實行長臂管轄。《國安法》第38條說：不具有香港特別行政區永久居民身份的人在香港特別行政區以外針對香港特別行政區實施本法規定的犯罪的適用本法。簡單地說，比如我在美國，我拿美國護照，沒有香港身份，然後我在美國批評中共，按照中共的《國安法》來講，我已經違反了香港國安法，所以中共就有權對我實施管轄。也就是說即使是你在美國批評中共，哪怕你不是香港人，中共對你也要進行管轄。這就是讓全世界所有的人閉嘴，不許再批評中共了。

像我這樣的人一旦踏上香港的領土，甚至只要一踏上香港的航班，按照香

港《國安法》，理論上來講，它就有權對我實施逮捕然後審判，而且還可以送到中國大陸審判。所以《香港國安法》就是非常霸道的一個法律。

給大家講這個過程，是想告訴大家，這就叫作rule by law。也就是說，中共根本就不在意你什麼基本法，也不在意在聯合國備案的、有法律效力的《中英聯合聲明》。中共信的是rule by law，我是專門為你量身定做一個《香港國安法》，專門就是為了整你用的，表面上卻說我們在執法，在按照《香港國安法》做事。其實它所執行的就是惡法。

我們講法家是三部分：法、術、勢。法家的「法」其實就是惡法，就是rule by law。

西方法學界認為「惡法非法」，也就是一個惡法是不能當作法律去尊重和執行的。西方的法律有一個起源。我曾經看過一本哈佛大學法學院教授伯爾曼寫的一本書，叫《法律與宗教》，對法律的本質闡述得非常透徹。伯爾曼認為西方法律的起源就是摩西十誡。

上帝在西奈山給摩西傳十誡的時候，比如規定不許殺人，就從中派生出一套刑法體系；不許姦淫，從中就派生出一套婚姻法的體系；不得貪戀他人財物，從中就派生出一套私人財產保護的法律體系等等。就是說，實際上一個法律到底是不是惡法，得看它符合不符合神給人規定的是非善惡的標準。如果一條法律違反了宗教的誡命，違反了神給人規定的是非善惡的標準，那麼這樣的法律就不是法律，這就叫「惡法非法」。對於背離了公平正義的法律，作為一個公民，不但沒有義務去遵守，而且有義務去起來抗爭，把這樣的法律廢掉，這在西方就叫作公民抗命，Civil disobedience。

簡單的例子就是60年代馬丁·路德·金領導的美國民權運動，要求廢除「種族隔離法」。他們認為種族隔離法是惡法，惡法是非法的，因為在美國《獨立宣

言》裡面講了every man was created equal，人人在上帝造出來的時候都是平等的，那憑什麼黑人要低人一等啊？這是他們當時的一個Argument。所以他們認為這樣的惡法沒有義務去遵守。

馬丁·路德·金搞的民權運動，不是現在這樣的Black Lives Matter（黑命貴），好像黑人必須淩駕於白人之上才是公平了。這其實不是公平。當時民權運動的理想是color blind，就是說我判斷一個人好壞不是根據你的膚色，而是根據你的道德品質或能力。現在美國走得太極端了。但是不管怎麼樣，當時所謂的民權運動就有專門去違反種族隔離法的行為，也就是針對惡法的公民抗命。

我想講的是，法家的法是惡法。共產黨其實也定了很多的惡法。對於這樣的法律，公民是沒有義務去遵守的。

我們剛才講法家分為法、術、勢三部分，介紹了一下法家的「法」，那麼法家的「術」和「勢」又是什麼呢？我們下堂課再說。

第三十九講 ✣ 法家思想(四)
法家的「術」與「勢」

Chapter. 39   Legalism (4) "Tactics" and "Power" in Legalism

我們上節課介紹了法家的「法」，今天我們講法家的「術」與「勢」。

七、法家的「術」

法家的術比法還惡劣。我們前面說法家的「法」是惡法。而「術」就是陰謀。韓非子說，「法者，編著之圖籍，設之於官府，而布之於天下者也」，意思是法律是寫在書上、存放在政府檔案館裡的，也是要向天下宣佈的。他接著說：「術者，藏之於胸中，以偶眾端而潛禦群臣者也，故法莫如顯而術不欲見」，意思是說法律規定出了一、二、三、四，大家都需要看得清清楚楚，但「術」一定要藏於胸中，是不能公開講出來的。所以是法明術暗，法顯術藏，所以他的術就是陰謀。咱們以前曾經講過，法家不是關於法律的學問，而是關於陰謀的學問，就是這個原因。

關於「術」給大家舉個例子。在《戰國策·楚策四》裡面講了這麼一件事。魏國給楚王送來一個美女，非常漂亮。楚王本來喜歡一個叫鄭袖的美人，現在移情別戀，喜歡新來的美人了。按人之常情來講，鄭袖應該很妒忌，但鄭袖的表現卻相反，對新來的美人非常好。「衣服玩好，擇其所喜而為之；宮室臥具，擇其所善而為之」，就是漂亮的衣服送給她穿，睡覺的房間和日常用品之類的，都給新的美

人用。楚王就很感動,說鄭袖知道寡人喜歡新來的美人,對她比寡人對她還好,鄭袖的人品太好了,一點都不妒忌[1]。

鄭袖就這樣麻痹了楚王和美人對她的防範之心。有一天鄭袖跟美人說,大王雖然特別喜歡你的相貌,但就覺得你的鼻子長得不好,所以你每次見到大王的時候,就把鼻子給擋一下,感覺好像很嬌羞的樣子,大王也喜歡看你這樣。這個美人就相信了,每次見到楚王的時候就拿手擋著鼻子。楚王就覺得很奇怪,就問鄭袖怎麼回事。鄭袖說:美人跟我說大王的身上有一種惡臭,所以每次見到大王就要把鼻子擋住。楚王大怒,就下令把美人的鼻子給削掉了[2]。這就是「美人無鼻」的典故。我們看到鄭袖就是一個非常善於搞陰謀的人。在《韓非子》這本書裡面像這樣的陰謀,雲譎波詭,到處都是。韓非子特別喜歡寫這樣的東西。

所以你會發現中國有一些搞政治的人特別喜歡法家,因為他們覺得這樣的權謀是他們維繫統治的必要手段。

八、法家的「勢」

我們曾經說過法家的思想有三個重要的方面:法、術、勢。「法」是惡法,「術」是陰謀,「勢」是個什麼呢?就是獨裁。所謂「勢」就是君主擁有的一種令人畏服的力量,好比是虎的爪牙。一只老虎之所以讓大家害怕,是因為它有爪子、有牙齒,可以傷害別人,所以國君一定要時時顯示出權力的威懾力來。所以你會

---

[1] 《戰國策·楚策四》:魏王遺楚王美人,楚王說之。夫人鄭袖知王之說新人也,甚愛新人。衣服玩好,擇其所喜而為之;宮室臥具,擇其所善而為之。愛之甚於王。王曰:「婦人所以事夫者,色也;而妒者,其情也。今鄭袖知寡人之說新人也,其愛之甚於寡人,此孝子之所以事親,忠臣之所以事君也。」

[2] 《戰國策·楚策四》:鄭袖知王以己為不妒也,因謂新人曰:「王愛子美矣。雖然,惡子之鼻。子為見王,則必掩子鼻。」新人見王,因掩其鼻。王謂鄭袖曰:「夫新人見寡人,則掩其鼻,何也?」鄭袖曰:「妾知也。」王曰:「雖惡必言之。」鄭袖曰:「其似惡聞君王之臭也。」王曰:「悍哉!」令劓之,無使逆命。

看到一些法家人物會有意地通過大量殺人或者表現出喜怒不測的樣子，讓大家害怕他。這就是法家所講的勢。

九、法家的思想鉗制

法家控制社會的一個重要方法就是進行思想的鉗制。咱們以前曾經講過商鞅為什麼同時懲罰媚令之民和梗令之民，你過來跟商鞅說這法律真好啊，或者說你的法律真差呀，商鞅對這兩種人的處罰是一樣的，都是發配邊疆，因為商鞅不想讓你去想。不管你覺得他的法律好還是壞，都說明你是根據自己的思考後得出了一個結論。商鞅不想讓你思考，不想讓你判斷。所以法家是搞思想鉗制的，可以說法家是反智的。

韓非子就是一個反智主義的代表，要徹底割斷老百姓跟過去的道德教化和先民文化的聯繫。他主張焚書。韓非子說：「明主治國，無書簡之義，以法為教；無先王之語，以吏為師」，一個聖明的國君在治理國家的時候不要讓老百姓看以前的書，你要喜歡學習，那麼就去學習法律，政府讓你幹什麼就幹什麼就完了。「無先王之語，以吏為師」，也不要跟我說什麼堯舜禹湯的事跡，不要以這些聖王的言行為師，而要以懂得法律的官吏為師。所以「焚書」不是李斯、秦始皇發明出來的，而是法家從一開始就要焚書。

很多人覺得焚書，是像李斯或者是秦始皇幹的，其實商鞅在公元前350年第二次變法的時候，就明確的主張焚燒《詩經》、《尚書》和諸子百家之言。商鞅通過變法，把秦國的百姓變成了好勇鬥狠之輩。喪失了思考能力的人更容易被法家的詭辯所欺騙。

韓非子認為一定要用赤裸裸的暴力去壓迫和剝削人民，把人民當作牛馬來驅使，不能夠讓他們有自由的思想，自由的言論和自由的行動。韓非子說：「禁

奸之法，太上禁其心，其次禁其言，其次禁其事」。法家東西很邪，但是感覺它的來源很高。韓非子認為禁止別人有三個層次，第一個層次是禁止別人行動，比如說你要到大街上去抗議了，那就是有行動了嘛，中共肯定要鎮壓你的。那麼比這個更高級的限制是什麼呢？就是限制你的言論。因為你即使是不去抗議，你私下裡面傳播對中共不滿的言論對中共也是一種威脅，所以比禁止行動更高一級的是禁止你的言論。然後比禁止言論更高一級的，就是禁止你的思想。不但不允許你說，連想都不能想，這就是思想罪。

佛家的密宗非常注重修煉「身，口，意」，要修身、要修口、要修意。其實韓非子講的就非常像密宗講的三個方面，當然密宗是人的修行，去掉你不好的思想，韓非子是通過這樣的方法去限制人的思考，讓你對掌權者盲目地服從，所以法家的想法非常地霸道，而且我覺得它的來源很高，不是來自於人中的想法，而是來源於很高的一個很邪的生命灌輸給他這樣的一種思想體系。

這裡我想特別提醒一下語言的問題。韓非子的「禁其言」就是不讓你說話。不讓你說話不一定非得堵住你的嘴，還有一种方法是堵住你通過語言跟別人溝通的途徑。具體地說，就是改變話語的內涵。

舉個例子，胡錦濤時代提出了一個說法叫「和諧社會」。但共產黨說的「和諧」和這個詞的本意已經完全不一樣了。「和諧」的本意是你跟我不一樣，但咱倆可以和平相處，沒有衝突地共存，這叫和諧。共產黨把「和諧」的內涵改變了，變成你不許說跟共產黨不同的話。如果你要提出不同意見，我就鎮壓你、我就要把你「和諧」掉。這就改變了和諧這個詞的根本內涵。

畢竟我們思想的傳播是通過語言。而語言是由一個一個的詞構成的。當你把一個一個詞的內涵都改變了之後，我所要表達的意思就完全不是你理解的那個意思了。就像我剛才舉的那個例子，當我嘴裏說出來的「和諧」跟你理解的「和

諧」意思不一樣的時候，我們倆說話就是雞同鴨講，於是語言也就喪失了溝通的功能。而共產黨一種禁止人們傳播思想的方式，就是建立一套黨文化的語言。

這種對語言的改造，早在共產極權剛剛出現的時候就開始了。喬治·奧威爾在《1984》這本書裡特別提到了如何通過改變語言的內涵來限制人們的思考。

我們知道，《1984》是世界文壇政治諷喻小說的經典之作，其中對極權主義的預言一直到現在仍然能夠和我們的生活相印證。在《1984》裡有這樣一段對話，說政府中有一個雇員叫賽麥，每天的工作就是編字典。這事一般人聽著會覺得這個工作沒意義，編字典幹啥呀？其實非常重要。編字典的目的就是改變詞語的內涵。賽麥給《1984》這本書的主人公溫斯頓講了一句話：「你難道不明白，新話的全部目的是要縮小思想的範圍」。「新話」就是他們編出了一套新的語言系統，目的就是為了限制你的思考。

你現在跟很多中國人講起一些佛教的詞彙，或其它宗教的詞彙，他腦子裡是完全沒概念的，因為在他的詞庫裡沒有這些詞。比如說「圓滿」，佛教中指的是這個人回到天國去了，永遠跳出三界了，達到了福德無邊的大自在狀態，不生不滅，這是佛教中的「圓滿」的概念。在中共的話語中，「圓滿」就變成了什麼什麼大會圓滿成功，就把「圓滿」這個詞的意思完全改變了。當你再提到「圓滿」的時候，聽者會想到中共的什麼大會那兒去了，而不會想到「極樂世界」、不生不滅、福壽無疆等等了。改變之後用同樣的詞彙你已經無法跟佛教的那套思想方法建立任何聯繫了。

賽麥做的就是這樣的工作，把人的詞彙的定義完全改變。賽麥說：「最後我們要使得，大家在實際上不可能犯任何思想罪，因為將來沒有詞彙可以表達」。他後面還說「詞彙逐年減少，意識的範圍也就越來越小」。如果這個工作完成後，我再跟你說：中共太邪惡了，咱們去抗議，咱們去反抗，咱們去抵制，咱們去幹

什麼幹什麼⋯⋯凡是帶有這種意義和內涵的詞全部把它的意義去掉，變成「服從」。最後你跟他說咱們去抗議吧！但他用他瞭解的共產黨的話語系統來講，「抗議」就是服從，「反抗」就是服從，「造反」就是服從，「反叛」就是服從，「抵制」就是服從等等，所有的跟反抗有關的詞彙全部抹掉。所以當你再想表達「反抗」的意思的時候，你連個詞都找不著，當然你也就不可能去傳播應該「反抗」的思想。所以在賽麥看來，只要把這個詞彙都消滅掉，人們就不可能再犯思想罪了，因為你沒有那樣的詞彙去表達這個思想。

所以你會看到在一個極權主義社會裡邊，一個詞可以被扭曲成為完全相反的意思。咱們剛才說「和諧社會」就是個例子。在喬治奧威爾的小說中，極權主義社會裡，政府有四個部門，一個部門叫真理部，專門負責造謠；一個叫做和平部，專門負責打仗；一個部門叫友愛部，專門負責迫害你、酷刑折磨你；還有一個部叫富裕部，目的是讓人食不果腹，生活貧困。也就是說，把話語的內涵完全顛倒。小說中，極權主義政府的口號叫作「戰爭即和平，自由即奴役，無知即力量」。當你用這樣「黨文化」的語言去思維的時候，你和政府之間就不可能形成一種反抗的關係了，你就只能服從了。

下面這段話，是喬治·奧威爾在1949年出版的《1984》中的原文。當我們理解了共產黨對語言進行「黨文化」的改造後，再讀奧威爾的這段話，是不是對他的遠見卓識極為佩服？

　　「溫斯頓，你並沒真正領略到新話的妙處，」他幾乎悲哀地說。「哪怕你用新話寫作，你仍在用老話思索。我讀過幾篇你有時為《泰晤士報》寫的文章。這些文章寫得不錯，但它們是翻譯。你的心裡仍喜歡用老話，盡管它含糊不清，辭義變化細微，但沒有任何用處。你不理解消滅詞彙的妙處。你難道不知道新話是世界上唯一的詞彙量逐年減少的語言？」

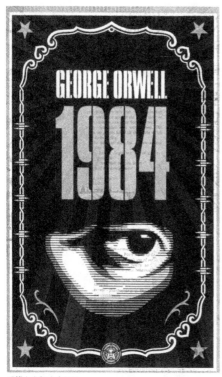

長篇小說《1984》封面

當然，溫斯頓不知道。他不敢說話，但願自己臉上露出贊同的笑容。

賽麥又咬一口深色的麵包，嚼了幾下，又繼續說：「你難道不明白，新話的全部目的是要縮小思想的範圍？最後我們要使得大家在實際上不可能犯任何思想罪，因為將來沒有詞彙可以表達。凡是有必要使用的概念，都只有一個詞來表達，意義受到嚴格限制，一切附帶含意都被消除忘掉。在十一版中，我們距離這一目標已經不遠了。但這一過程在你我死後還需要長期繼續下去。詞彙逐年減少，意識的範圍也就越來越小。當然，即使在現在，也沒有理由或藉口可以犯思想罪。這僅僅是個自覺問題，現實控制問題。但最終，甚至這樣的需要也沒有了。語言完善之時，即革命完成之日。新話即英社，英社即新話，」他帶著一種神秘的滿意神情補充說。「溫斯頓，你有沒有想到過，最遲到2050年，沒有一個活著的人能聽懂我們現在的這樣談話？」

……「到2050年，也許還要早些，所有關於老話的實際知識都要消失。過去的全部文學都要銷毀，喬叟、莎士比亞、密爾頓、拜倫——他們只存在於新話的版本中，不只改成了不同的東西，而且改成了同他們原來相反的東西。甚至黨的書籍也要改變。甚至口號也要改變。自由的概念也被取消了，你怎麼還能叫『自由即奴役』的口號？屆時整個思想氣氛就要不同了。事實上，將來不會再有像我們今天所瞭解的那種思想。正統的意思是不想——不需要想。正統即沒

有意識。」

溫斯頓突然相信,總有一天,賽麥要化為烏有。他太聰明了。他看得太清楚了,說得太直率了。黨不喜歡這樣的人。有一天他會失蹤。這個結果清清楚楚地寫在他的臉上。

共產黨搞思想鉗制就是用這樣的方法——改變語言的內涵。中共在這方面做了大量的工作,我們剛剛只是舉了「和諧」、「圓滿」這兩個例子而已。賽麥所說的「正統即沒有意識」,是否就是2500年前,商鞅懲罰那些媚令之民和梗令之民的真正原因?

十、法家的社會控制——賞罰二柄

法家對社會的控制,除了限制人們的思想外,在現實中還有其它具體的手段。韓非子稱之為「二柄」。什麼叫「二柄」呢?韓非子說:「明主之所導制其臣者,二柄而已矣,二柄者,刑德也。何謂刑德,曰:殺戮之謂刑,慶賞之謂德,為人臣者畏誅罰而利慶賞。故人主自用其刑德,則群臣畏其威而歸其利矣」。把韓非子的意思翻譯成我們現在的通俗語言,「二柄」就是胡蘿蔔加大棒。胡蘿蔔就是用利益來誘惑你,大棒就是用很重的刑罰來恐嚇你。一般人都會怕吃苦,所以用大棒子來嚇唬你。另外一方面人都有貪利之心,所以用利益來誘惑你。韓非子說一個國君把這兩樣東西掌握好之後,就可以控制百姓了。

所以你發現法家通過什麼控制人呢?就是通過人的執著來控制人,法家希望人們都變成壞人。你越壞,慾望就越重;你慾望越重,它就越好控制你。

給大家講一件事。宋高宗曾經問過岳飛什麼時候天下能夠太平。岳飛回答說:「文臣不愛錢,武臣不惜死,天下太平矣」。咱們一聽,覺得太對了。文官不愛錢,武將不怕死的社會多好啊!哪個皇帝都希望文官很清廉、武將很勇敢吧?

但韓非子說，真正懂政治的皇帝們不喜歡這樣的人，因為你既不愛錢又不怕死——我賞你，你不在意，你不愛錢嘛；我罰你，你也不怕，就像海瑞那樣既不愛錢又不怕死，自己窮得要死，還敢跟皇帝對著幹，皇帝就拿他沒辦法。所以韓非子：「若此臣，不畏重誅，不利重賞，不可以罰禁也，不可以賞使也，此之謂無益之臣也，吾所少而去也，而世主之所多而求也」，意思是像這樣的人既不怕死又不貪賞，賞罰都無法動搖你的原則，既不能誘惑又不能恐嚇你去按照我意願行事，這樣的人在我看來是最沒用的。

所以你會發現，法家討厭有道德的人。一個真正有道德的人，既不愛錢又不怕死，按照自己的原則行事，法家就覺得沒法控制你。

很多人會覺得共產黨為什麼鎮壓法輪功啊？如果你要從法家的思想來理解，就很簡單，因為法輪功學員是佛法修煉，要去掉對世間的各種執著，所以他們既不愛錢也不怕死，你想共產黨是不是會非常害怕？所以從共產黨的邏輯來講，從法家的邏輯來理解，鎮壓法輪功就是共產黨必須要做的事，因為中共是極權社會，不允許有任何不受自己控制的力量。

今天我們講了一下關於法家的術和勢，以及法家控制社會的方法，大家可能也都看出來了，法家的思想跟共產黨的思想有非常多的相似之處。下一堂課，我們就要把這二者做一下比較。當然，除了有非常多的相似之處外，二者也有很多的不同。

第四十講 ❖ 法家思想（五）
「馬克思加秦始皇」與「批林批孔」

Chapter. 40   Legalism (5) "Karl Max Plus Emperor Qin Shi Huang" and
"Criticize Lin Biao and Confucius"

　　觀眾朋友大家好，咱們今天開始講法家思想和共產黨思想體系的比較。為什麼要講這個問題呢？因為共產黨的很多做法都是法家的做法。一種意識形態能夠在一個社會裏落地生根，就必須要經過「本土化」改造。否則會受到原來意識形態的排斥。這就好像佛教傳入西藏之後，吸收了很多原始的苯教的東西；佛教傳入中國後，經過了本土化改造后的禪宗跟道家有了幾分相像等等。甚至中餐館到了美國，也要多加一些甜味，才能夠被美國社會所接受。馬克思主義作為一個外來的意識形態，在移植到中國的過程中，也需要做「本土化」改造工作，就是與法家思想相結合。

十一、中共對法家思想的推崇

　　中共曾經一度把中國的歷史解釋成為儒法鬥爭史，就是儒家和法家的鬥爭史。為什麼呢？是因為中共在1974年的時候曾經開展過一場遍及全國的轟轟烈烈的運動，叫「批林批孔」。我想把這個事件的背景給大家講一下。大家可以看一下中共為什麼推崇法家而反對儒家。

　　毛澤東有一句非常有名的話，是在1973年會見埃及的副總統沙菲的時候

說的。毛說：「秦始皇是中國封建社會第一個有名的皇帝，我也是秦始皇，是馬克思加秦始皇，超過了秦始皇。林彪也罵我是秦始皇，我贊成秦始皇，不贊成孔夫子。」這裡毛澤東提出了他對自己個人的歷史定位，就是馬克思加秦始皇，說明他把馬列主義拿到中國後和什麼東西結合起來呢？就是把馬列主義進行了本土化改造，把它和中國的法家結合了起來。而毛澤東認為他同時代表了兩家，既代表馬克思也代表了秦始皇。從毛的話我們可以看到中共和法家思想的淵源。

而法家是非常反儒的。韓非子講過這樣一句話，叫作「儒以文亂法，俠以武犯禁」，韓非子非常討厭儒家，說就是因為這些儒家舞文弄墨，把社會搞壞的，所以儒法有點勢不兩立的感覺。

作為一個推崇法家的人物，毛澤東一定是反儒的。他是怎麼發動反儒家的運動呢？一個非常關鍵的契機就是林彪事件。這個事件在歷史上像謎一樣，我們今天也不是說要把這個事的真相講出來，甚至可能真相永遠都不可能還原了。我們只是講中共把中國的歷史解釋為儒法鬥爭史的歷史背景是什麼。

十二、林彪與批林批孔運動的背景

中共在1974年1月到6月搞了一個聲勢浩大的「批林批孔」運動，全國人都要參加。「批林」批的就是林彪，「批孔」就是批判孔夫子。把林彪和孔夫子並列，大家都覺得很奇怪，但其實林彪的身上有很多儒家的東西。當然他可能不像彭德懷那麼明顯，但林彪確實比較崇尚儒家的中庸。

林彪當時住在毛家灣，就在中南海旁邊。林彪在自己的住所掛了一些條幅，其中有一條叫「悠悠萬事，唯此為大，克己復禮」。「克己復禮」就是孔子所提倡的。林彪還經常講「中庸」，還講一些其它跟孔子有關係的東西，所以有一些方面，林彪是相當贊成孔子的。

　　林彪是一個非常傳奇的人物。他1907年出生于湖北黃岡，1926年進了黃埔軍校。黃埔軍校是蔣介石建的，原來叫中華民國陸軍軍官學校，因為建於廣州的黃埔所以就稱為黃埔軍校。蔣介石是黃埔軍校的校長。林彪3月份入校、10月份畢業，成為黃埔四期的學生。所以林彪跟蔣介石之間是有感情的，林彪也一直管蔣介石叫校長，而且據說林彪死的時候蔣介石非

林彪·圖源：維基百科

常傷心。蔣介石一直等著林彪能夠有所作為，而且他倆是有一些秘密通信的。

　　1930年，年僅23歲的林彪成了紅四軍的軍長，到25歲的時候已經升任軍團長，所以是一個非常年少有為的人物。1936年發生了西安事變，共產黨的軍隊被蔣介石收編，成為國民革命軍第八路軍，因為它是一個軍的建制，林彪就在這個軍中任115師師長。林彪30歲的時候盧溝橋事件爆發。1937年7月7號，日本開始全面侵華。1937年9月，林彪伏擊了日軍的輜重大隊。當時毛澤東五封電報要求林彪不要打日本，林彪非得要打，殲滅了1000多人，獲得了日軍的很多輜重，歷史上稱之為平型關大捷。1938年，林彪出去開會，路過閻錫山的防地。因為事前溝通不足，他穿著平型關戰鬥中繳獲的軍大衣，閻錫山的士兵以為他是日本人，就朝林彪開了一槍，打在林彪的腦袋上，林彪從此就得病了。他開始怕風、怕冷、怕熱、怕光、怕水，他有很多我們看來特別不可思議的生活上的禁忌。後來林彪就到蘇聯去養病，後來等到1941年的時候林彪回國。

　　當時林彪在蘇聯養病的時候，對整個歐洲局勢的判斷跟斯大林完全不

同，他認為希特勒一定會進攻蘇聯，但是斯大林沒有聽，也沒有做準備。林彪在1941年回國之後擔任抗日軍政大學的校長，後來任中央黨校的副校長。當時毛澤東正好在延安搞整風運動，在黨內清除異己。按照作家舒雲對林彪在延安整風時的記錄，林彪對所有整人的活動敬而遠之，沒有整過一個人。所以林彪其實是一個打仗的將軍，其實不太喜歡整人的。

二戰結束之後不久，國共內戰爆發，林彪當時率領四野，從東北一直打到海南島。幾乎中共的江山有三分之二是林彪打下來的，而且林彪從來沒有打過敗仗，是常勝將軍。蔣介石稱林彪為當代韓信。再往下就是1950年韓戰爆發，林彪當時是想跟美國搞好關係。他不想投靠蘇聯，所以拒絕出兵朝鮮。毛澤東一定要讓他去，林彪就說自己生病了，帶不了兵。後來彭德懷去了。林彪當時說：我們不如美國，不能引火焚身。當時中共在1950年的時候鋼產量一年是61萬噸，美國一年9860萬噸，是人家零頭的零頭，所以林彪覺得我們跟美國沒法打。美國那麼多鋼，飛機大炮隨便造，中共就沒有那麼多的鋼。在二戰結束的時候，美國GDP占全世界GDP的51%，就是一個國家的國力超過全世界其它國家的總和，你跟它怎麼打呀？沒法打。所以林彪堅決不出兵，他的心中是親美的。

韓戰對整個亞洲的格局影響很大。第一、美國第七艦隊進入台灣，阻止了中共武力統一台灣；第二、毛岸英入朝作戰之後，大家知道「炒雞蛋」的典故，不講它了。毛岸英被美國空軍給炸死了，毛澤東就沒有繼承人了。要不然的話，中國可能跟現在北韓一樣最高權力父子相傳了；第三個影響就是日本的經濟迅速起飛。美國在太平洋的盟軍總司令認為，日本如果你要讓它經濟長期貧困的話，它就會走軍國主義的道路。大家知道，往往一個國家越窮、越動亂、越危機深重，民眾就越容易盼著一個強人的出現，就容易走上極權的道路，也就是法西斯的道路或者是共產主義的道路。所以讓日本經濟發展，讓大家都過上好日子，反而

是讓日本保持和平的一個好方法。韓戰爆發後，美國就把大量的軍用物資的訂單給了日本，日本的經濟就迅速起飛了。當時日本一年的出口中，27%都是出口給美國作為韓戰的軍需物資的。美國又幫助日本加入關貿總協定等等，日本的經濟就起飛了。所以韓戰的三大影響：台灣保住了；日本起飛了；毛岸英炸死了。

韓戰結束以後，1955年中共開始給將領們評軍銜。林彪是所有十大元帥裡最年輕的，只有48歲。所以雖然他戰功第一，但他只排在第三位，因為前面的朱德和彭德懷都比他資格老。林彪沒有參加授銜儀式，推說自己身體不好。實際上林彪固然身體不好，但他更害怕自己功高震主，所以從49年之後他一直是離群索居，不和任何人往來。林彪對名看得很淡，不參加將帥的授銜儀式；對利也看得很淡；他的慾望特別少，就是吃點饅頭泡粥之類的，不吃什麼好吃的東西，最喜歡吃的就是炒黃豆。他對女人也沒興趣，像是個僧人一樣不食人間煙火。而且他怕光、怕水、怕風、怕熱，什麼都怕。他不跟別人來往，唯一做的事就是長時間地沉思。

他唯一挑剔的就是衣服，倒不是要穿什麼好衣服，而是對衣服的溫度有要求。一般人冬天咱們會穿棉襖，但林彪不。他穿單衣服，而且是一層一層地穿，穿一層單衣服再穿一層，而且每一層衣服有溫度的要求，穿在身上要有多少溫度。除了這個之外，他沒有任何別的慾望。所以你就覺得「林彪是個野心家」的說法很難理解。沒有慾望的話，他要官位幹什麼呢？

但是林彪的一生中有一個特別令人費解的事情，就是七千人大會。大家知道1958年毛澤東開始搞大躍進，把中國的經濟搞得一團糟。1959年開始出現饑荒，餓死人。59年、60年、61年這三年間，中國餓死了3000萬到4500萬人。大家都知道這樣折騰下去，共產黨江山就保不住了。餓死這麼多人，總得有人承擔責任啊，所以在1962年，中共召開了一個七千人大會。大家都指責毛澤東犯了錯誤。

毛澤東也做了自我檢討，說：中央有責任，我負主要責任。然後毛澤東就把經濟工作交給劉少奇處理。

在七千人大會上，在一片對毛的批評聲中，林彪卻講了一段為毛開脫的話。林彪說「事實證明這些困難（即大饑荒的出現），在某些方面在某種程度上，恰恰是由於我們沒有照著毛主席的指示，毛主席的警告，毛主席的思想去做，如果聽毛主席的話，體會毛主席的精神，那麼彎路會少走得多，今天的困難會小得多。我感覺到我們同志對待許多問題實際上經常出現三種思想，一種是毛主席的思想，一種是左的思想，一種是右的思想，當時和事後都證明，毛主席的思想總是正確的，而我們有些同志不能夠很好的體會毛主席的思想，把問題總是向左邊拉向左邊偏，說是執行毛主席的指示，實際上是走了樣。」林彪還提出一些什麼交學費之類的，搞了一些歪理邪說，別人聽了覺得林彪在那兒拍馬屁，毛澤東聽了簡直爽透了，因為他把毛澤東的責任全給推卸了，所以從此毛澤東就特別的信任林彪。

一直到現在為止，我們也搞不清林彪為什麼要這麼說。是對毛的愚忠嗎？好像也不是。他其實對毛非常防範。那麼是不是根據他的判斷，覺得那時候撼動不了毛，想麻痺毛呢？我們也不知道。但這次事件過後，毛澤東就很喜歡林彪，但恨上劉少奇了。

七千人大會之後，劉少奇制定了「調整，鞏固，充實，提高」的政策，全面廢除了毛澤東的政策。這件事讓劉少奇在老百姓心目中的地位一下就變得非常高。毛澤東就受不了了，覺得自己的權威受到了挑戰，所以毛就準備打倒劉少奇。但劉少奇是國家主席，很多政府機構裏的官員都是劉少奇的人。所以要打倒劉，毛唯一能靠的就是軍隊，於是毛澤東就選中了林彪。

1966年，為了打倒劉少奇，毛澤東發動了文化大革命。1966年8月1號，中共

八屆十一中全會在毛的主持下匆匆召開。林彪對這種政治奪權沒有任何興趣，說他身體不好，不來參加。8月1號開會，林彪不來；8月4號、5號，毛兩次派人去請林彪，全都遭到拒絕。8月6號，毛澤東強行休會一天，派周恩來親自去請林彪。林彪沒辦法，就出來了。8月8號，中共通過了「中國共產黨中央委員會關於無產階級文化大革命的決定」，文革正式開始。也就是8月6號，林彪取代劉少奇成為中共副主席。

林彪對劉少奇也沒有趕盡殺絕。劉少奇倒台以後，很多人都對他避之唯恐不及。林彪去看望劉少奇，還說「劉少奇是黨中央的副主席，蒯大富反劉少奇，實際是反黨。」所以對文革那些造反派，林彪是要把他們打下去的，還是要維護劉少奇的。後來因為是毛澤東要打倒劉少奇，那誰也攔不住。劉少奇就被打倒了，死得非常慘。

1969年4月1號，中共九大在北京召開，在新修訂的黨章中加入「林彪同志是毛澤東同志的親密戰友和接班人」，所以林彪的地位就抬到無以復加的地步了，基本上是一人之下萬人之上了。《百年周恩來》的作者高文謙總結說「林彪當甩手二掌櫃，對運動中的大小事情，能推就推，能躲就躲，從不主動表態，用他自己的話說是『大事不麻煩，小事不干擾』。葉群則總結為三不主義，叫『不負責，不建言，不得罪』。」就是我不提意見，我也不負責任，我也不得罪毛，這樣既可避免毛澤東的猜忌又可獲得超脫，在政治上不負責任。所以林彪好象當時在文革期間風頭正勁，那都是宣傳造成的錯覺，他其實自己什麼都不管。

大家從這張照片就可以看到，林彪斜著眼睛看著毛澤東，目光中充滿了狐疑和防範。毛澤東其實也不信任林彪，讓林彪看兩本書，一本書是《三

國志》裡的《郭嘉傳》，一本是《宋書》裡面的《范曄傳》(這個《宋書》是「宋齊梁陳」中那個劉宋王朝的正史記載，不是趙匡胤的那個朝代)。我的推測，大概毛在暗示林彪，郭嘉是為曹操鞠躬盡瘁，范曄是謀反被宋文帝殺掉，也就是告訴林要學習郭嘉，不要學習范曄。

毛澤東搞得定別人，但毛很難騙林彪，因為林彪用兵數十年，打仗用的全是詭詐權謀的東西。毛用的是法家的這一套陰謀，所以他倆是法家對兵家。大家知道法家跟兵家很像，所以林彪對毛澤東的權謀之術心裏非常有數，但他沒有實力反擊。但是毛想害他，林彪是知道的。

林彪想盡辦法不讓毛抓住他的把柄。毛澤東抓不住把柄怎麼辦呢？毛澤東就製造了一個把柄，毛澤東自己編了一套話，安在林彪身上，說林彪自己說的要當國家主席，實際上林根本就沒說。林彪的兒子林立果也是個很聰明的人，知道老毛要整他爹，所以林立果就想找機會刺殺毛，於是就有了眾所周知的《571工程紀要》。林立果的計畫被毛知道了，林彪無路可走，和全家人在山海關上了飛機出逃。這是中共的敘事，到底是怎麼回事，背後的那些陰謀詭計和每一個當事人當時的想法，完全成了歷史的謎團。林彪坐的飛機在山海關起飛(其實有人說林彪那時候就已經死了)，在飛機油料不足，完全沒有準備好的情況下強行起飛，最後墜毀在了蒙古的溫都爾汗。飛機上的人全部喪生，林彪就這樣死了。

林彪死了以後，中共開始去林彪的住地抄家，發現了林彪的一些思考筆記。林彪經常站在窗簾的後面長時間思考，有的時候會劃一根火柴，看這個火柴一直燒到根，然後把火柴扔掉，他其實看那火苗的時候他在思考。思考完了，他就弄一張紙，把他的思想記下來。所以我們下面念的都是林彪寫的小條。他說：

> 一號文理通順，對整個辯法唯論瞭解，言行相反(言論前後相左，如內矛)；別人搞好東西壓住，事後歸己(合作社)；拗相公(躍時)；不關心國民生

計。名、位、權利。他先為你捏造出一個「你的」意見，然後他再駁你的意見。而捏造是老東的慣用手法，今後當注意他這一招。

林彪這裏用了很多隱語。「一號文理通順」，「一號」是林彪給毛澤東起的外號。林彪說：「一號文理通順」，就是文章寫得很好，「對整個辯法唯論瞭解」，指的是毛澤東瞭解辯證法和唯物論。後邊說「言行相反」，就是他說的跟做的不一樣，千萬別聽他說什麼，他說的根本就不是他心裡想的。「言論前後相左如內矛」，他說他的言論是自己跟自己相反的，前面跟後面說的是相反的，這是矛盾的。後邊說「別人搞好東西壓住，事後歸己（合作社）」，別人搞了個好東西，他壓著你不讓你搶他風頭；如果壓不住，最後搞成了，他就說是自己的功勞。然後舉了個「合作社」為例子。

後面的「拗相公」是一個典故，當時北宋時期的王安石。王安石變法的時候有很多人反對，王安石說「天變不足畏，祖宗不足法，人言不足恤」，就是他什麼都不怕，他就不聽，所以人家就管他叫「拗相公」。林彪後邊又做了一個注解（躍時），所謂「躍」指的是大躍進，意思是說毛澤東搞大躍進的時候誰的話也聽不進去。後邊說「不關心國民生計」，老百姓愛死愛活跟他沒關係，「名、位、權利。」大概指的是毛澤東特別愛名、愛位子還愛權力。

後邊他講了這樣一句話很有意思，他說「他先為你捏造出一個『你的』意見，然後他再駁你的意見」，明明你沒說，他說是你說的，完了之後他再反駁這個意見。後邊說「而捏造是老東的慣用手法，今後當注意他這一招」，老東就是毛澤東，他說毛澤東特別善於捏造別人的話，然後再拿這個話給你扣帽子，林彪說以後要注意他這一招。所以林彪什麼都不表態，不說話。

林彪還說毛「他自我崇拜，自我迷信，崇拜自己，功為己，過為人」，功勞是自己的，過錯是別人的，後面說「誰不說假話誰就得垮台」，在毛澤東這兒，你要

不說假話，你就死定了。後面說，「要把大擁大順作為訣」，要把擁護和順從作為主要的指導思想，「要仿恩之於馬」，意思就是要像恩格斯對馬克思那樣，「斯之於列」，要像斯大林對於列寧那樣，「蔣之於孫」，要像蔣介石對孫中山那樣，「跟著轉，乃大竅門所在」，反正毛澤東說什麼你就跟著就完了，他說這是最要緊的一招。後邊說「要亦步亦趨，得一人而得天下」，意思是說毛澤東做什麼你就跟著，你只要搞定了毛澤東一個人，你就得天下了。

林彪日記中透露出很多對毛澤東做事做絕的不滿。法家做事走極端，林彪是喜歡中庸的。所以林彪寫道：「M對X罵絕了（穿睡衣臭罵）」，指的是毛澤東有一次穿著睡衣罵赫魯曉夫；「對明鬥絕了（亂了套）」，指的是對王明鬥的太狠了；「對下台做絕了」，估計指的是劉少奇。「才不可露盡，時不可使盡」。你看林彪講的話就有點中庸的感覺，就是說毛澤東做事做絕了，對赫魯曉夫也好，對王明、劉少奇也好，都做絕了。後面說：「大躍進，憑幻想胡來，是蝕本生意。搞得過份，過極了，破壞了個人積極性。對蘇聯做絕了，絕則錯。」反正就是他認為做事情如果做絕了，走到極端就錯了，這就是林的那種中庸思想。

林彪認為他在毛澤東身邊是住在虎穴裡，非常危險，所以林彪抄了一首《三國演義》裏的詩。當時劉備住在曹操那兒的時候，有那麼一首詩形容劉備的心情，叫「勉從虎穴暫棲身」，林彪抄的這句，可以看出來他對毛充滿了防範。

因為從林彪的住處搜出了很多符合儒家中庸思想的小條，象「克己復禮」、「小不忍則亂大謀」、「中庸」之類的，所以毛澤東就把林彪和儒家給等同起來，在1974年發動了批林批孔運動。其實林彪是在1971年摔死的，中間間隔了三年，因為當時毛除了批判林彪和孔子之外，還要打擊周恩來，把周恩來說成黨內大儒。其實周恩來是一個特別法家的人物，特別會裝，而且相當心狠。

在「批林批孔」運動中，中共把中國的歷史描述成為儒家和法家鬥爭的歷

史，所以大家可以看到當時出版的這本書，名字就叫《儒法鬥爭史概況》。

　　咱們借著林彪事件講了一下中共為什麼喜歡法家和反儒家。下面几堂課，我們會比較一下中共跟法家相似和不同的地方。

第四十一講 ❖ 法家思想(六)
中共與法家的相似之處

Chapter. 41　Legalism (6)
The Similarities Between the Chinese Communist Party and Legalism

上一堂課我們講了一下中共對法家的推崇，今天我們想對中共和法家相似和不同之處做一個比較。

十三、中共與法家的相似之處

首先我們說一下中共和法家比較相似的地方。第一個相似之處就是中共和法家都制定惡法。咱們前面講過rule of law和rule by law的區別，到底是政府必須在法律的框架之下行政，還是政府可以肆意制定法律去打擊異己而政府卻不受法律限制。中共和法家所制定的法律都是惡法，也就是說它違背正常的善惡判斷的。

第二個相似之處，就是中共和法家都主張無神論和進化論。中共主張無神論和進化論是比較明顯的，那麼法家主張「進化論」的意思是它不再從以前的古聖先賢那裡去尋找意識形態的根據和資源，而是要改變先民的傳統，所以說叫「法後王」。

第三個相似之處，就是中共和法家都做過焚書的事情。早在商鞅變法的時候，商鞅就焚書，中共在文革的時候「破四舊」也焚書。

第四個方面就是中共和法家都很痛恨儒家。韓非子說「儒以文亂法，俠以武犯禁」。韓非子把儒生稱為「五蠹之民」中的一種。所謂「五蠹之民」就是指最沒用的社會蛀蟲。韓非子認為儒生、「帶劍者」(武士)、「逃兵」、「縱橫家」和商工之民等，屬於「五蠹」，都是腐蝕社會、危害君王統治的人。當然毛澤東也很痛恨儒家，所以毛澤東有一次講「秦始皇算什麼，他才坑了460個儒，我們坑了4萬6千個」，所以毛對於秦始皇坑儒相當欣賞，這也是中共跟法家比較相似的地方。

第五個方面，是法家和中共都主張連坐和告奸。「連坐」就是一個人犯了罪，別人也要跟著受懲罰。「告奸」就是鼓勵大家向政府舉報。商鞅規定「告奸」跟殺敵是一樣的，要受到賞賜。中共更是鼓勵打小報告，文革時期，父子、夫妻、師生、朋友等等互相告密，製造出很多人間悲劇。

第六個方面是，中共和法家都想把人變成壞人。咱們以前說過，法家認為「用善則民親其親，任奸則民親其制」，所以法家要把老百姓變成貧民、奸民、愚民。共產黨也是有意要敗壞人的道德。其實共產黨只要存在一天，它的存在本身就是對我們道德的腐蝕。大家可能知道在上世紀80年代，一提到腐敗大家都痛恨得不得了，因為大家都覺得做人應該清廉，貪污腐敗的人應該受到法律的嚴懲，甚至1989年的天安門事件也是因為老百姓有「反腐敗」的要求。但是經過了這麼三十幾年，大家可以看到現在人們對腐敗幾乎不再是痛恨而是嚮往。人們把腐敗、包二奶、貪污、開假發票都當作是一種炫耀的本事。沒機會腐敗的人，對這種腐敗更多的是羨慕和妒嫉，而不是痛恨。所以中共存在的本身就在腐蝕我們的道德。

只有當道德敗壞以後，大家對中共的邪惡才變得越來越麻木。過去腐敗、通姦、包二奶等，都是被千夫所指。現在大家都習慣了，甚至希望自己也有機會能夠腐敗一下。對中共幹的那些更大的壞事，包括對無辜民眾的鎮壓，大家也越

來越習以為常，覺得社會就是這樣管理的，沒什麼可大驚小怪的。一切壞事都有一個合理性的解釋，當然中共的邪惡也就顯得不那麼邪惡了，也沒什麼不可以接受的了。所以中共在腐蝕了人的道德以後，它的統治就更加容易維繫。這就是中共跟法家相似的另外一個方面，就是二者都希望把老百姓變成壞人，變成道德麻木的人。

第七個中共和法家相似的地方，就是他們都仇恨人類。法家認為人性本惡，所以跟人沒什麼道理好講，法律越殘酷越好，所以很多酷刑都是法家發明的。中共也仇恨人類。我們甚至可以說共產主義意識形態的最本質、最根源的特點就是出自於仇恨，包括對人的仇恨和對神的仇恨。這是共產主義先天自帶的一種基因。

我們以前提到過英國著名的小說家喬治‧奧威爾。在他的著作《1984》裡，奧威爾曾經描述了這樣一個場景——「快到十一點的時候，在溫斯頓工作的紀錄司，他們把椅子從小辦公室拖出來，放在大廳的中央，放在大電幕的前面，準備舉行兩分鐘仇恨」。在喬治‧奧威爾的筆下，倫敦當時已經是一個社會主義國家，所有的工作人員每天都要舉行一個宗教式的儀式，就像是宗教信徒禮拜一樣，共產主義的信徒每天也有兩分鐘儀式，就是仇恨訓練。

當大家都聚集在一起的時候，電視的螢幕上就會出現一張碩大的臉，這是張被共產黨稱為人民公敵的臉，然後大家對著它發狠、發狂、咒罵、尖叫、歇斯底里，甚至去破壞旁邊的東西。這就是他們每天進行的一項訓練，要讓心中的仇恨不能夠熄滅。

所以你看中共的樣板戲裡也講「仇恨入心要發芽」，就是宣揚這樣的仇恨。在《1984》裡，有一個地位非常高的共產黨幹部，喬治‧奧威爾借他的嘴講了這樣一番話，「以前的各種文明以建築在博愛和正義上相標榜。我們建築在仇恨上。

在我們的世界里，除了恐懼、狂怒、得意、自貶以外，沒有別的感情。其他一切都要摧毀。我們現在已經摧毀了革命前遺留下來的思想習慣。我們割斷了子女與父母、人與人、男人與女人之間的聯繫；沒有人再敢信任妻子、兒女、朋友。而且在將來，不再有妻子或朋友。子女一生下來就要脫離母親，……除了對黨忠誠以外，沒有其他忠誠。」。

我知道過去的宗教信仰都是以愛為核心的。比如說摩西十誡中前面的四誡，耶穌總結為「要盡心、盡性、盡意、盡力愛主——你的神」，就是說誡命裏第一重要的就是愛神。摩西十誡的後面六誡就是愛人，耶穌說「其次也都相仿，就是要愛人如己」，所以基督教是講愛的。那麼中國的儒家也講「仁者愛人」。佛家講慈悲，那也是一種對眾生的愛。所以過去正的信仰都是主張愛的，愛神和愛人。但是在共產黨的體系裏，它是主張仇恨的。這也是共產黨跟法家非常相似的地方，當然共產黨走得更加極端一些。

所以你會看到中國人在共產黨的長期宣傳之下，即使想表達愛，也是通過恨的方式來表達。比如說我怎麼表現我愛國呢？我就恨日本、恨美國、恨台灣、恨西藏、恨新疆、恨蒙古、恨香港，就是通過仇恨來表達愛。因為在共產黨的字典裡，仇恨是它最重要的一個概念。

蘇共中央總書記赫魯曉夫曾經寫過一本回憶錄。他說：「在莫斯科，毛（澤東）親口對我說，第三次世界大戰應該在中國展開，待我們將美軍引入縱深後，請蘇聯向我們投原子彈，一舉全殲美軍主力，可能因此死亡三分之二的人口，但換來一個世界大同還是值得的」這是毛澤東說的話。赫魯曉夫特別吃驚，說：「當時我真替中國人捏把汗，讓四億中國人送死當炮灰這件事也能脫口而出，他和誰商量過？對自己國民實施大屠殺，他就這麼自然而然的說出了口，而且說得輕鬆異常，仿佛在談論天氣一樣，這是人還是魔鬼？」

十四、中共與法家的不同之處（上）

我們前面就講了一下中共和法家相似的地方，下面我想講一下中共跟法家的不同。中共跟法家不同之處我列了幾個方面，我們今天沒有時間把它全部講完，先講前面的幾個問題。

1)、對法律的態度不同

中共和法家之間對法律的態度是不同的。法家雖然制定的是惡法，但當他把法律公佈出來後，他自己還是認認真真執行的。所以雖然是惡法，但它的行為還是可以預測的，就是我還是知道做了這樣的事會有這樣的結果。中共比法家更極端。它雖然制定法律，但它從來都沒有把法律當回事。

中共在奪取政權之後幾十年的時間裏，根本就沒有什麼《刑事訴訟法》。中國的第一部《刑事訴訟法》是在1979年通過的，在此之前中國人心目中沒有什麼due　process，也就是「程序正義」的概念。那時候審案子經常是「公審大會」。一個人被押到台上，旁邊一個人怒不可遏地揭發他曾經有過什麼樣的反動言論，幹過什麼什麼樣的壞事，然後問底下這樣的人應該怎麼辦？底下的人喊「該殺」，於是這個人就會被綁赴刑場槍斃了。在整個過程中，絕不會給這個人任何辯護的機會，也不會給他請律師，也沒有一個舉證和質證的過程，這就是所謂的群眾審判、群眾專政，就把這個人給殺了。所以中共雖然有法律，《刑法》、《憲法》之類的，但它從來都沒當回事過，就是通過這樣的一種方式去踐踏法律。它不在意什麼程序正義的問題。特別是在文革的時候，中共是砸爛公、檢、法的。

文革以後，1979年中共通過了《刑事訴訟法》，就是把公安、檢察院、法院做了一個大概的權力分割，表面上看起來達到一種互相制衡的目的。公安負責抓人，抓完人之後預審；如果覺得這個人確實犯了罪，就把卷宗移交到檢察院；檢

察院會覆核相關的證據看夠不夠犯罪；如果夠，檢察院向法院提起訴訟，檢察官充當公訴人，同時犯人可以請一個律師；犯罪嫌疑人的律師和檢察院作為控辯雙方，在法庭上辯論。表面看起來，公、檢、法、司互相之間有一個制約關係，但實際上並沒有，因為在公安、檢察院、法院和司法部（律師隸屬于司法部）這四個部門的上面有一個中共中央政法委員會。

政法委員會一度權力非常大，它的書記是政治局常委。周永康就是中共中央政法委主任，官居常委。在省一級，一般來說，由政法委書記兼任副省長，在市這一級，政法委書記兼任副市長。大家知道王立軍就曾經是重慶市的副市長，以前就是個警察頭子。所以政法委這個機構就可以直接對所有的跟法律有關的部門下命令，比如說它想迫害法輪功，它可以指揮公安去抓人，然後指揮檢察院起訴，指揮法院判決，讓律師不許給法輪功學員做無罪辯護。判決結果是在審訊和法庭辯論之前，就已經決定了。公、檢、法、司只不過是走一個手續而已，根本就沒有任何互相制約的關係。所以這是中共跟法家很不一樣的地方。法家是認認真真地對待自己制定的法律，中共是制定了法律但是決不認真去執行，這是一個很大的不同。

中共的法律屬於大陸法系，就是說它是跟歐洲差不多，使用成文法，在判案子的時候是根據成文的條款來進行判決，所以就沒有陪審團制度。美國是屬於海洋法系，有陪審團制度。就是當一個人成為了犯罪嫌疑人，法院會選擇12個沒有受過法律訓練的普通的公民成為陪審員，當然你需要沒有犯罪記錄、沒有種族歧視、和被告原告之間沒有利益關係等等。每個陪審員都憑藉他作為公民的常識和邏輯去聽取控辯雙方的辯論。也就是說，公訴人提起訴訟、擺證據，律師可以為被告進行辯護，互相質證。在這個過程中，陪審員聽取整個的辯論過程，最後由陪審員來決定被告是否有罪。而且必須12個人同時認為被告有罪，這

個被告才會判罪。如果有一個人不同意，就叫mistrial，這個案子基本上就被取消了，被告就可以回家了。

這種制度有什麼好處呢？被告有罪沒罪是人民說了算。而且因為陪審員是隨機抽取來的，你沒辦法事先知道。通常都是開庭的當天才決定陪審員是誰，所以你既沒有辦法去脅迫他，也沒有辦法去賄賂他。那麼這些人他們做出的12個人的一致判決，基本上可以說是公正的。

中共也有一個陪審員制度，名字很好聽，叫「人民陪審員」，但實際上這些人是固定上班領工資的。也就是說這些人不是在老百姓中隨機抽取的12個人，而是固定的，任期5年。所以這種人其實是黨的工具，擺出一個人民陪審員的樣子。實際上怎麼判案子，政法委早就跟他們打好招呼了。到2015年之後，陪審員的選舉方法有了一些變化，也有了一種輪換制度，但基本上選出陪審員的方法跟選人大代表差不多，都是黨比較信得過、政治上比較過硬的人才可以做這樣的角色。所以說中共一方面設置政法委控制所有的跟法律有關的機構，另一方面它也沒有陪審團，這樣它就可以通過政法委來操控法律。

一般來講，法律懲罰的是人的行為而不是思想。但是在中共的法律裏邊，它懲罰人的思想。當它認為你反黨，認為你對社會主義不滿，認為你心裡惡毒攻擊偉大領袖，那你就是罪犯了。它懲罰思想罪，像現在，你要說你相信法輪功的原則「真善忍」，就憑這句話就可以把你抓起來。因為共產黨認定相信「真善忍」是違法的，你相信「真善忍」不就不會跟著中共撒謊了嘛，不就凸顯出中共的殘暴嗎？所以你有這個思想，就可以作為判罪的依據。

這就造成人們對法律沒有規則可循，不知道什麼時候中共要整你，哪怕你沒犯罪，它都可以羅織一個罪名把你抓起來。誰能想到相信「真善忍」竟然違法呢？中共哪一條法律也沒有規定按照「真善忍」做個好人違法啊。

因為中共把法律視為政治的工具，所以當政治風向變化的時候，法律也會隨之變化。在前蘇聯有一個笑話，說有三個政治犯被關到監獄裡了，互相之間問起進監獄的原因，當然都是因為反革命。但說到具體的罪行，其中一個犯人說「他們說我反革命，是因為我支持卡岡諾維奇」，卡岡諾維奇是蘇聯部長會議副主席，相當於國務院副總理。第一個犯人說「我被抓是因為我支持卡岡諾維奇」；第二個犯人說「我被抓是因為我反對卡岡諾維奇」；第三個犯人說「我就是卡岡諾維奇」。你會覺得這個場景很荒誕，支持他的、反對他的和他本人全都進監獄了。所以你就知道共產黨的法律可以被隨意象麵團一樣捏來捏去的，沒有什麼嚴肅性可言。

剛才我說講個笑話，但在中國真是這樣發生的。你看反對薄熙來的人被關到監獄裡，後來等薄熙來失勢了被抓之後，為薄熙來呼籲的人也被關到監獄裡，然後薄熙來本人也被關到監獄裏。周永康也一樣。所以你會看到，前蘇聯的笑話在中國卻是現實。

2)、個人崇拜

中共跟法家還有一個不同的地方，法家是不講個人崇拜的，不會把領袖當成神一樣崇拜。法家不會把商鞅或者秦孝公當成一個神，大家對他山呼萬歲。但共產黨國家的領導人不一樣，特別是奪取政權的那代領導人，都被宣揚成為一個神。中國的毛澤東、柬埔寨的波爾布特、越南的胡志明、蘇聯的列寧、斯大林以及北韓的金日成等等都被宣揚成一個神。把他們的照片掛起來，對著畫像早請示、晚彙報，說什麼毛澤東講的話「一句頂一萬句，句句是真理」。毛澤東有很多頭銜，象什麼偉大的領袖、偉大的導師、偉大的統帥、偉大的舵手、我們心中最紅最紅的紅太陽、毛主席萬歲萬歲萬萬歲，馬屁諛詞滾滾而來，把領袖當神一樣崇拜。這跟法家不一樣。其實你仔細看共產黨，它就是一個邪教，所崇拜的都是雙

手沾滿了人民鮮血的人。

3)、宣傳系統

中共跟法家還有一個不同就是中共有宣傳系統，而法家沒有。共產黨國家都有自己的一個宣傳部，象中共中央宣傳部。一般中共中央宣傳部部長都是政治局委員，相當於國務院副總理級別。不光是中央有宣傳部，省、市甚至有一些工廠、大的中央直屬機關、國營企業裡都有宣傳部。

在九十年代以前，中共的宣傳是單向的，報紙、廣播、電視，這種宣傳是單向的，也就是說民間是沒有話語權的。那麼到九十年代，隨著互聯網的出現，民間就開始掌握一定的話語權了。這時中共為了壟斷宣傳，就要做兩件事：第一個就是網絡封鎖，不讓你看到國外的網站，不讓你聽到不同的聲音；第二個就是在國內的網絡上進行審查，微信、微博不用說大家都知道有審查，中共要依靠媒體營造出一個虛假的世界。

在共產黨的宣傳體系裡，按照喬治·奧威爾的說法，他們要不斷地改寫歷史。中共現在通過宣傳想讓人遺忘歷史，比如說六四、文革，之前的鎮反、大饑荒之類的。共產黨累累罪行它都希望人們忘掉，在宣傳中完全不提或者加以美化。中共把2021年出版的所謂《中國共產黨簡史》作為黨史教育的指定材料，其中就把文革美化成為艱難探索時期，而且把文革和之前的17年（1949~1966）合在一起，然後說建設取得了偉大成就，而對文革的各種各樣令人髮指的罪行採取略過不提或文過飾非的方法。所以中共是通過它的宣傳想方設法的去篡改和希望人們遺忘歷史。

在小說《1984》裡也講過一個場景，說當時有一個人在發表演講，說我們現在跟哪個國家打仗，然後痛斥這個國家如何流氓，幹了多少罄竹難書的壞事。當

他演講進行到一半的時候，突然間有個人給他遞了一張條子，說我們跟這個國家已經不打仗了，我們現在正要跟另外一個國家打仗。演講者看了眼紙條之後，話都沒有停，沒有任何心理衝擊，仍然慷慨激昂地去講敵對國家的罪行，只不過他自動把原來那個國家的名字換成了新的國家。他簡直就是撒謊到了一種完全不需要動腦子的地步，而變成了一種生理反應、自然而然的地步。

所有在底下聽演講的人也心知肚明，知道政治形勢變了。當演講一結束，所有人立刻回到自己的辦公室裡。幹什麼呢？把過去所有跟這A國打仗的相關報紙全部銷毀掉，然後重新印。書裡講了一段話，「每天，每時，每刻，都把過去做了修改，使之符合當前情況，這樣，黨的每一個預言都有文獻證明是正確的，凡是與當前需要不符的任何新聞或任何意見，都不允許保留在記錄上」。黨說過五年後咱們蔗糖的產量要達到多少。沒達到怎麼辦呢？那過五年之後一看蔗糖產量是多少，那就把五年前的報紙翻出來，把那個地方重印，把數字改掉，以便讓它符合今天的情況，證明黨五年之前的預言現在已經兌現了，黨的承諾已經兌現了。

為了引導網上的輿論，中共還專門雇了所謂的「網路評論員」，就是我們現在所說的「五毛黨」（他們按照中共的口徑混淆黑白，發一個帖子，可以領到五毛錢獎金）。五毛黨有非常系統的技巧可以顛倒黑白，設置邏輯陷阱或者造謠來打擊別人的公信力，或者通過一些花邊新聞來轉移話題。本來中共幹了一件特別壞的事，大家恨得要死，「五毛」會說「咱別說這事了，你看那邊哪個明星出緋聞了」，大家就把注意力轉到那兒去了。

像這樣的手法非常非常多。在網上有人總結了五毛的一些說法，我給大家念一下。比如說有一個人在網上抱怨說這雞蛋真難吃，在五毛看來，這就是對現實不滿了。底下就有一系列回應的方法，比如說其中一種是：「隔壁家鴨蛋更

難吃，你咋不說呢？」；還有一種回應方法是，「請拿出建設性的意見來，有本事你下個好吃的蛋來」；還有人說，「自己家雞下的蛋都說不好吃，你還是不是中國人」；還有人會說，「中國的雞蛋就難吃，美國的雞蛋就好吃？賣國賊！」。類似於這種回應，你跟他是沒什麼邏輯好講的。他通過各種角度給你扣帽子、人身攻擊，達到了抹黑你的目的，這樣你的抱怨也就沒人信了。

中共還有一個絕招就是雇人罵共產黨。這招很多人根本就想不到。有一些人在中國平時也罵共產黨，於是就頭頂「異議人士」的光環。大家會覺得這人連共產黨都敢罵，太勇敢了！但他們卻不會坐牢，還可以拿著護照滿世界飛，到處是以英雄的姿態接受媒體訪問，罵共產黨肆無忌憚。但這種人是通過罵共產黨來積累信譽。當共產黨真正在關鍵問題上需要他說話的時候，他就會跳出來了。比如克林頓想給中共永久最惠國待遇，那有人就說，貿易跟人權不能脫鈎啊，中國人權記錄這麼差怎麼能脫鈎呢？這時候也就有長期罵共產黨積累了國際信譽的人跳出來說：我們應該給中國永久最惠國待遇，為什麼呢？因為這樣可以幫助中國經濟發展，然後就可以讓中國走向民主。其實這種說法都是中共喂給他們的talking points談話要點。他們利用以前罵共產黨積累的信譽，到關鍵的時候替共產黨說話，包括中共申辦奧運會的時候都是這樣的。

我們前面講了一下中共和法家的一些相似的地方，不同的方面我們比較了一下宣傳系統、個人崇拜和對法律的態度等等。還有一些中共和法家不同的地方，我們等到下堂課再說。

第四十二講 ❖ 法家思想(七)
中共與法家的不同之處

Chapter. 42　　Legalism (7)
The Differences Between Chinese Communism and Legalism

　　我們上節課講了一下中共和法家的相似之處。二者的不同之處,我們也談了三條,一條是對待法律的態度不同,第二條是對待最高掌權者的態度不同,第三條是法家沒有自己的宣傳系統,而中共有。下面我們比較文化系統、教育系統和偽宗教團體幾個方面。在說這個問題之前,我先說一下什麼叫文化。

十五、什麼是文化?

　　說到文化,很多人都覺得是一個很空泛的概念。你即使查字典,也很難找到一個關於文化的權威定義。因為什麼呢?因為我們日常生活的衣食住行,比如說我們喜歡吃餃子或者我們喜歡吃川菜,這算是一種飲食文化;我們下棋、寫詩寫詞、文學創作都屬於文化;戲劇、電影等等也屬於文化。那麼到底什麼是文化?這個問題你站在文化裡面是談不清楚的,因為你用的詞彙本身都屬於文化的一部分,當然就無法用文化中的語言部分去把文化的整體描述出來。

　　那麼到底什麼是文化呢?我提出一個定義,也是我從法輪大法的修煉中領悟的,跟大家商榷。要想說清楚什麼叫文化,你就必須得站在文化之外來看它。什麼叫做站在文化之外呢?我們在《中華文明史》前幾堂課曾提出過一個觀點,

就是我們現在所生活的時代是一個非常特殊的時代，比如說像佛經中預言的優曇婆羅花開的時候是轉輪聖王歸來的時候，而現在優曇婆羅花正在全世界很多地方開放。

之後我們提到中華文明之所以延綿了五千年不斷，是因為整個中華文明是一個準備的過程。為什麼準備呢？就是為歷史最後一刻要發生的一個驚天動地的事件做準備。這個事件，就像《聖經》裡預言的末日審判或者說佛經中預言的轉輪聖王的歸來。當神回來的時候，人得能夠認識這個神，才能得到他的救贖。人怎麼認識神，應該如何對待神，應該如何對待神的話語，應該如何在神的話語的指引下走在通往天國的道路上，這裏涉及到許多很複雜的問題。而教給人這些概念，給人建立這樣的意識，這個過程是通過文化來完成的。

所以「文化」其實就是一個鋪墊的過程。我們不是站在人的角度，從某一個具體的文化現象，比如琴棋書畫去談文化，而是站在文化以外，站在神為什麼創造和安排了這樣的文化的角度去認識文化。

具體地說，什麼是傳統文化？如果說我們相信人是神造的，那麼神在造人之後就給人規定了是非善惡，什麼是對、什麼是錯，什麼能做、什麼不能做。上帝借摩西的口傳了「十誡」，告訴猶太人能做什麼不能做什麼，這就是「是非善惡」的標準。

除了是非善惡，神還要教你怎麼敬神、怎麼生活，比如怎麼結網捕魚，怎麼去造船等等，教給人一套生活技能。同時告訴人要守住道德。

大家知道，道德價值聽上去是非常抽象的，比如說什麼叫作仁？什麼叫作義？什麼叫作禮？仁義禮智信到底是什麼意思？修煉是怎麼回事？什麼叫作忠貞？什麼叫作堅定？什麼叫作孝？咱們可以想像，一個小孩剛剛出生的時候什麼都不懂，你想給他講忠、孝、仁、義、禮、智、信，他不會明白的。你怎麼跟他講他也

不明白。怎麼辦呢？大家不妨回憶一下，我們是怎麼學會是非善惡的。其實很簡單，就是家長給我們講故事。從小聽兒童故事或者看一些童話，美人魚啊、白雪公主啊，匹諾曹（Pinocchio）等等。當我們在聽這些故事的時候，我們就自然而然地瞭解了什麼叫是非善惡、勇敢、同情心等等。在美國就是bedtime story，就是小孩子在睡前，家長給你讀一些故事，不知不覺你就瞭解了善惡。

我認為，神在給中國人開創這個文化的時候，其實神一直在給我們講故事。在五千年的歷史中，神安排了許許多多的事件，有的波瀾壯闊扣人心弦，有的淒美婉約。文人是什麼樣、俠客是什麼樣、僧人是什麼樣、道士是什麼樣、儒生是什麼樣，這些東西都在歷史中演繹過。也就是說，神在安排歷史的過程中，通過文化把一些非常抽象的道德價值給具象化了。

比如說什麼叫作忠？當你提到「忠」這個概念的時候，你可能想到的不是一個名詞解釋，而是想到了一些人，比如說岳飛精忠報國，這就是「忠」的體現。當然岳飛的精忠報國是一種武將的忠。文天祥「人生自古誰無死，留取丹心照汗青」，是一種文官的忠，跟岳飛的那種武將的忠感覺不太一樣。比如像專諸、豫讓是一種刺客對主人的忠誠。像侯嬴、朱亥等等對信陵君的忠是一種俠客的忠。同樣是「忠」的概念通過歷史的這些故事，岳飛、文天祥、專諸、豫讓、侯嬴、朱亥等等演繹過以後，當你再想到「忠」這個字的時候，就有許許多多相關的故事疊加起來，在你的心中形成一個概念。也就是說，神通過給中國人安排這樣一幕一幕故事，就把這個概念教給人了，就像父母給我們講bedtime story一樣。當然不光是忠，什麼叫作「孝」，什麼叫「仁」，什麼叫作「義」，什麼叫作「禮」，什麼叫作「信」等等，都是在這樣的歷史演進的過程中給人奠定的。

當然不光是我剛才提到那些價值觀，歷史上還留下了很多神仙故事，比如什麼叫白日飛升，什麼叫長生不老，什麼叫起死回生，道家的清靜無為，佛家圓

妙清淨的智慧，儒家的儒生是什麼樣子的，武將是什麼氣質等等。有的時候，歷史的演繹還不夠，可能又會通過一些文學把某些價值觀加以誇張渲染。比如說「義」，可能《三國志》中關羽的表現還不夠突出，就通過小說《三國演義》把「義」再放大、渲染、誇張，讓人知道什麼叫作「義」。

所以，文化就起到了這樣的一個作用，把抽象的價值通過非常生動的演繹具象化，讓人能夠理解它到底是什麼意思。

我們也經常講中國的文化是神傳文化，既然是神傳文化那就是神傳給人的了，但是我們也要知道這個宇宙中除了有神之外還有魔的存在，就象《聖經》裡講有上帝還有撒旦，佛教講有法王釋迦牟尼佛，也有魔王像波旬等等。

因為人世間善惡同在，有一個相生相剋的理，所以神會給人傳一套文化，那個魔也會往文化裡加一些東西。所以如果你要問我什麼是傳統文化，我不看它流傳的時間長短。文化中也有不好的東西，但那不好的東西不是神傳的，那部分我就不把它當作傳統文化。所以我對傳統文化的個人定義就是神為了最後讓人能夠理解人類最後等待的這件事——神的歸來，而給人奠定的文化。這個文化就是傳統文化。

我這些思想來自於我對於法輪大法的修煉。理解比較粗淺，大家有興趣可以自己去看法輪大法相關的著作。

十六、中共與法家思想的不同之處（下）

1）、文化系統

作為法家來講，是沒有自己的文化部門的，也不主張傳承文化。所以法家講，「明主之國，無書簡之文，以法為教，無先王之語，以吏為師」。它是割斷跟一

切過去文化的聯繫的。但共產黨有文化部，出產文化產品，並通過文化產品來控制這個社會。這種文化產品當然很多了，歌曲、戲劇、電影到別的文化形式，它給人洗腦的力量是非常大的。

我有個朋友以前在自由亞洲電台工作。自由亞洲電台有一個藏語部，就是由西藏人用藏語廣播新聞。朋友的藏語同事對共產黨在西藏實施的宗教滅絕政策深惡痛絕，而且共產黨在西藏殺了很多人，他也很討厭共產黨。結果有一天他們中午出去吃飯回來，那個藏語同事在路上一邊走一邊唱歌，唱的是「北京的金山上光芒照四方，毛主席就是那金色的太陽」。因為他從小就聽這歌長大的，所以他雖然痛恨共產黨，可是他一張嘴唱的竟然是歌頌共產黨的歌。所以你可以看到，文化對人的洗腦力量非常大。

當然我們講是在共產黨已經掌權的極權主義國家，象中共和北韓是這樣，其實在自由社會裡邊文化也是改變社會的重要力量，可以把社會導向馬克思主義極權的重要工具，這就是文化馬克思主義。

文化馬克思主義有些重要的分支，包括像英國的費邊社、德國的法蘭克福學派，這都是屬於文化馬克思主義機構，還有義大利共產黨葛蘭西提出的體制內長征的概念。

馬克思寫《共產黨宣言》的時候，並沒有給出一個具體實現社會主義或者共產主義的路徑。他只是預言說資本主義會滅亡，社會主義會勝利。後來列寧說：我們不能坐等著資本主義滅亡，應該把無產階級發動起來。誰能夠發動無產階級呢？就需要有一個政黨，自稱是無產階級的先鋒隊，然後領著無產階級把資產階級推翻，建立一個社會主義國家。這就是列寧的主張。列寧主義的主張簡單地說就是暴力革命。

還有一派人跟列寧的路徑不同。他們主張通過文化的方式來實現社會主

義或者共產主義。其中一個代表人物就是義大利共產黨書記葛蘭西。按照馬克思的說法，當社會發生重大變動的時候，就是建立社會主義的非常好的時機。當第一次世界大戰爆發的時候，按照共產黨宣言中的預言，工人們應該趁著這樣一個大亂的時刻拿起槍來造反，推翻資產階級建立一個社會主義國家。結果工人階級們確實拿起了槍，但他們卻沒有去推翻資產階級，反而去保衛資產階級。這件事就引起了很多共產黨人的思考，到底為什麼工人階級會去保衛這個在共產黨看來壓迫他們的制度呢？

葛蘭西認為，大家注意這個詞，是西方的文化和基督教已經遮蔽了工人階級的眼睛。按照西方的文化和基督教，一個人要努力工作養活自己，要遵守社會秩序做一個好公民等等。這樣的價值觀已經植入了工人階級的心理。只有把這些宗教和文化摧毀之後才有可能建立社會主義。所以後來葛蘭西在墨索里尼的監獄裡寫了一本書，叫作《獄中劄記》，其中他認為「新的無產階級應該由罪犯、婦女和激進少數派組成」，所謂激進少數派指的是少數族裔，或者說有色人種。所以你看到葛蘭西在上個世紀三十年代就預言說新的無產階級應該由罪犯、婦女和激進少數派組成。這個婦女不是指女人，指的是女權主義者。你看一看現在這一切是不是正在美國發生？葛蘭西認為新的戰場是文化領域，包括學校、教會、民間組織、文學、媒體、娛樂、科學和歷史等等，所有這些必須被徹底改造，社會和文化秩序要隨著無產階級政權的建立而顛倒過來，這就是他建立文化馬克思主義的過程，實現馬克思主義的過程。

這裏我們可以看到文化馬克思主義和列寧主義的不同。列寧主義是用暴力建立馬克思主義政權，然後再消滅傳統文化，就像是中共搞的「文革」。而文化馬克思主義是通過消滅傳統文化來建立馬克思主義政權。二者的路徑幾乎相反。因此你也看到列寧主義政黨（比如中共）和文化馬克思主義（比如自由社會

的激進左派）互相之間也勢同水火。

葛蘭西是義大利人。還有一個德國的學派也是文化馬克思主義的大本營。它的創始人是匈牙利人盧卡奇。他後來在法蘭克福建立了一個社會研究所，後來改成了現在更廣為人知的名字，叫作「法蘭克福學派」。法蘭克福學派試圖通過文化的方式來建立社會主義，尤其主攻藝術領域。法蘭克福學派有很多代表人物，像盧卡奇、馬爾庫塞、本雅明、阿多諾等等都是。這批人他們曾經在美國非常活躍。他們從法蘭克福來到美國，在哥倫比亞大學拿起了教鞭變成了哥大的教授，在美國60年代末期70年代初期的學生運動中起到了非常重要的煽風點火的作用，而且這批人被視為學生的導師。

在60年代那場美國的文化大革命中，嬉皮士、同性戀、搖滾樂、性解放等思潮和社會現象迅速普及到美國的每個角落。當時的指導人物就是馬爾庫塞這批人。馬爾庫塞和馬克思、毛澤東被並稱為「3M」，毛澤東的那個「毛」是M開頭的，然後馬克思Marx也是M開頭，馬爾庫塞也是M開頭，並稱為3M。

馬爾庫塞認為「工人階級不能領導馬克思主義革命，因為它正在變成中產階級及資產階級的一部分」。那麼誰能夠領導社會革命呢？在20世紀50年代，馬爾庫塞對此就做出了回答，他說「領導社會革命的應該是由黑人、學生、女權主義婦女和同性戀者組成的聯盟」。現在已經是2020年了，70年後你回過頭來看馬爾庫塞講的話正在變成現實。所以文化馬克思主義是一個長期滲透和發展的過程，早在近140年之前，當費邊社建立的時候就已經奠定了這套東西。這就是文化馬克思主義。

所以這裏想說一個什麼問題呢？就是法家不講文化的傳承，而共產黨是通過文化給你洗腦，或者通過文化來摧毀你現行的比如說基督教信仰，或者是社會秩序。

共產黨除了摧毀現有的文化之外，還建立了黨文化。這個問題又特別複雜。大紀元時報有一個系列社論，一本很厚的書，叫《解體党文化》，有興趣的朋友可以自己去看一下。

2)、教育系統

中共和法家還有一個不同之處就是關於教育系統。我們知道，法家是不主張教育的，「無書簡之文，以法為教；無先王之語，以吏為師」。儒家講教育，法家不講教育。

中共有一套自己的教育系統。它的洗腦是從幼稚園開始的。我記得我上小學的時候，翻開課本第一篇，你學會寫的第一句話就是「毛主席永遠活在我們心中」。中共體制下，小學升初中、初中升高中、高中升大學、大學升研究生，只要升學就必考政治課，像初中的《青少年修養》、《社會發展簡史》，到高中的《辯證唯物主義》，到大學的《馬克思主義哲學》、《中國革命史》等等，用整個一套政治課給你洗腦。它的教學不是為了教給你知識，而是通過教材的編寫來篡改歷史，去適應中共的意識形態。就像我們這門《中華文明史》第一堂課，我就談到中國歷史上歷次改朝換代根本上不是因為階級鬥爭，但你讀中共的歷史教材，它就是告訴你階級鬥爭推動了社會發展，造成了改朝換代。在中國，高考的時候有時事政治題目，就當前正在發生的事讓你表態。你必須在政治上跟中共保持一致才能升學。比如中共現在鎮壓法輪功，高考裡邊就要考你對法輪功是什麼態度，你如果要答錯了，可能就升不了學。這就是它通過教育控制人的方法，法家就沒有這個東西。

我們知道，一種意識形態如果想跨代傳承的話，非常重要的途徑就是教育。就是你怎麼把一個東西告訴給下一代，那只能通過教育。所以列寧曾經說過，

「只需要給我一代年輕人，我將改變整個世界」，就是你只要掌握了教育，給一代年輕人洗腦的話，整個世界都可以改變。列寧把通過這種社會主義洗腦生產出來的人叫作「有用的白癡」，這些人就成為共產主義的順手工具了。

左派現在對美國的文化滲透、對美國教育的破壞也特別嚴重。2020年7月3號，川普總統在南達科他州的總統山上演講說，「孩子們被教育成仇恨自己的國家」，這樣的孩子長大之後不可能把美國變得更加繁榮和安全，因為他仇恨美國，所以會希望把美國搞亂。如果在教育中不能夠傳遞美國傳統的價值觀，那麼美國也就不再是美國了。

美國的教育現在變得非常可怕，所謂批判性種族理論（CRT）和各種變態的性教育在毀掉美國下一代的人倫和對歷史的基本認知。2019年，紐約時報有個記者叫Nikole Hannah-Jones，啟動了一個項目叫「1619」。「1619項目」是把美國的建國描述為從1619年開始，因為那一年非洲的黑人到達美洲大陸。

本來我們認為美國的歷史是在1620年開始的，就是第一批移民乘坐五月花號來到美國，建立了一個基督教徒組成的國家。但是「1619」項目要改變這種敘事，說黑人創造了美國歷史，而且把美國400年的歷史，從1619年到2019年描述成為黑人受到壓迫、血淚斑斑，為自己的自由而奮鬥的歷史。他們把1776年美國的獨立戰爭描述為一群白人為了維持自己對黑人的壓迫和奴役而發動的戰爭，而不是為了爭取自由，不是為了爭取天賦人權。這個項目把整個美國的歷史給顛倒了，這是非常可怕的一件事。你不斷地給孩子們灌輸美國是非常醜惡的、應該把它砸爛，那麼當然他們就仇恨美國了。

關於對教育的滲透非常複雜，大家有興趣可以看一本書叫做《魔鬼在統治著我們的世界》第十二章，把教育講得非常透徹。

3)、偽宗教團體

最後說一下偽宗教團體。法家不存在偽宗教團體,而且當時也沒有宗教。但中共在奪取政權之後就建立了各種各樣的偽宗教團體,象佛教協會、道教協會、天主教協會、基督教三自愛國教會、伊斯蘭教協會等等,通過這些所謂的宗教協會去控制那些宗教,而協會裡面的人很多都是共產黨員。他們穿著僧人的衣服或者是牧師的衣服,講的卻是共產黨讓他們講的話。

給大家舉個例子。2017年12月11號,中共十九大剛剛召開,中國佛教協會副會長印順和尚在海南佛教協會學習十九大精神培訓班上說,自己已經手抄了三遍十九大報告,而且還準備再抄十遍。和尚不抄佛經,卻抄習近平講話,是不是很詭異?印順和尚說中共就是現世佛菩薩,十九大報告就是當代佛經,你別看佛經了,你看佛經去不了極樂世界,你得看共產黨的東西、看共產黨報告。然後他還要求其他佛教徒要像他一樣以恭敬之心手抄十九大報告,抄一遍有一遍的體悟和收穫。然後說佛教團體要自覺維護習近平的核心地位,做到聽黨話、跟黨走。你一個和尚不跟佛走、跟黨走。這就是他們穿著和尚的僧服,實際上說共產黨讓他們說的話。

還有一個特別荒謬的事。大家知道,達賴喇嘛在西藏人心目中的影響非常大。西藏宗教有一個轉世的傳統,達賴喇嘛圓寂了之後要轉世回來。高僧會把達賴喇嘛轉世的那個小孩找到,再讓他學佛,讓他繼續他上一世做的救渡眾生的工作。一世一世達賴就是這樣傳承的,現在已經是第十四世達賴喇嘛了,就是一次一次轉世已經轉到第14次了。

但是達賴喇嘛現在非常擔心如果這次圓寂以後,中共很可能會隨便指定一個不是他轉世的小孩,然後對外宣稱這就是達賴喇嘛。然後中共再控制這個小孩,從小就教育他共產黨的一套,把他變成共產黨的工具,然後再通過這個假

的達賴喇嘛去控制西藏的宗教。後來達賴喇嘛就說「我已經年齡很大了，我準備這次圓寂之後就不轉世了，不回來了」，免得被中共控制。結果中共氣得要死。大家可以看到《紐約時報》這篇文章，題目叫《中國要求達賴喇嘛必須轉世》。中共一個無神論的政黨，竟然要求達賴必須轉世，這就是赤裸裸地想通過控制達賴喇嘛來控制藏傳佛教的一種手段。

關於中國共產黨和法家的不同，我們今天又比較了文化系統、教育系統和偽宗教團體這三個方面。下一堂課我們會講中共為什麼要破壞中國的傳統文化以及如何破壞傳統文化。

第四十三講 ❖ 法家思想(八)
中共為什麼要破壞傳統文化

Chapter. 43 Legalism (8)
Why Does the Chinese Communist Party Destroy Traditional Culture?

咱們前兩次課比較了一下中共和法家相似和不同的地方，今天我們想談一下中共為什麼要破壞中國的傳統文化。

十七、權力的來源

這個問題有點複雜。我們首先說中共破壞文化的一個直接目的，就是為了要維持權力。

上個世紀有位作家叫Alvin Toffler，這人他是一個未來學者(Futurist)，就是對人類社會未來發展趨勢做一些推斷。他寫了一本書，叫《權力的轉移——知識、財富和暴力》，就是說他認為權力有三個來源——暴力、財富和知識。

掌握暴力可以掌握權力，這比較容易理解。如果一個人可以威脅到你的生命，那麼你可能就不得不服從他。比如說你被綁匪綁架了，他就有了支配你的權力，那他讓你幹什麼你就幹什麼，因為他掌握著暴力，而暴力讓人恐懼，恐懼讓人服從。

人的注意力很容易被恐懼所吸引。比如說你看一個文章，標題是「下列八種食物不能和雞蛋一起吃」，你肯定特別好奇，什麼東西不能和雞蛋一起吃啊，

這就是訴諸人的恐懼的一種營銷手段。

共產黨通過暴力來製造恐懼，維持權力。這裏有一些關於共產黨使用暴力的數據。1937年斯大林在蘇聯搞了一次肅反運動，運動的高潮是1937年到1938年，也就是在第二次世界大戰爆發以前。在這場運動中，莫斯科一共舉行了三次大審判。列寧遺囑中提到了六位蘇共領導人，除了斯大林本人以外，另外五個人——托洛茨基、季諾維也夫、加米涅夫、布哈林和皮達可夫全部被斯大林處決。領導十月革命的第6屆中央委員會成員中，有三分之二的人被槍斃；11屆中央委員27人中有20人被槍斃；15屆政治局七個人，除斯大林外，六人被槍決或暗殺；在第1屆蘇維埃政府的15名成員中，除五人已去世外，還剩下10個人，這10個人中除斯大林外，剩下九個人全部槍斃。大清洗中紅軍指揮人員和政工人員有4萬餘人被清洗，五名元帥中有三人被槍決；4名一級集團軍將領中的3人、12名二級集團軍將領的全部、67名軍長中的60個人、199名師長中的136人、397名旅長中的221人都被槍決。你看這個比例是不是特別可怕？幾乎沒有人能夠倖免。

在中國也一樣，毛澤東在奪取政權之後就發動了一場鎮反運動。毛澤東在一份文件中說，「很多地方畏首畏尾，不敢大張旗鼓地殺反革命」。1951年2月，中共中央又指示說除掉浙江和皖南外，「其它殺得少的地區，特別是大、中城市，應當繼續放手抓一批，殺一批，不可停得太早。」毛甚至批示說「在農村，殺反革命，一般應超過人口比例千分之一……在城市一般應少於千分之一。」千分之一聽起來並不高，但以當時6億人口計算，千分之一就是60萬，而且對每個具體被殺的人和家庭來說，都是百分之百的悲劇。毛澤東憑什麼說任何地方都有千分之一的反革命呢？沒有任何憑據，完全就是他拍腦袋隨便說了個數字。但任務佈置下來了，誰是不是反革命就不重要了，關鍵是要完成殺千分之一的指標，所

第四十三講 ❖ 法家思想（八）中共為什麼要破壞傳統文化？

Chapter. 43 Legalism (8) Why Does the Chinese Communist Party Destroy Traditional Culture?

以你這地方要有2000人，那你就要找2人殺掉。目的就是為了製造恐懼。

殺人雖然不是最多，但比例最高的是紅色高棉。紅色高棉是在中共的幫助下建立的，紅色高棉的憲法是張春橋幫助起草的。我們知道柬埔寨傳統上是一個佛教國家。佛法教化之下，人們大多是不殺生的，更不用說殺人。結果，只有800萬人的柬埔寨，在波爾布特的領導下，柬共殺死了全國四分之一的人口，200萬人被屠殺。所以，屠殺和製造恐懼就是共產黨維繫政權的非常重要的手段。咱們剛才說權力三個來源，其中一個來源是暴力。共產黨就是通過這樣的暴力來獲得和維持權力的。

權力的第二個來源是財富。這也很容易理解。你到公司去上班，為什麼老闆讓你幹啥你就幹啥呢？因為你不聽話就沒飯吃，人家就不給你發工資。所以當他給你發工資的時候，他就可以支配你了，所以權力的第二個來源就是財富。

那麼共產黨就壟斷財富，把全國的生產資料收為己有，這就是「國有化」。哈耶克在1944年出版的《通向奴役之路》裡邊，敏銳地指出，經濟自由的喪失，會導致政治權利的喪失。當你的飯碗被別人掐住的時候，你就失去了一切政治自由。他告訴你不許說話，你就沒有言論自由；他告訴你不許亂想，你就沒有思想自由，因為你的小命攥在了他的手裡。

在中國古代，如果有一個大臣跟皇帝關係搞不好，他可以告老還鄉或者稱病致仕，我身體不行了，回去休養休養。歸隱後，你還有一塊地，你可以種地為生。到了共產黨社會你就沒有這樣的自由了。廬山會議後，彭德懷被毛整得實在受不了，就跟毛商量：你看能不能讓我回老家，去種地當個農民吧。毛澤東說不行。毛澤東如果說不行，你就無地可種，因為所有的地都在共產黨手裡。所以說，當共產黨壟斷了所有經濟資源的時候，實際上就控制了所有人的生命，你不聽它的是沒活路的。這就是共產黨通過壟斷財富來控制權力的原因。所以你會看

到中共現在也是如此，搞「國進民退」，搞公私合營2.0，習近平打擊馬雲，打擊資本擴張，這都是共產黨試圖抓住和壟斷財富的表現。

按照托夫勒的說法，權力的第三個來源就是知識，其實我覺得這地方用「智慧」可能更加準確。很多人不知道為什麼知識也是權力的來源。舉個很簡單的例子，比如孔子周遊列國。孔子有暴力嗎？沒有。他從來不會對他的學生又打又罵。孔子也沒錢，甚至絕糧陳蔡，連飯都吃不上。但是學生為什麼跟著他呢？那是因為對老師發自內心的尊敬，或者說對真理的渴求。現在也是一樣的，法輪功學員被鎮壓這麼慘，為什麼不放棄呢？也沒有人打著罵著他非得要他們煉法輪功，也沒有人給他錢讓他非得煉法輪功，他為什麼在面臨著生命威脅的情況下還要堅持？那就是心中有一種對真理的渴望。所以我說智慧也是一種權力的來源。

我覺得托夫勒可能還少說了一個權力的來源，就是個人魅力。所以你看中國歷史上經常有「美人計」。一個美人既沒有暴力，也沒有財富，也可能顏值很高、智商比較低，但她為什麼能夠把君王給迷住呢？為什麼能控制國君、武士、將軍等人呢？那她可能靠的就是個人魅力。

從托夫勒講的權力的三個來源，你就會理解共產黨要壟斷暴力，通過恐懼來控制社會；要壟斷財富，通過錢來支配這個社會；它要通過教育、文化之類去壟斷知識，不讓你有信仰的自由，不讓你接觸到真理。

十八、文化的力量

這裏就顯示出了文化的力量。給大家舉一個例子。上個世紀30年代，有很多德國青年對希特勒狂熱地崇拜，其中女導演萊尼·裏芬斯塔爾的貢獻頗大。萊尼是希特勒的好朋友，拍了一部片子，叫《意志的勝利》。主題是1934年，納粹黨

第四十三講 ❖ 法家思想（八）中共為什麼要破壞傳統文化？

Chapter. 43　Legalism (8) Why Does the Chinese Communist Party Destroy Traditional Culture?

在紐倫堡召開全國黨代會，有70萬名納粹的支持者出席。希特勒是這部片子的執行製片人，他委託萊尼製作這部影片，意在顯示德國已重返世界大國行列，希特勒成為了國家的真正領袖，將為德意志帶來榮耀。當時影片中採取了一些前所未有的技法，比如航拍、移動攝影、長焦鏡頭，音樂和影片的配合等等技巧。這部片子的洗腦效果非常好，山呼海嘯的人群向希特勒致敬，希特勒高大的身影在激情四射地演講，很多人看得心潮澎湃，對希特勒產生一種狂熱的崇拜。所以有人說這是極權主義的美學。

文化力量強大到什麼程度呢？孔子曾經說，「故遠人不服，則修文德以來之」。一個遙遠的地方對我不夠恭順，我就把我自己的文化和道德搞好，他自然就來歸附了。所以你看中國古時候萬國來朝，那不都是被打服的，就是因為中國的文化非常發達，人家才來學習的。唐朝從來沒有跟日本開戰過，但日本就要派遣唐使，向唐朝學習文化。我們看西方的文藝復興也是，達芬奇畫了幾幅畫、但丁寫了《神曲》、米開朗基羅雕了一些雕塑等等，但是這些文化卻結束了一個時代，把歐洲從中世紀轉型為近代社會。所以你會看到文化的力量有多麼大！

文化的力量這麼大，當然馬克思主義也要利用它，這就是我們上一堂課講的文化馬克思主義。

十九、信仰、道德、文化和政治的關係

我想說一下信仰、道德、文化和政治的關係，大家可以看一下這張圖（見84頁），這是我個人的一個理論。我覺得，是信仰派生了道德、道德派生了文化、在文化環境中生長出了一種政治制度。

為什麼這樣講呢？因為人是神造的。我覺得，我們必須把這一點當成科學體系中的公理一樣作為前提，否則後面的論證就缺少了一個基礎。這張圖中的

信仰就是對神的信仰，因為神的話語是不變的，所以人在判斷好壞善惡的時候，就有了一個不變的標準。比如說上帝給人規定了摩西十誡，那麼十誡裡規定的善惡就成了人的道德準則，也就是信仰定義了道德。換句話說，其實是神定義了道德。

信仰	• 神的话语，不变的标准
道德	• 神所规定的是非善恶
文化	• 以各种文化形式对抽象的道德概念进行通俗化的表达
政治	• 人与人的关系，公共事务的管理

　　當然道德是很抽象的，就像我上堂課講到的，什麼叫「仁義禮智信」，什麼叫「忠」，什麼叫「孝」，人其實不懂。你要想把神定義的道德傳下去，就只能借助於一個工具——這個工具就是文化，象小說、電影、戲劇、詩詞、各種節日、人的生活方式等等。把神定義的道德價值貫穿在文藝作品裡，通過這樣一種講故事的方式把道德價值傳下去。也就是說，以道德為基礎派生出了文化。文化是對道德進行通俗化、具象化的表達。

　　文化的傳出是有目的的，需要能夠解決一些問題，比如人和神的關係、人和人的關係、人和自然的關係。那麼文化中人和人的關係這一塊就涉及到人如何相處的問題，包括公共事務應該如何處理。那麼如何處理公共事務這一塊就

第四十三講 ❖ 法家思想（八）中共為什麼要破壞傳統文化？

Chapter. 43　Legalism (8) Why Does the Chinese Communist Party Destroy Traditional Culture?

派生出了政治。按照孫中山的說法，政治就是眾人之事，也就是涉及到大家的事這就是政治。所以是信仰派生出道德、道德派生出文化、在這個文化環境中生長出來一種政治制度。

二十、中共需要營造一個黨文化作為生存環境

如果我們認可這樣的邏輯鏈條的話，我們就忍不住要提出這樣一個問題——在中國傳統文化的環境中，能夠生長出共產黨這樣的政治制度嗎？顯然不可能。

任何一個政黨要執政，就都需要回答執政的合法性問題，即憑什麼是你來執政？在中國古代，你問為什麼那個人是皇帝呀？答案是「君權神授」，他當皇帝是天命在身。象劉邦、朱元璋這樣的開國皇帝都會說天命在我，所以我當皇帝了。那麼繼承人呢？就是靠血統了。我是劉邦的兒子所以我當皇帝了。所以君權神授和血統繼承，這就是中國古代皇帝的執政合法性來源。那麼民主政府的執政合法性來自哪裡呢？就是來自於人民的選票。

但如果你要問共產黨：你的執政合法性在哪裏？它講無神論，所以不能用「君權神授」作為答案，它也沒有一個民主選舉的過程。那麼共產黨只能說：不許問，我有槍！所以它的執政合法性就是靠暴力鎮壓挑戰者來維護的。因為在中國的傳統文化和在西方的文化中都找不到能夠生長出來共產黨這樣政治制度的文化環境。所以共產黨無論在哪裏出現，都要破壞原來的文化。在中國出現，它就得把中國文化破壞掉；它要在西方出現就得把西方文化破壞掉，否則它這樣一個邪惡的制度根本就不可能生存的。

中共的意識形態跟中國的傳統文化是截然對立的。傳統文化是有神論，中共是無神論；傳統文化講仁者愛人，中共是講仇恨、講階級鬥爭的；傳統文化講

天人合一，中共意識形態要講征服自然。所以，它的意識形態跟傳統文化完全對立。當然它要想在傳統文化的環境中生存是不可能的。

其實這也就澄清了一個問題。我覺得長期以來，在共產黨的迷惑之下，也有一些人自己對中國文化也沒有太深入的研究，就人云亦云地幫助中共傳播一種謬論。這種謬論在學界和民間都有市場，甚至很多人當個真理在說，就是認為中共能夠在中國存在，是因為中國的文化傳統就適合專制的土壤，認為共產黨的一套都是從傳統文化中學來的。

我覺得沒有比這個說法更荒謬的了。我前面已經說過了什麼是傳統文化。是不是傳統，不能看傳承的時間長短。西方既有基督教，也有撒旦教。但我們一說西方的傳統，就說是猶太-基督教傳統，沒有人把撒旦教當成西方的傳統的。也就是說，從神那裏傳給人的才是傳統文化。但因為人世間有相生相剋的理，有些邪的東西也在流傳。這些邪的東西不在我定義的傳統文化之內。

中共可能跟法家有一點關係，但是中國文化的主流絕不是法家呀。大家不妨設想一個非常簡單的問題，如果中國的傳統文化是如此地適應共產黨執政，共產黨為什麼要搞文化大革命呢？它為什麼非得把中國文化破壞了才放心呢？這個簡單的事實也恰恰說明，中國傳統文化是不適合共產黨生存的，也就是說二者之間是水火不容的。

二十一、中共如何破壞傳統文化和建立黨文化的？

中共這種邪惡的政治制度為了能夠存在，也必須給自己營造一個文化環境。這個文化環境就是黨文化。

而傳統文化只要占據主流，黨文化是不可能登堂入室的，所以中共只能把傳統文化毀掉。所以你會看到中共在破壞傳統文化的時候做得非常系統。

我個人的總結是，在改革開放之前，中共破壞傳統文化大概經過了三個重大階段。

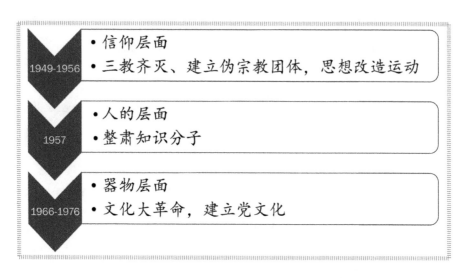

第一個階段就是從信仰層面的毀滅，也就是毀掉人與神的關係。在1949年到1956年，中共開始消滅宗教和建立各種偽宗教團體。中共儒釋道三教齊滅，並建立了佛教協會、道教協會、天主教協會、基督教三自愛國教會和伊斯蘭教協會。通過操縱偽宗教團體來割斷人和神的聯繫。同時在大學裡搞思想改造運動，就是教授社會發展簡史、進化論等等，這就是在信仰層面破壞文化。

咱們講信仰生出道德，道德生出文化，所以信仰是道德、文化和政治的根。中共先把信仰這個根給你拔掉。

拔掉以後，人和神之間的關係就基本斷了。但宗教和傳統的道德還通過傳統文化的方式深入人心。那麼中共就要把傳統文化的傳承者（知識分子），以及傳統文化的載體（各種古籍、經典、文藝作品等）消滅掉。所以中共在1957年發動了反右運動，整肅知識份子，這是第二個層面了。

第一個層面是人和神的層面，也就是信仰層面；第二個層面就是人的層面，也就是整肅知識份子。等這件事也做完了以後，第三個層面就到了器物層面。這就是1966年到1976年之間的文化大革命，破四舊、燒書、砸毀寺廟、燒字畫古玩等等。中共通過這樣三步走，完成了破壞傳統文化的目的。

在走上述三步的同時，中共也在建立自己的一套黨文化系統，而且也是從這三個層面入手的。在信仰層面，就是推廣「無神論」；在人的層面，就是豢養和樹立自己的知識權威，比如郭沫若、戚本禹等；在器物層面，就是推出一系列歌頌毛澤東和共產黨的藝術作品等。

簡單回顧這段歷史，我們可以看到，中共破壞文化做得非常系統，從神（宗教）到人（知識分子）再到物（文物古跡），這種精密的計劃只能說明中共不是一般的組織，一般的人也不會做得如此周密、條理分明。包括它為什麼在1966年發動文化大革命都是有原因的，因為這一批砸廟的人是在中共的教育體系下長大的，對神佛和報應沒有其他人應有的恐懼感，對傳統文化也沒有任何感情，所以只有他們才能幹得出來那些瘋狂的迫害舉動（總體來看，這批人最後也是不幸的，被毛一聲令下全部發配農村，回城後錯過了結婚生育的最佳時機，隨後在改革開放中又因為沒有一技之長成為企業第一批裁員的對象）。

馬克思在《共產黨宣言》中，第一句話就坦白共產主義是一個邪靈。確實如此，否則我們很難解釋為什麼共產黨這麼仇恨神、這麼反人類。

改革開放以後，中共有對外交往的需要。要跟民主國家的政治家、商人打交道，你拿毛主席詩詞或者毛主席語錄是沒法跟人交流的，整個是非善惡的標準都是反的，所以還得把中國一些傳統的文化再拿出來。

於是中共在改革開放以後，就開始恢復一些文化表面上的東西。我記得克林頓1998年到中國訪問的時候，第一站飛機是落在西安。怎麼不去北京呢？因

為他想看看兵馬俑，就是因為中國的傳統文化真的非常有吸引力。

　　所以中共就開始修復一些文化的表面，過去砸毀的廟把它重新修好，但是呢，中共把文化的內涵毀掉了。過去的寺廟實際上是人拜佛、修佛的地方，向佛表示敬意的地方，是清淨修行的場所。現在中共把佛教寺廟修得很漂亮，但是變成了旅遊的地方，變成了收門票、賣商品的地方，就是把修煉的內涵、文化的內涵毀掉了。所以你會看到很多人抱怨說在少林寺我們燒不起一炷香。中共把寺院變成一個斂財的地方，把宗教當成生意來做。像少林寺方丈的釋永信就是個大富豪。過去的和尚出家四大皆空，靠要飯維持生計。但釋永信開著豪華的越野車，住著豪華賓館，上著網之類，不像個方丈，倒像少林寺的CEO。

　　所以中共在改革開放之後恢復了一些文化表面的東西，但把內涵毀掉了。然後通過文化審查、網路封鎖、五毛黨等方式去繼續建立和維護一套它的黨文化系統。當然對於試圖真正恢復中國傳統文化的團體，像神韻藝術團，中共就是想盡辦法干擾。它絕不能夠讓真正懂得傳統文化的人把真正的傳統文化再復興後傳回到國內。如果中國的傳統文化再復興，那中共的黨文化環境就沒了，中共這個邪教政治集團生存所需要的文化環境就沒有了。

　　今天我們講了一下中共是如何破壞中國文化、為什麼破壞中國文化和如何破壞的。講到這裡，中國先秦諸子，道家、儒家、兵家、法家，咱們就都講完了。那麼從下堂課開始，咱們講一下佛家思想。

第四十四講 ❖ 中國佛教簡史(一)
佛法東傳

Chapter. 44   A Brief History of Chinese Buddhism (1)
The Eastern Transmission of Buddhism

先秦諸子中最重要的四家,道家、儒家、兵家、法家,我們就介紹完了。還有一門思想,對中國影響非常大,這就是佛家。佛教在東漢初年傳入中國,對中國的影響非常大。從這一周開始,我們會講一下佛教簡史。

一、釋迦佛生平與佛經的結集

首先介紹一下釋迦牟尼佛的生平。釋迦牟尼佛在2500年前出生於古印度。他在世的時候其實是沒有佛教的,就是他領著一些弟子要飯、禪定,特別到了夏天聚在一塊,釋迦牟尼給他們講法。整個僧團制度是在釋迦牟尼佛圓寂以後才慢慢成型的。釋迦牟尼中的「釋迦」的意思是「能」;「牟尼」的意思是「仁」、「忍」和「寂」的意思。所以釋迦牟尼佛相當於能忍、能仁、能寂的意思。關於他的生平,佛教的說法很多,因為當時記述他的生平主要的目的不是為了記述歷史,而是為了教化眾生。很多很了不起的、修行有成就的人,都有生平記載,目的也多與教化眾生有關,像《聖經》裡記載耶穌生平的四福音書,密勒日巴佛口述的傳記,《六祖壇經》中記載的慧能生平等等。

在《魏書·釋老志》中略述了釋迦牟尼佛出生、修行、傳法的事跡*¹。釋迦牟尼

是佛號，未出家前，他的俗家名字叫喬達摩·悉達多。喬達摩也有翻譯為「瞿曇」的。釋迦牟尼和老子、孔子是同一個時代的人。有學者考證他出生的年代是在公元前566年，比孔子要早十幾年，圓寂的時候80歲。

釋迦牟尼出生的地方在藍毗尼園，在現在尼泊爾的境內。他的父親是迦毗羅衛國的國王，叫淨飯王。當時古印度城邦林立，迦毗羅衛國就是其中的一個城邦國家。釋迦牟尼佛的母親叫摩耶夫人。傳說中摩耶夫人夢見一頭白色的大象，長著六根象牙，從她的肋部進入她的體內，於是懷了孕。釋迦牟尼也是在母親的肋骨處出生的。他出生以後自己走了七步，一手指天一手指地，說「天上天下，唯我獨尊」。

我們還是稱這位王子為悉達太子，因為這時候他還沒有成佛。他出世後，有一位阿私陀的仙人給他看相，說太子如果在家，當作聖王，統領四方；如果出家修行，就一定能夠成佛，具足一切神通智慧，度化三界內無量眾生。

太子年幼的時候非常聰慧，而且天生神力，文才、武功都非常好。淨飯王也很喜歡這個兒子，給他修了一座非常漂亮的花園。他少年時代出去游玩，當時從三個不同的方向走出花園，分別碰到了老人、病人和死人。這三次經歷讓悉達太子痛感人世的無常。第四次出遊的時候碰見了一位僧人，僧人告訴太子：如果要想解脫生死，就必須要出家修行。太子聽了之後就心生歡喜，然後問他的父親是不是可以出家。淨飯王非常捨不得，特別是想把江山傳給他，就把他摟在懷裡勸

*1　《魏書·釋老志》：所謂佛者，本號釋迦文者，譯言能仁，謂德充道備，堪濟萬物也。釋迦前有六佛，釋迦繼六佛而成道，處今賢劫。文言將來有彌勒佛，方繼釋迦而降世。釋迦即天竺迦維衛國王之子。天竺其總稱，迦維別名也。初，釋迦於四月八日夜，從母右脅而生。既生，姿相超異者三十二種。天降嘉瑞以應之，亦三十二。其本起經說之備矣。釋迦生時，當周莊王九年。春秋魯莊公七年夏四月，恒星不見，夜明，是也。至魏定八年，凡一千二百三十七年云。釋迦年三十成佛，導化群生，四十九載，乃於拘尸那城娑羅雙樹間，以二月十五日而入般涅槃。涅槃譯云滅度，或言常樂我淨，明無遷謝及諸苦累也。

慰他。太子就跟父親講，說如果讓我不出家也可以，但必須答應我四件事，就是不生病、不衰老、不死亡、不別離，而且盛世永不衰敗。這些事情他的父親都保證不了，怎麼能保證自己不老不死呢？净飯王沒有辦法，為了阻止太子出家的決心就把他關在花園裡，然後讓衛士們緊緊看守他，後來又給太子納妃。當時印度城邦林立，太子就娶了印度諸國境內的第一美女耶輪陀羅為自己的妻子。太子19歲的時候，耶輸妃懷孕了，太子覺得這江山已經後繼有人了，可以離開了，於是半夜起身，騎一匹白馬從城牆上飛躍而下，進入山林中開始修行。

按照一些佛經的記載，太子離開國家開始修行的時候大概是19歲。一開始他四處尋師訪道。當時在印度有很多修行的人，給太子講了一些修行的方法，但太子覺得雖然這些方法可以提升境界，但仍達不到最終解脫的目的。這裏的解脫指的是登臨不生不滅的涅槃彼岸。

在尋師訪道五年之後，太子最後來到了一片苦行林，叫優樓毗羅村。他在這裏苦修了六年的時間，每天只吃一麻一米。大家可以看到這張圖片裡枯瘦靜坐的雕像，就是還原了釋迦牟尼當年苦修時的形像。你可以看到後來跟佛陀豐腴的體態是非常不相像的，非常瘦弱。這尊雕像現在存放在大英博物館裡。這樣太子苦修禪定了六年，之後他覺得這樣苦修下去還是不能夠達到解脫，於是就出定，到附近的尼連河洗了一個澡。這時正好

有兩個牧羊女在河邊牧羊。她們就擠羊奶製成乳糜獻給悉達太子。太子就舉著乳糜祝禱說：希望吃了這個乳糜的人能夠恢復氣力，希望施捨的人從此康健無病，多壽多慧。

他吃了乳糜，氣力就恢復了。隨後他就找了一株菩提樹端正地坐下，在進入禪定之前他發願說「我若不能圓成無上正等正覺的佛果，寧可碎此身，終不起此座」，然後他就入禪定了。他在禪定中經歷了很多的考驗。當時魔王派了一些魔兵魔將、魔子魔孫來嚇唬太子，還派美女去引誘太子，但是太子的心一直不為所動。就這樣，他在這株菩提樹下一共禪定了七七四十九天，到十二月初八子時，明星出現的時候，豁然開悟。我們中國人每到十二月初八要喝臘八粥，其實是紀念釋迦牟尼成佛的。太子開悟的一瞬間，就盡知了十方三世一切眾生的生生死死，包括他們的過去、現在和未來。之後他就開始了49年的傳法之路。

一開始釋迦牟尼沒有為僧團訂立任何的規章制度，但是釋迦牟尼帶著僧人修行的時候，中間總會發生一些事。有些事情可能很糟糕，僧侶做得很差。當這樣的事情發生時，就會有人報告給釋迦牟尼，請他來裁決，釋迦牟尼就會做一些相應的規定，這些規定後來就成為了戒律。所以戒律是隨著他傳法的過程中慢慢完善的。等到釋迦牟尼涅槃前，他的弟子圍著他問，說師尊走了之後由誰來指導我們修煉啊？釋迦牟尼告訴他們四個字，叫「以戒為師」。

釋迦牟尼在世的時候也沒有留下經書。經書都是後世印度的和尚整理的。第一次佛經的整理就發生在釋迦牟尼滅度以後，「滅度」就是涅槃。因為修行是很苦的，當時很多僧人覺得佛陀滅度以後就沒有人管自己了，從此就可以無拘無束地生活。釋迦牟尼有十大弟子，其中有一個叫大迦葉的，在十大弟子中「苦行第一」。大迦葉持戒非常嚴謹，吃了很多苦。他就很擔心如果這樣下去的話，佛陀的教法就會慢慢失傳。所以他就召集500阿羅漢弟子在一起開了個會。他們

聚集的地方叫七葉窟，也是佛教的一個聖地。大家看到，這張圖片(右圖)就是七葉窟。

七葉窟

釋迦牟尼十大弟子中的優波離，是「持戒第一」。迦葉尊者就請優波離誦出律典，所謂律典就是戒律，這樣就形成了佛經中的一部叫《律藏》。然後由一直照顧釋迦牟尼起居的阿難，他在十大弟子中「多聞第一」，誦出經文。咱們中文寫作阿難，大概應該讀作阿諾。阿難的記憶力非常好，特別是晚年的時候，每天追隨在釋迦牟尼身邊，所以他聽到的釋迦牟尼講法是最多的。加上他的記憶力又非常好，所以他就背誦出佛陀很多很多的講法。當時五百羅漢弟子一起來給予證實。每次他背出一段，大家都認為背得很對，那麼就把這段作為定稿。所以每一部佛經開始都有這麼四個字，叫作「如是我聞」，就是「我聽佛陀這樣講」的意思。這樣阿難背誦出的就形成了另外的一藏叫《經藏》*2。

我們知道在佛教中有一個專用詞彙叫「三藏」。所謂三藏就是經藏、律藏和論藏。熟悉經典的叫經師；熟悉戒律的叫作戒師；熟悉論的叫論師。如果你三藏都很熟悉，就叫作三藏法師，這是非常非常難得的。可能過很久很久，才能夠出現一個像三藏法師這樣級別的法師。我們看到在《西遊記》裡，管玄奘叫唐三藏，因為他就是三藏法師這個級別的。

在第一次集結的時候是否有論藏，現在佛教中說法不一樣，但是經和戒律

---

*2　《魏書·釋老志》：初，釋迦所說教法，既涅槃後，有聲聞弟子大迦葉、阿難等五百人，撰集著錄。阿難親承囑授，多聞總持，蓋能綜覈深致，無所漏失。乃綴文字，撰載三藏十二部經，如九流之異統，其大歸終以三乘為本。後數百年，有羅漢、菩薩相繼著論，贊明經義，以破外道，摩訶衍，大、小阿毗曇，中論，十二門論，百法論，成實論等是也。皆傍諸藏部大義，假立外問，而以內法釋之。

一定是那個時候就已經成型了。但隨著時間的流傳，總會不斷有人篡改，還有的人對同一件事情的解釋不一樣，或者對同一件事情的記述不一樣，這樣就要重新召集高僧開會來解決這些問題。佛經一共經過了四次集結。第一次就是咱們剛才說的七葉窟的集結，第二次和第三次我們不講了，第四次集結就是在佛滅度之後500年，也有人說是600年。當時有一個貴霜帝國，就是之前的大月氏國，在阿富汗附近。貴霜帝國的王叫迦膩色伽王。他在位的時候召集高僧大德一起來討論佛經，最後把經文定下來。

迦膩色伽王是非常有名的一位古印度國王，跟馬鳴和龍樹這兩位菩薩的關係都非常好。大家知道，龍樹菩薩是密宗的第一代祖師，馬鳴則是龍樹菩薩的師父的師父。

我們現在到寺院中隨便看到一個穿著袈裟的人，就把他稱為和尚，其實不是這樣的。很多人在剛剛出家的時候只是一個學徒，學徒一段時間後要受戒。受戒之後，就成為最低一級的修行者，叫作沙彌。實際上在佛教裡邊戒律是分為三個級別的。最開始的戒律叫沙彌戒，一共只有十條。出家人在受戒以後經過修行，如果能夠持戒嚴謹，那麼就可以受羅漢戒。羅漢戒也叫具足戒，具足戒的條款就多了，大概是250戒。如果你是男性出家人就是250戒，如果要是尼姑，就要受比丘尼戒，戒條更多一點，現在留下來的一共是348戒[3]。過去古時候，在沙彌

---

*3　《魏書·釋老志》：諸服其道者，則剃落鬚髮，釋累辭家，結師資，遵律度，相與和居，治心修淨，行乞以自給。謂之沙門，或曰桑門，亦聲相近，總謂之僧，皆胡言也。僧，譯為和命眾，桑門為息心，比丘為行乞。俗人之信憑道法者，男曰優婆塞，女曰優婆夷。其為沙門者，初修十誡，曰沙彌，而終於二百五十，則具足成大僧。婦入道者曰比丘尼。其誡至于五百，皆以（此處缺一字）為本，隨事增數，在於防心、攝身、正口。心去貪、忿、癡，身除殺、淫、盜，口斷妄、雜、諸非正言，總謂之十善道。能具此，謂之三業清淨。凡人修行粗為極。云可以達惡塗報，漸階聖迹。初階聖者，有三種人，其根業各差，謂之三乘，聲聞乘、緣覺乘、大乘。取其可乘運以至道為名。此三人惡迹已盡，但修心滌累，濟物進德。初根人為小乘，行四諦法；中根人為中乘，受十二因緣；上根人為大乘，則修六度。雖階三乘，而要由修進萬行，拯度億流，彌歷長遠，乃可登佛境矣。

戒和羅漢戒之上還有菩薩戒。

古時候受戒有一個非常莊嚴的儀式，要有「三師七證」，就是需要有10個僧人參與這個受戒儀式。每一個傳戒的僧人一定是持戒非常嚴謹的。十個人中有一個持戒不嚴，這個戒都算白受。在中共奪取政權之前，有一位高僧叫虛雲法師。他就講：古來三壇戒法，沙彌戒、具足戒、菩薩戒，每一壇都要先學足三年才能傳授的。小乘佛教到羅漢戒就結束了，大乘佛教可以有菩薩戒。小乘是「制身不行」，就是說不做壞事、身不犯戒；那麼如果是大乘佛教，叫「制心不起」，就是心不犯戒。所以僧人持戒，是非常不容易的一件事情。當然修煉人是要成神的，不可能很容易。咱們比如說就像一個中國人要來美國，你還要考托福、考GRE，也要吃一番苦，更何況你要去的不是美國而是天國，那肯定是很難嘛。

二、永平求法

下面我講一下佛教傳入中國的過程。釋迦牟尼佛在世和涅槃之後，古印度有很多很多的國家。大概在他涅槃200多年以後在印度出現了一位偉大的君主，叫阿育王。現在在浙江寧波還有阿育王的寺，裡面供奉著釋迦牟尼的舍利。阿育王非常勇武，率鐵騎征戰四方，基本上整個印度大陸被他給統一了。統一以後，阿育王痛感自己在戰爭中殺生太重，於是就皈依佛法，並派出僧人四方傳教。阿育王傳教的使者據說曾經到達過秦國，但詳情我們現在已經不清楚了。

佛教的傳播有三條路徑。一條是南傳，就是從印度經過斯里蘭卡然後走海路到達東南亞，像菲律賓、馬來西亞等很多東南亞國家。南傳佛教主要是小乘佛教，以釋迦牟尼為主尊。那麼還有一支是北傳佛教，從印度往西北經過阿富汗然後進入新疆，經過絲綢之路傳入漢地，然後再從漢地傳到日本。這一支佛教有小乘佛教也有大乘佛教。漢地僧人所修行的主要就是大乘佛教。還有一支是從印度經過尼泊爾傳入西藏，屬藏傳佛教。主要就是這麼三支。

白馬寺

　　一般認為佛教正式傳入中國是在東漢永平年間。永平是漢明帝的年號。據《魏書·釋老志》記載，漢明帝有一次做夢，夢見一個金色的人在宮殿上面飛，身上放出白色的光芒。漢明帝夢醒之後就把這個夢講給大臣們聽，其中有一個叫作傅毅的，說西方有一種神，名號叫作佛，陛下夢見的應該就是佛。

　　於是漢明帝就讓蔡愔、秦景、王遵等十幾個人於永平七年(公元64年)赴天竺，就是古印度求法。他們在西域的大月氏國遇到了來自天竺的僧人攝摩騰和竺法蘭，得到了佛經和佛像，於是相偕同行。他們把佛經佛像放在一匹白馬的背上，一起回到了東漢都城洛陽。為了給兩位印度高僧一個居住的地方，漢明帝就下詔在洛陽修建了一座寺廟，就是白馬寺*4。

---

*4　《魏書·釋老志》：後孝明帝夜夢金人，項有日光，飛行殿庭，乃訪群臣，傅毅始以佛對。帝遣郎中祭愔、博士弟子秦景等使於天竺，寫浮屠遺範。愔仍與沙門攝摩騰、竺法蘭東還洛陽。中國有沙門及跪拜之法，自此始也。愔又得佛經《四十二章》及釋迦立像。明帝令畫工圖佛像，置清涼台及顯節陵上，經緘於蘭台石室。愔之還也，以白馬負經而至，漢因立白馬寺於洛城雍關西。摩騰、法蘭咸卒於此寺。

咱們現在管佛教的廟叫作寺，其實在漢代，寺是一個政府的辦事機構，像鴻臚寺是專門負責接待外國使團的地方，像光祿寺是負責宴會的地方，宗正寺負責皇族事務管理，包括後來出現什麼大理寺是審案子的地方等等。那時候的寺基本上相當於一個部級的行政部門。白馬寺是中國的第一座佛教寺廟。

大家可以看到白馬在佛教中非常有象徵意義。當時悉達多太子是騎著白馬跨越城牆出去修行；唐僧去西天取經騎著白馬；佛教傳入中國時，馱著佛經和佛像的也是一匹白馬，所以寺的名字也叫白馬寺。道教喜歡青牛，因為老子騎的是青牛；佛教是白馬。

下面說一下佛教在漢地的發展。東漢初年，佛教雖然傳入中國，但在中國的發展相當緩慢。當時的人對佛教本身也不太理解。攝摩騰和竺法蘭在白馬寺住下後，翻譯出了中國的第一部佛經叫《四十二章經》。《四十二章經》實際上是42個小故事，分成四十二章，每一章都非常短小。

在佛教中有一種說法叫作「三寶」。所謂三寶就是「佛、法、僧」。永平年間，由於攝摩騰和竺法蘭翻譯出了佛經，又有了佛像，又有了攝摩騰和竺法蘭兩位僧人，於是在漢地「佛法僧」三寶齊備，這就算佛教正式傳入中國了。

但當時的佛經很簡單，只是一些小故事，所以在修行的時候其實也沒有成套的經書可以參考，很多人就把佛教視為道教方術的一種，並沒有把它視為一個獨立的修行法門。所以那時候有很多人是把佛像和老子的像放到一起去供的。到了東漢末年，才陸續有了一些譯經師從波斯或者西域來到中國，開始翻譯更多的佛經。到魏晉南北朝的時候，佛教才慢慢發展起來。

佛教真正的發展是在東晉十六國的時候。到南北朝的時候全面融入了中華文化，成為中華文化非常重要的一個組成部分。

南方的佛教比北方發展要慢得多，因為中國本土的文化在南方比較強勢。我們在講中國歷朝歷代簡史的時候提到過，在公元311年，匈奴人攻入了西晉的都城洛陽，俘虜了晉懷帝，這件事史稱「永嘉之亂」。很多在北方的知識份子和世家大族就帶著錢，帶著書籍，渡江到了南京，這個事件叫衣冠南渡。大量的讀書人跑到了中國長江以南，於是中國文化的重心向江南遷移。在北方，中國本土的文化就沒有那麼強勢了。在這種情況下佛教也就趁勢在北方發展起來了，因為當時在北方是五胡十六國，都是胡人做皇帝，匈奴、鮮卑、羯、氐、羌這些少數民族的皇帝。他們對於漢文化雖然很嚮往，但是他並不認為漢文化是不可取代的或者是說對漢文化有一種宗教般的虔誠，所以他們也就引入了來自於印度的宗教和文化。永嘉之亂後，在北方出現了很多非常有名的僧人，像佛圖澄、道安、鳩摩羅什等等。

三、佛教高僧

佛圖澄是一個非常有名的高僧。講佛教傳入中國的歷史是很難忽視他的。在二十四史的《晉書》第九十五卷裏有佛圖澄的傳。我們知道「永嘉之亂」以後，匈奴人劉聰做了皇帝，劉聰是劉淵的第四個兒子；劉淵還有一個族子叫劉曜。等到劉聰死了以後，劉曜就做了匈奴皇帝，改國號為趙，歷史上稱為前趙。後來羯族人石勒滅掉了劉曜，國號也叫作趙，歷史上稱之為後趙。

在《晉書》中有這麼一個記載，後趙皇帝石勒的愛子暴病而死，馬上就要埋起來的時候，石勒就歎著氣說，我聽說在春秋時期虢國的太子死了，有一個叫作扁鵲的神醫讓他起死回生，現在還有人能把我的兒子救活嗎？於是就派人去找佛圖澄。佛圖澄用楊樹枝沾著水灑在屍體上，然後念咒。唸完咒語之後，拉著石斌的手說：你可以起來了。石斌一下就坐起來了，很快他的病就好了。因為石斌是後趙皇帝石勒的兒子，所以石勒就非常震驚，就把自己的兒子全都送給佛圖

澄養在寺中，可能他覺得這樣會比較安全。

佛圖澄當時顯了很多的神跡。有一次劉曜從洛陽發兵去攻打石勒。石勒不知道戰爭結果會怎麼樣，派人去問佛圖澄。佛圖澄就用胭脂和芝麻油混在一塊塗在手掌上，然後讓童子看，問他們看見什麼了。童子看他的手上開始出現圖像，就像現在電視一樣，畫面顯示有一個人長得很高大，皮膚很白皙，被一個紅色的繩子繫住手肘。佛圖澄說你們看見的就是劉曜。所以這一次石勒發兵去跟劉曜打仗，一定會生擒劉曜的。後來也果然是按照他的預言發生的*5。

佛圖澄有一位弟子叫道安，也是一位譯經師。他主要不是靠神通而是靠淵深的佛理去弘揚佛教。道安的記憶力奇好，因為他長得很醜陋，所以最開始出家的時候，老師沒拿他當回事，讓他去農地裡幹活。他說他想看書，老師就給他一本佛經，5000多字。晚上回來的時候，他就把這書還了。老師說你怎麼這麼快就還了？他說我已經背下來了，然後就一字不錯地給老師背了一遍。他的老師大為驚奇，又給他一本佛經一萬多字，又是一天的時間，幹活的間隙他看書，看完就能背下來。大秦天王苻堅對道安非常器重。

佛圖澄的弟子是道安，道安有一個弟子叫慧遠。慧遠是佛教淨土宗的創始人。在東晉十六國時期，除了佛圖澄、道安和慧遠，還有一個非常有名的僧人叫鳩摩羅什，對中國佛教的影響非常之大。關於他的生平事蹟我們下一堂課再說。

---

*5　《晉書》第95卷：勒愛子斌暴病死，將殯，勒嘆曰：「朕聞號太子死，扁鵲能生之，今可得效乎？」乃令告澄。澄取楊枝沾水，灑而咒之。就執斌手曰：「可起矣！」因此遂蘇，有頃，平復。自是勒諸子多在澄寺中養之。勒死之年，天靜無風，而塔上一鈴獨鳴，澄謂眾曰：「鈴音雲，國有大喪，不出今年矣。」既而勒果死。……及曜自攻洛陽，勒將救之，其群下咸諫以為不可。勒以訪澄，澄曰：「相輪鈴音雲：『秀支替戾岡，僕谷劬禿當。』此羯語也，秀支，軍也。替戾岡，出也。僕谷，劉曜胡位也。劬禿當，捉也。此言軍出捉得曜也。」又令一童子潔齋七日，取麻油合胭脂，躬自研得掌中，舉手示童子，粲然有輝。童子驚曰：「有軍馬甚眾，見一人長大白皙，以朱絲縛其肘。」澄曰：「此即曜也。」勒其悅，遂赴洛距曜，生擒之。

第四十五講 ❖ 中國佛教簡史（二）
鳩摩羅什、佛教石窟

Chapter. 45   A Brief History of Chinese Buddhism (2)
Kumarajiva, Buddhist Grottoes

　　上一堂課我們講了一下釋迦牟尼的生平，以及對佛教的一些簡單介紹，之後我們介紹了一下佛教傳入中國的過程。我們上堂課介紹了兩個僧人，佛圖澄和道安。還有一個僧人也生活在東晉十六國時期，對中國佛教的影響非常之大。他的名字叫鳩摩羅什。

　　鳩摩羅什是佛教四大譯經師之一。四大譯經師就是鳩摩羅什、真諦、不空和玄奘。從時間上來說，鳩摩羅什是第一人。我們現在日常生活中的很多漢語詞彙，像苦海、愛河、未來、世界、天花亂墜、想入非非、煩惱、大千世界等等，其實都是鳩摩羅什發明的，所以他對中國文化的影響特別深遠。我們現在讀到的很多佛教經典，像《金剛經》、《妙法蓮華經》、《阿彌陀經》等等都是鳩摩羅什翻譯的。所以我們下面介紹一下鳩摩羅什的生平。

　　鳩摩羅什（公元344—413）出生在今天的新疆庫車縣——當時叫龜茲國，東晉時屬於西域三十六國之一。鳩摩羅什的父親鳩摩羅炎是印度婆羅門，將要做宰相的時候，選擇了出家修行。他越過蔥嶺到達龜茲國。龜茲國的國王非常喜歡他，就把自己的妹妹強行嫁給了他[1]。

　　在二十四史之一的《晉書》裡有鳩摩羅什的傳。他是一個少年天才，每天可

鳩摩羅什

以背誦一千偈。「偈」就是佛教中的詩，一偈是32個字。也就是他一天就可以背誦3萬2千字，而且他不用別人解釋，自己就明白這些文字的意思。

　　12歲的時候，鳩摩羅什的母親帶他到旁邊的一個國家叫沙勒。國王非常重視他，於是就在那地方住了一年的時間。他博覽群書，而且對陰陽五行、占星算命之類的全都能學會，對事情的預言非常靈驗。而且鳩摩羅什為人非常率真豁達，對一些小節也不在意，所以很多修行人覺得他好像不太像一個修行人。鳩摩羅什後來就學習了大乘佛法[*2]。

　　他20歲的時候被龜茲國王迎回了龜茲，之後就在龜茲國講佛經。他講經的時候，那些國王都跪在地上，讓鳩摩羅什踩著他們的身體登上講經的寶座。他雖然是一個少年，但侃侃而談，在龜茲國也是遠近聞名，十分受尊敬。鳩摩羅什的母親有神通，預見到龜茲可能馬上要出事，就決定前往天竺躲避災禍。臨行之前問鳩摩羅什說：你現在有兩個選擇，一個是跟我回天竺去躲避禍患；但是東方要大興佛法，而這個過程需要你的幫助，你雖然會建很大的功德，但在世間會吃很多苦，你想怎麼選擇？鳩摩羅什回答說：如果

---

*1　《晉書》第95卷：鳩摩羅什，天竺人也。世為國相。父鳩摩羅炎，聰懿有大節，將嗣相位，乃辭避出家，東渡蔥嶺。龜茲王聞其名，郊迎之，請為國師。王有妹，年二十，才悟明敏，諸國交聘，並不許，及見炎，心欲當之，王乃逼以妻焉。既而羅什在胎，其母慧解倍常。及年七歲，母遂與俱出家。

*2　《晉書》第95卷：羅什從師受經，日誦千偈，偈有三十二字，凡三萬二千言，義亦自通。年十二，其母攜到沙勒，國王甚重之，遂停沙勒一年。博覽五明諸論及陰陽星算，莫不必盡，妙達吉凶，言若符契。為性率達，不拘小檢，修行者頗共疑之。然羅什自得於心，未嘗介意，專以大乘為化，諸學者皆共師焉。

能夠讓佛法流傳東土，無論吃多少苦，我都沒有什麼可遺憾的，我也不後悔。這樣他的母親回到天竺，鳩摩羅什就留在了龜茲*3。

當時長安有一個前秦政權，國王是大秦天王苻堅，就是發動淝水之戰的那個人。當時皇帝身邊都有觀星的人。他們告訴苻堅說在西域有一個非常了不起的人物，叫鳩摩羅什。苻堅非常嚮往，於是就派大將呂光率領七萬人馬攻打龜茲，希望能夠把鳩摩羅什捕獲。呂光的軍隊沒到以前，鳩摩羅什就跟龜茲王白純說：龜茲的國運已經衰落了，將有勁敵從東方來，咱們不要抵抗，一定要恭順地投降，這樣結局還能好一點。結果白純不聽，出兵拒戰，被呂光打敗，這樣鳩摩羅什就被俘虜了*4。

呂光不相信鳩摩羅什是一位高僧，就戲弄他，讓他騎劣馬，看他出醜，經常侮辱他，但鳩摩羅什一直沒有任何怨氣。後來呂光覺得鳩摩羅什這麼年少，就想讓他破戒。於是他把鳩摩羅什灌醉了，和龜茲王的女兒關在一個帳篷裡。鳩摩羅什就這樣破戒了，就娶了這個妻子*5。

呂光在回軍的路上駐軍在一座山下，將軍和士兵們都已經休息了。羅什跟呂光講：將軍不能在這駐兵，因為這個山會塌，會壓死很多人。呂光不聽，到了半

---

*3 　《晉書》第95卷；年二十，龜茲王迎之還國，廣說諸經，四遠學徒莫之能抗。有頃，羅什母辭龜茲王往天竺，留羅什住，謂之曰：「方等深教，不可思議，傳之東土，惟爾之力。但於汝無利，其可如何？」什曰：「必使大化流傳，雖苦而無恨。」母至天竺，道成，進登第三果。西域諸國咸伏羅什神俊，每至講說，諸王皆長跪坐側，令羅什踐而登焉。

*4 　《晉書》第95卷：苻堅聞之，密有迎羅什之意。會太史奏云：「有星見外國分野，當有大智入輔中國。」堅曰：「朕聞西域有鳩摩羅什，將非此邪？」乃遣驍騎將軍呂光等率兵七萬，西伐龜茲，謂光曰：「若獲羅什，即馳驛送之。」光軍未至，羅什謂龜茲王白純曰：「國運衰矣，當有勍敵從日下來，宜恭承之，勿抗其鋒。」純不從，出兵距戰，光遂破之，乃獲羅什。

*5 　《晉書》第95卷：光見其年齒尚少，以凡人戲之，強妻以龜茲王女，羅什距而不受，辭甚苦至。光曰：「道士之操不踰先父，何所固辭？」乃飲以醇酒，同閉密室。羅什被逼，遂妻之。

夜的時候果然洪水暴起，水深數丈，死了幾千人。呂光才覺得鳩摩羅什可能確實不一般。呂光曾經想留在西方，自立為王。鳩摩羅什告訴他說：我們待的這個地方不吉利，必須趕快走，前方有一個非常好的福地可以去，這個地方就是涼州。這樣呂光就到了涼州[*6]。

呂光到涼州的時候就得到消息，說苻堅已經被姚萇所害。姚萇建立了一個新的政權。姚萇也非常喜歡鳩摩羅什，就派人來迎接，但呂光不肯給。這樣鳩摩羅什就在武威住了17年。到了公元401年，姚萇死了之後，他的兒子姚興派兵西伐涼國，就是呂光建立的這個國家。涼國歸降。這樣羅什才有機會前往關中，而這時他已經58歲了。

鳩摩羅什到長安的時候，姚興親自出城迎接，把他尊為國師，給他開闢了一個道場，以國家之力來支持鳩摩羅什翻譯佛經。這樣鳩摩羅什就主持了歷史上最大的佛教譯場。這裏有「口宣梵本」，就是讀佛經原文的；有定字義的，就是怎麼翻譯；然後有潤色文字的，還有校正的等等。其中主要的譯經師就是鳩摩羅什[*7]。

鳩摩羅什在長安12年，翻譯了300多卷經書，幾乎一個月就翻兩到三卷。鳩摩羅什跟很多過去的譯經師不一樣。過去的譯經師到中國的時候，雖然他們懂梵語，但他們的漢語不好，所以翻譯的佛經就很難懂。但鳩摩羅什的漢語非常好，跟當時最頂級的文人沒有什麼區別，所以他翻譯的很多佛經文筆流暢優美，

---

*6　《晉書》第95卷：光還，中路置軍於山下，將士已休，羅什曰：「在此必狼狽，宜徙軍隴上。」光不納。至夜，果大雨，洪潦暴起，水深數丈，死者數千人，光密異之。光欲留王西國，羅什諫光曰：「此凶亡之地，不宜淹留，中路自有福地可居。」

*7　《晉書》第95卷：羅什之在涼州積年，呂光父子既不弘道，故蘊其深解，無所宣化。姚興遣姚碩德西伐，破呂隆，乃迎羅什，待以國師之禮，仍使入西明閣及逍遙園，譯出眾經。

都成為名篇，郎朗可誦。就像金剛經裡邊講，「一切有為法，如夢幻泡影，如露亦如電，應作如是觀」就是他的傑作。他創造了很多的佛教詞彙，就是像我們剛才提到的大千世界、一塵不染、天花亂墜、想入非非等等，現在都變成了中國人日常用的成語。鳩摩羅什所翻譯的佛經主要是大乘經典，大部分成為中國佛教八大宗派的經典典籍。

姚興覺得鳩摩羅什是天下無雙的才智之士，就有一點擔心。擔心什麼呢？用我們現在的科學術語來講，就是擔心鳩摩羅什的好基因不能傳下去，所以就強令鳩摩羅什娶妻。他給了鳩摩羅什十個美女，逼著他一定要接受。這樣鳩摩羅什就搬出了寺院，住在姚興專門為他修的大房子裡。

很多僧人就很羨慕他的生活，名聲大、住豪宅，還有很多美女相伴，國君又尊重他，所以很多僧人就想效仿鳩摩羅什。鳩摩羅什就把僧人聚集在一塊。他拿出一個碗，裡面放滿了鋼針，跟各位僧人們說：如果你們能夠做到我現在要做的事，你們也可以像我一樣娶媳婦住大房子，然後他就把整整一碗的針，放到嘴裏，就跟吃一般的食物一樣嚼一嚼咽下去。他整整吞了一碗針。諸僧都覺得非常慚愧，才知道其實羅什是有大神通的[8]。

鳩摩羅什其實是在告誡弟子，要按照佛法的規定去做，而不要看某一個人做的怎麼樣。雖然漢地佛經大部分是鳩摩羅什所譯，但是他經常感到自己持戒不嚴，內心非常愧疚自責。他在講法的時候告訴弟子說：就像臭泥中可以生長蓮花，你們只需要採擷蓮花，不必沾取臭泥。佛法就是聖潔的蓮花，慾望就是污泥，修行要依法不依人。晚年時，鳩摩羅什拜見他少年時代的老師。老師問他：你有

---

[8]　《晉書》第95卷：興嘗謂羅什曰：「大師聰明超悟，天下莫二，何可使法種少嗣。」遂以伎女十人，逼令受之。爾後不住僧坊，別立解舍。諸僧多效之。什乃聚針盈缽，引諸僧謂之曰：「若能見效食此者，乃可畜室耳。」因舉匕進針，與常食不別，諸僧愧服乃止。

多少弟子？鳩摩羅什說：有三千徒眾跟我學佛，但我業障深重，難為人師表。

公元413年，70歲高齡的鳩摩羅什自知陽壽將盡，向僧眾告別。他講了一番話，「希望我所翻譯的經典能流傳於後世，發揚光大，現在在大眾面前，我發誠實誓願，如果我翻譯的佛經沒有錯誤，願我身體火化之後，舌頭不會焦爛」，然後他就圓寂了。圓寂之後，僧人就把鳩摩羅什的屍體火化了。結果火化之後，他的身體碎為灰燼，只有舌頭沒有爛*9。這三寸不爛之舌就成為珍貴的舌舍利，也是世間僅有的舌舍利，現在還供奉在甘肅武威市涼州區的鳩摩羅什寺塔之中。

四、四大石窟

在鳩摩羅什的那個時代，已經有大量的僧人從西域、天竺、安息國等前往中國。

佛教的佛理非常淵深，而且邏輯嚴謹。大家知道，邏輯是古希臘亞里斯多德提出的一套研究科學的方法；中國在戰國時代，墨子就提出一套邏輯學，當然不叫邏輯而叫墨辯；在印度有因明學，其實三者是一樣的。

注重邏輯的佛理對於一些沒有受過良好教育甚至沒有讀過書的普通大眾來說，理解起來相當困難。所以後來印度就有一位大法師叫作馬鳴，就是龍樹菩薩的老師的老師，把佛教和音樂、藝術、詩歌等等結合了起來。馬鳴寫了一些佛教的詩，也寫了一些佛教的劇本。他寫的詩包括非常有名的《佛本行經》，就是記述釋迦牟尼生平的史詩。馬鳴通過一些藝術的形式來闡述佛理，這樣等於是通過一種通俗的方法讓佛教的思想更加普及。

在中國也有一些佛教和藝術結合的作品，包括一些畫和雕塑等，最有名的就是佛教的四大石窟。

---

*9 《晉書》第95卷：姚興於逍遙園依外國法以火焚屍，薪滅形碎，惟舌不爛。

　　中國歷史上第一個開鑿的佛教石窟就是敦煌莫高窟(左上圖)，始建於十六國時期。唐代有一本書叫《李克讓重修莫高窟佛龕碑》，裡邊記載說，前秦建元二年，就是公元366年，有一位僧人叫樂尊路過此山，突然間看見金光閃耀，天空中出現了萬佛，於是樂尊就發誓要在山上開鑿石窟，把這些佛像雕刻下來或者畫下來。這樣他就在岩壁上開鑿了第一個洞窟。其後歷代僧人不斷地鑿石窟雕刻佛像，這個地方就稱為莫高窟。這個「莫」本來是沙漠的漠，莫高窟的意思是沙漠高處的地方，現在就寫為莫名其妙的「莫」了。

　　在甘肅還有一個麥積山石窟(右上圖)，位於天水，也是創建於十六國的後期，是姚萇在位的時候開鑿的。後來經過西秦、北魏、西魏、北周、隋的相繼開鑿，後來到唐以後，又重加修繕，就形成了佛教的第二個石窟。

　　第三個佛教石窟就是雲岡石窟（見109頁左下圖）。雲岡石窟在山西大同城外，是北魏太武帝的孫子文成帝開鑿的。因為當時文成帝的都城在山西大同。雲岡石窟的對面就是北嶽恒山懸空寺。

　　第四個石窟開鑿得稍微晚一點，是北魏孝文帝遷都洛陽之後開鑿的龍門石窟（見109頁右下圖）。大家看到這個圖片裡面的大佛叫盧舍那大佛，是武則天按照自己的形象雕出來的。

　　我們簡單地介紹了一下佛教在東晉十六國時期的發展。佛教中有一個宗派對中國的影響非常之大，就是禪宗。關於禪宗的故事我們下一堂課再說。

第四十六講 ❖ 中國佛教簡史(三)
禪宗簡史

Chapter. 46　A Brief History of Chinese Buddhism (3)
A Brief History of Zen Buddhism

大家好。上一期我們簡要講述了大譯經師鳩摩羅什的生平,之後介紹一下佛教的四大石窟。這些都是北方的佛教人物和事件。今天我們講一下禪宗。

五、禪宗

禪宗對中國的影響非常大。宋代以後,禪宗的一些思想融入到儒家思想中,成為宋代新儒家學派的重要組成部分,很多知識份子也都喜歡談禪。從五代後期到宋代,中國出現了一些著名的書院。大儒們選擇一個風景優美的地方,建立書院。其管理方式主要是借鑒了禪宗的叢林制度,都是傳道授業的地方,只不過禪宗的叢林是研習佛家經典和禪修的處所,而書院是研習和實踐聖人學問的地方。

我們在上一堂課講到佛教在東晉十六國時期在北方的發展。四大石窟的開鑿都是在北方。南方的佛教比北方的發展要稍微晚一點。很多人都背過杜牧的詩「千里鶯啼綠映紅,水村山郭酒旗風,南朝四百八十寺,多少樓台煙雨中」。這裏提到「南朝四百八十寺」只是一個概述,實際上南方的寺院不止480座。在南朝,特別到了梁以後,佛教也開始變得很興盛,這和梁武帝有很大關係。

佛教最開始興盛於北方，是因為五胡十六國時期，很多胡人當皇帝，而他們是信奉佛教的。而南方的知識分子更喜歡道家和儒家的學問。由於戰亂和當時的選官制度，很多讀書人沒有考試做官的機會，生活也非常痛苦。於是很多讀書人就選擇了消極避世的態度，流連於山水之間，並經常在一起舉行聚會。魏晉時期，知識份子聚在一起清談，內容主要是三本書，《老子》、《莊子》和《周易》。這三本書都跟道家有關。《老子》和《莊子》是明顯的道家書籍，《周易》雖然是儒家的經典，但它的內容也是已經在談宇宙運行規律的問題，所以也是比較偏向於道家的。

一般來說，在任何一個時代，知識份子都是最有話語權的。他們起到引導輿論風氣的作用，一般不讀書的人都要聽從他們的意見。一些和尚為了把佛教介紹給中國，於是就和這些知識份子們交往，像支道林、法顯、慧遠等等。法顯西行到天竺求法，回來翻譯佛經。慧遠是道安的門徒，而道安則是佛圖澄的門徒。慧遠在廬山東林寺居住三十年，廣收門徒，傳播佛法，被認為是淨土宗的創始人。這些高僧在和知識份子的交談中，闡述出淵深的佛理，這使得這些讀書人意識到佛教中也有很深刻的哲學，這樣慢慢知識份子就接受了佛教的思想。佛教也就慢慢從北方滲透到了南方。象當時東晉的名士王羲之、謝安等人在蘭亭聚會的時候，僧人支遁就是與會者之一。

東晉被南朝（宋、齊、梁、陳）取代。梁朝的開國皇帝梁武帝對佛法非常崇信。梁武帝文武全才，不光騎射功夫很好，而且懂得陰陽卜筮，他詩詞文章也寫得非常好，特別是他對於佛法修行充滿熱忱。他為人節儉，吃飯都是素菜和糙米飯，而且過午不食，身上穿布做的衣服，早年時勤政愛民，開創出一個政治清明經濟繁榮的盛世。但梁武帝有一個什麼問題呢？當皇帝和當和尚對人的要求是不一樣的，他有點擺不正二者的關係。當皇帝就要管理國家，國家裏有好人也有

壞人，那作為皇帝就要懲惡揚善、執行王法，而按照王法，壞人是要殺掉的。但是呢，他後來信佛了。而信佛的人不能殺生，所以他就基本上廢除死刑了。很多人犯了很大的罪，梁武帝也不殺，希望能夠感化罪犯，但這反而讓罪犯們變本加厲，因為幹了壞事沒有後果嘛[*1]。

當時還有一個情況，就是由於僧人不必繳稅，於是很多好吃懶做的、犯罪的、逃避賦稅和兵役的人都去出家，或者隱藏在寺院中。這些人並不是真的皈依三寶，因此也擾亂著寺院這個本該用來清靜修行的場所。當時全國的僧尼道士，加上他們藏匿的人口幾乎占據了全國人口的一半，僅僅京師之中就有佛寺五百多所，僧尼十餘萬。這對於國家經濟也造成了很大的傷害。

梁武帝對佛法非常熱心，曾經四次捨身出家同泰寺，就是不當皇帝去當和尚了。然後臣民再花錢把他贖回來繼續當皇帝，一次贖金就達到一億錢，甚至兩億錢之多，相當於他給寺院籌款一樣。梁武帝還經常穿上和尚的衣服登台講經，做了很多弘法的事。

梁武帝普通八年（公元526年）九月，一位印度高僧泛舟航海來到廣州，此人就是印度香至國的太子，也是中國禪宗的初祖——達摩。梁武帝聽說了，就派

*1　《南史》第7卷：然仁愛不斷，親親及所愛慝犯，多有縱舍，故政刑弛紊。

人把達摩迎到了南京。梁武帝問達摩：我做了這麼多弘法的事，建寺廟、塑佛像、抄佛經、供僧侶，積累了多少功德？達摩說：一點功德也沒有。達摩告訴梁武帝，佛法是清淨圓妙的智慧，你不能通過世俗的方法去得到它的。梁武帝聽了之後很失望。達摩也覺得梁武帝不懂修煉，只是做有為的事而不是真正修他的心[*2]。

達摩知道他和梁武帝法緣不合，於是就一葦渡江來到了北魏。渡江後，他一直往北走到嵩山，在少林寺外五乳峰的一個山洞裏面壁打坐。這個洞現在叫達摩洞[*3]。達摩面壁九年，把自己的形像像照片一樣印在了他面對的石壁上，所以我們現在看到的達摩的形像其實都是從那個石壁上臨摹下來的。

慧可斷臂圖

達摩開悟後，創立了中國的禪宗。因為是在少林寺創立的禪宗，所以少林寺又被稱為禪宗祖廷。達摩是禪宗初祖，二祖就是慧可。慧可原來的名字叫神光，一直在追隨達摩，希

---

*2　《景德傳燈錄》第3卷：師泛重溟。凡三周寒暑，達於南海。寶梁普通八年丁未歲九月二十一日也。廣州刺史蕭嚴具主禮迎接。表聞武帝。帝覽奏遣使齎詔迎請。十月一日至金陵。帝問曰：「朕即位已來。造寺寫經度僧不可勝紀。有何功德。」師曰：「並無功德。」帝曰：「何以無功德。」師曰：「此但人天小果有漏之因。如影隨形，雖有非實。」帝曰：「如何是真功德。」答曰：「淨智妙圓，體自空寂。如是功德，不以世求。」帝又問：「如何是聖諦第一義。」師曰：「廓然無聖。」帝曰：「對朕者誰。」師曰：「不識。」帝不領悟。

*3　《景德傳燈錄》第3卷：師知機不契。是月十九日，潛回江北。十一月二十三日，屆於洛陽。當後魏孝明太和十年也。寓止於嵩山少林寺。面壁而坐，終日默然，人莫之測。謂之壁觀婆羅門。

望達摩能傳他佛法，但達摩不理他*4。有一次達摩晚上禪定的時候，外面下起了大雪，神光就徹夜站在雪地裡。等到第二天早上達摩出定的時候，看見大雪已經沒過了神光的膝蓋。達摩也很感動，就問神光到底想要什麼。神光說希望你能傳我佛法。達摩說：「諸佛無上妙道，曠劫精勤。難行能行，非忍而忍。豈以小德小智輕心慢心。欲冀真乘，徒勞勤苦。」意思是，佛法是不能輕傳的，弟子一定要能忍受難忍之事，做到別人做不到的事，一般的小信小慧是根本就不配得到佛法的。神光為了表示自己的決心，就抽出一把刀來，把自己的左臂砍斷了。神光斷臂求法的事非常有名。達摩受他的決心感動，就傳給他佛法，把他的法名改為慧可，這就是禪宗二祖*5。二祖傳給了三祖僧粲，僧粲傳給四祖道信，道信傳給了五祖弘忍，弘忍傳給了六祖慧能。

禪宗六祖慧能是佛教中的傳奇人物。他的肉身至今不壞，還端坐在廣東的南華寺中。南華寺在廣東韶關再往南大概22公里。慧能是在唐玄宗先天年間（公元713年）圓寂的，到現在已經1300多年了。你想廣州那地方，魚蝦之類的放兩天就壞了，他的肉身1300年不壞，還坐在那兒。

在中國的佛教史上，慧能的影響非常大。他繼任為禪宗六祖後，不但成為佛教中國化之後的重要分支，也影響了後來的儒學。他有一次在大梵寺講經，聽眾有僧俗上萬人，包括韶州刺史和一些官員。刺史命令慧能的弟子法海加以筆

---

*4　《景德傳燈錄》第3卷：時有僧神光者，曠達之士也。久居伊洛。博覽群書善談玄理。每嘆曰：「孔老之教，禮術風規。莊易之書，未盡妙理。近聞達磨大士住止少林。至人不遙，當造玄境。」乃往彼晨夕參承。師常端坐面牆莫聞誨勵。光自惟曰：「昔人求道。敲骨取髓，刺血濟飢。布髮掩泥，投崖飼虎。古尚若此，我又何人。」

*5　《景德傳燈錄》第3卷：其年十二月九日，夜天大雨雪。光堅立不動。遲明積雪過膝。師憫而問曰：「汝久立雪中，當求何事。」光悲淚曰：「惟願和尚慈悲。開甘露門，廣度群品。」師曰：「諸佛無上妙道，曠劫精勤。難行能行，非忍而忍。豈以小德小智輕心慢心。欲冀真乘，徒勞勤苦。」光聞師誨勵。潛取利刀自斷左臂置於師前。師知是法器。乃曰：「諸佛最初求道為法忘形。汝今斷臂吾前，求亦可在。」師遂因與，易名曰慧可。

錄，整理後就是我們現在看到的《六祖壇經》。《六祖壇經》是中國漢地和尚所寫的書中唯一的一本被稱作「經」的書，其它的都不能稱為經，多稱為什麼什麼錄之類的。我們下面對慧能生平的介紹，主要就是按照《六祖壇經》的記載。

慧能俗家姓盧，祖籍范陽，就是北京。他父親曾經做過官，後被貶謫到了嶺南，其實就是流放了。慧能三歲的時候父親就去世了，與母親相依為命，家裏非常窮，在嶺南的山裡打柴為生。他有一次賣柴的時候，聽到有人在讀《金剛經》，突然間覺得很打動他，就問那人在讀什麼，那人說我在讀佛經。慧能問：你能不能教我？那人說我怎麼能教你呢，我也是個學生，你要想學佛經可以到湖北黃梅去找五祖弘忍。

於是慧能就回到家裡辭別了老母親，到黃梅縣去見弘忍。弘忍和慧能見面的時候有段對話很有意思。這些話記錄在了《六祖壇經》裡。弘忍問慧能「汝何方人，欲求何物」，你從哪兒來，想幹什麼？慧能回答說：「弟子是嶺南新州百姓，遠來禮師，惟求作佛，不求餘物。」我只想成佛，其他別的什麼也不要。五祖回答說：「汝是嶺南人，又是獦獠（獦獠是一種對南方人輕蔑的稱呼，就像美國的N-word），還想作佛嗎？」慧能說：「人雖然有南方人和北方人的分別，但是我和大和尚之間的佛性沒有分別。」[*6]

弘忍覺得這小孩兒機鋒很厲害，就把他留了下來。咱們前面說過，你不是一進寺院就成了和尚。你沒有受戒，連沙彌都不是，得先去做雜工，所以弘忍就安排慧能去廚房工作。

弘忍知道自己年事已高，就尋找自己的繼承人。他把寺院中的僧人召集到

[*6]　《六祖壇經》：弘忍和尚問惠能曰：「汝何方人，來此山禮拜吾？汝今向吾邊復求何物？」惠能答曰：「弟子是嶺南人，新州百姓，今故遠來禮拜和尚。不求餘物，唯求佛法作。」大師遂責惠能曰：「汝是嶺南人，又是獦獠，若未為堪作佛法。」惠能答曰：「人即有南北，佛性即無南北，獦獠身與和尚不同，佛性有何差別？」

一起，吩咐說：你們每個人把自己對佛法的理解寫成偈（闡述佛理的哲理詩叫作偈），拿過來我看。誰對佛法的領悟力最高，我就把衣缽傳給他。弘忍吩咐完後，那些僧人都不寫，因為他們覺得在寺院中只有一個人是出類拔萃的，就是神秀上座。僧人們認為自己即使寫，也寫不過神秀，那還浪費那精力幹啥？

但神秀也沒寫，因為他雖然知道自己是弟子中比較出眾的，但是是不是真的徹悟了佛法呢？這也不敢說。神秀想：萬一我寫完後，老師一看說寫得不咋地，那不也挺沒面子的嗎。就這樣神秀就猶豫了四天的時間，他13次想要把自己寫的詩呈給弘忍，但是13次都退回來了。後來他想乾脆我還是不要直接給老師看了，乾脆就寫在長廊對面的牆壁上，如果老師看了覺得好，他自然知道是我寫的，就會召見我；如果老師要覺得不好呢，那咱就當沒這事兒一樣。所以他就把詩寫在了長廊的牆壁上[7]。這個詩是這樣的：「身是菩提樹，心如明鏡台，時時勤拂拭，勿使惹塵埃」，意思就是說我的身體就是菩提樹，我的心就像是鏡子一樣，我要經常擦一擦，不要讓它沾染灰塵。

五祖看到這首詩之後覺得境界還不錯，但還沒有達到見性明心的標準。所以弘忍就把神秀叫來說：你這詩寫得還差點意思，你再回去好好想想[8]。但是在公開場合，弘忍跟寺院中的僧人們說：這詩寫得很好，你們大家都把它背下來，對你們的修煉是有幫助的[9]。當然，神秀雖然沒有達到比如說羅漢境界，但跟一般的小沙彌相比，他講的東西對他們已經有指導作用了。所以當時寺院中的僧人們就開始背。

---

[7]　《六祖壇經》：五祖堂前，有步廊三間，擬請供奉盧珍，畫《楞伽經變相》及《五祖血脈圖》，流傳供養。神秀作偈成已，數度欲呈；行至堂前，心中恍惚，遍身汗流，擬呈不得。前後經四日，一十三度呈偈不得。秀乃思惟：「不如向廊下書著，從他和尚看見，忽若道好，即出禮拜，雲是秀作；若道不堪，枉向山中數年受人禮拜，更修何道？」是夜三更，不使人知，自執燈，書偈於南廊壁間，呈心所見。

[8]　《六祖壇經》：見解只到門前，尚未得入。凡夫依此偈修行，即不墮落。作此見解，若覓無上菩提，即不可得。

兩天以後一個小童子經過廚房，一邊走一邊背這首詩，結果被慧能聽到了。慧能聽到後說這詩寫得好像也不怎麼樣嘛，就問童子：這詩誰寫的啊？童子說是神秀上座寫的。慧能說我都來了八個月了，還沒有到長廊前，麻煩你帶我去看看。小童子就把慧能帶到長廊前。這時候有一個叫張日用的人到寺院中隨喜，就高聲朗誦這首詩。慧能就對張日用說：我也有首詩，但是我不識字，能不能麻煩您幫我把這首詩寫下來？張日用就跟慧能說：你也能寫詩？這事兒可太稀奇了。慧能說：不要低估剛剛學佛的人，有人地位雖然低，但智慧很大。張日用聽了說：那我就替你寫吧，如果你要是真的能夠得到五祖傳的真諦，就請來度我[*10]。

　　於是張日用就拿毛筆蘸著墨，慧能念了一首詩。這首詩非常有名，對禪宗稍有瞭解的人大約都會背。慧能說：「菩提本無樹，明鏡亦非台，本來無一物，何處惹塵埃」，意思是，什麼菩提樹，什麼明鏡台，在我看來都是空的，如果本來什麼都是空的話，怎麼會沾染世間的塵埃呢？

　　如果一個人真懂修煉，特別是比如說我修煉法輪大法之後，很容易就明白神秀跟慧能的差距在哪兒。神秀說：我每天要反省一下自己，不要有什麼執著。慧能說：我早已超過了還有執著的境界了，我連執著是什麼都已經忘了。大概是

*9　《六祖壇經》：祖已知神秀入門未得，不見自性。天明，祖喚盧供奉來，向南廊壁間繪畫圖相，忽見其偈，報言：「供奉卻不用畫，勞爾遠來。經云：凡所有相，皆是虛妄。但留此偈，與人誦持。依此偈修，免墮惡道；依此偈修，有大利益。」令門人炷香禮敬：「盡誦此偈，即得見性？」門人誦偈，皆嘆：「善哉！」

*10　《六祖壇經》：復兩日，有一童子於碓坊過，唱誦其偈。慧能一聞，便知此偈未見本性。雖未蒙教授，早識大意，遂問童子曰：「誦者何偈？」童子曰：「爾這獦獠不知？大師言：世人生死事大，欲得傳付衣法，令門人作偈來看。若悟大意，即付衣法為第六祖。神秀上座，於南廊壁上，書《無相偈》，大師令人皆誦：依此偈修，免墮惡道；依此偈修，有大利益。」慧能曰：「上人，我此踏碓，八個餘月，未曾行到堂前。望上人引至偈前禮拜。」童子引至偈前禮拜，慧能曰：「慧能不識字，請上人為讀。」時有江州別駕，姓張名日用，便高聲讀。慧能聞已，遂言：「亦有一偈，望為書。」別駕言：「汝亦作偈？其事希有！」慧能向別駕言：「欲學無上菩提，不得輕於初學。下下人有上上智，上上人有沒意智。若輕人，即有無量無邊罪。」別駕言：「汝但誦偈，吾為汝書。汝若得法，先須度吾。勿忘此言！」

這樣的一個分別吧。

　　所以這個詩寫完之後，很多人看了非常吃驚，鬧鬧嚷嚷地就驚動了弘忍。弘忍來了之後，看了看這首詩，說：寫得也不怎麼樣。然後弘忍就脫下自己的鞋，把那首詩給擦了。其實弘忍知道這首詩寫得非常好。為什麼擦了呢？他怕別人妒忌他，因為慧能是一個在廚房舂米的小和尚，才來了八個月的時間，突然間要得到衣缽成為禪宗的掌門，大家能接受嗎？

　　擦完之後弘忍到廚房去，跟慧能之間有一番對話。這種對話都是暗藏機鋒的。對話以後，弘忍拿他的手杖，在舂米的臼上咣咣咣敲了三下，就走了。慧能看弘忍敲三下，就知道弘忍想半夜三更的時候傳他佛法，於是就半夜去了方丈室。弘忍把方丈室拿被子給遮起來，開始給慧能講《金剛經》。慧能聽到了「應無所住而生其心」這句話時就已經完全徹悟了佛法。慧能開悟後，弘忍把達摩的衣缽傳給慧能，告訴慧能說，「衣為爭端，止汝勿傳，若傳此衣，命如懸絲，汝須速去，恐人害汝」，意思是達摩的衣缽，到你這兒就不要再傳了。所以達摩的衣缽傳了六代，到慧能為止。

　　因為弘忍怕別人害慧能，就讓慧能連夜逃走。慧能逃回南方，當時整天跟一些獵人混在一起。獵人們打獵要吃肉，慧能就挖一些野菜扔到鍋邊煮，然後說「但吃肉邊菜」。就這樣一共隱居了15年。突然有一天慧能心動，覺得該出來傳法了，於是就來到了廣州法性寺。

　　法性寺的住持叫印宗法師。當時是唐高宗儀鳳元年（公元676年）正月八日，印宗法師在法性寺講《涅槃經》，來了很多的僧人。到晚上的時候，因為廣東那地方冬天比較暖和，很多僧人都睡在外面的長廊裡。當天晚上有兩個僧人發生了爭執。因為有一個僧人看見旗桿上的旗在隨風擺動，就說你看那個旗在動；然後另外一個僧人說：這不是旗在動，是風吹的旗在動。因為佛教講因果，所以

第二個人說不是旗在動，是風在動。於是一個人說旗在動，另一個人說風在動，兩個人就爭起來了。慧能聽到了，就說：既不是風動也不是旗動，而是心動。

這句話說得很高明。按我們修煉人的理解就是，兩人在爭執的時候，他們的爭鬥之心起來了。慧能說「心在動」，就是告訴他們不要再爭了的意思。慧能講這個話的時候，正好印宗法師從旁邊路過。印宗法師非常吃驚，一看說話的是一個俗家人，因為當時慧能留著頭髮。印宗法師就把慧能帶到自己的方丈室裏，問慧能說：達摩的衣缽已經南傳，難道接替他衣缽的人就是你嗎？慧能就從背上解下來一個包袱，一層層打開，露出了達摩的衣缽。所以印宗法師第二天舉行了一個盛大的法會給慧能剃度，之後反而拜慧能為師，就這樣慧能就開始傳法。

當時神秀在北方也很有影響力。武則天對神秀是特別尊重，命人把神秀抬到宮裡，武則天親自跪拜迎接。神秀後來寫信給慧能，邀請他到北方來光大佛法。慧能說我身材矮小，到北方去後怕北方人瞧不起我們。就這樣慧能一直留在南方。

禪宗對中國的影響特別大。現在幾乎很多中國人對於禪的瞭解都是從慧能這兒來的。

關於禪宗我們就說這麼多了。下節課，我們會介紹佛教另一個重要的分支——密宗。

第四十七講 ✣ 中國佛教簡史(四)
西行求法

Chapter. 47　A Brief History of Chinese Buddhism (4)
Seeking the Dharma in the West

　　我們前面講了一下佛法從印度傳到漢地的過程。漢地的佛經除了有印度或西域的僧人帶到漢地的以外，還有一個來源，就是漢地的和尚到西天去取經。

　　一提到西天取經，人們首先想到的就是大唐玄奘和尚到西天取經的事跡。但是玄奘並不是西行求法的第一人。第一個去西天取經的人並沒有到達印度，而只是到達了于闐，他的名字叫朱士行，生活在東漢末期到西晉初年。我們知道白馬寺是中國釋教的祖廷，朱士行就是在這裏出家的。他也是漢地和尚受戒的第一人。他出家後痛感很多的佛經講得太簡略，因為當時漢地譯出的佛經並不多，中間有很多省略的地方，所以朱士行就想去尋找完整的佛經。他一路西行，在于闐(今新疆和田)得到了梵語的佛經。他在那裏學習梵語，抄寫佛經，一共抄了90章60多萬字，準備派遣弟子把佛經送到洛陽。

　　關於朱士行維基百科上說他的法號叫八戒，所以他是豬八戒的原型，但我一直沒有找到特別確切的出處。說他去取經，但他自己並沒有回到漢地。在于闐抄完佛經後，他年歲已經很大了，於是就把佛經交給他的弟子帶回去。因為他所抄寫的佛經屬於大乘佛教，而當時于闐的國王相信的是小乘佛教，雙方理解不同，小乘佛教視大乘佛教為異端，所以于闐的一些大臣、僧人就認為朱士行是

朱士行

在禍亂佛教的法。于闐國王就阻止朱士行把佛經送回漢地。朱士行沒有辦法，就跟于闐的國王講：我們以燒經為證。什麼意思呢？他請國王生起一堆火，在火焰騰騰的時候，把他費盡心力抄寫的佛經扔到火裏。他對國王說：如果佛經不會被燒毀，那就請你允許我把佛經送回漢地。結果他把佛經扔到火裏的時候，火一下子就熄滅了，這樣于闐的國王就同意朱士行的弟子把佛經帶回洛陽。朱士行本人就在于闐圓寂了，所以他沒有到天竺，也沒有回到中土。

除了朱士行以外，還有一位非常著名的去西天取經的高僧叫法顯，他親身到達了天竺，而且把佛經帶了回來。法顯的事跡在二十四史中《魏書·釋老志》中有記載。他當時取經不是因為佛經本身的缺失，而是因為他對於戒律有很多疑問，相關的經典非常缺乏，使得廣大的佛教徒無法可循。於是法顯以65歲高齡從長安出發去天竺取經。後來他把這段經歷寫成一本書，叫《佛國記》。大家現在看到的這張圖（見123頁右圖）就是法顯去西天求法所走的那條路，也是根據他在《佛國記》的記載還原出來的。

法顯走的是絲綢之路的南道，從陽關出去後就進入沙漠了，法顯描述這段艱險的路況時說「上無飛鳥，下無走獸，遍望極目，欲求度處，則莫知所擬，唯以死人枯骨為標幟耳」。天上沒有飛鳥，地上沒有走獸，也看不到路，他靠的就是路邊死人的骸骨為標識。他走過第一個沙漠用了17個晝夜，走了1500里。之後還

法顯遊歷地圖

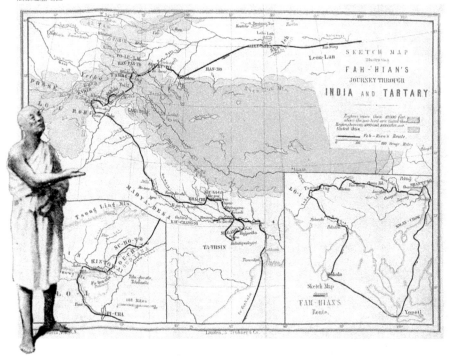

有一個更大的沙漠，就是現在新疆的塔克拉瑪干沙漠，當地人稱之為死亡之海。他在塔克拉瑪干沙漠走了一個月零五天才走出去，然後再翻越雪山到達天竺。

　　當時去西天求法的時候不是他一個人，而是一群人，其中有的僧人病死，有的在雪山上凍死。最後法顯到達天竺國學習佛學和梵語，抄寫佛經。等法顯覺得時機成熟了以後，就啓程回國。他首先從印度渡海到獅子國，獅子國就是現在的斯里蘭卡，在那裏他又呆了一段時間學習和抄寫佛經。他一共在外遊學13年，遍歷了30多個國家，最後在斯里蘭卡坐商船東歸。結果沿路遇到風暴，船漂流到了印度尼西亞。之後他又從印尼搭船去廣州，又遇到風暴。非常幸運的是這次風暴把他吹到了山東。法顯65歲離開長安，回國的時候已經78歲了。他非常高壽，在國內又生活了8年，著手翻譯佛經，到86歲的時候圓寂。

在法顯以後陸續又有20多位僧人西行求法,當然最著名的就是唐太宗時期的玄奘法師。

六、玄奘法師

玄奘取經的事跡在正史《舊唐書》和《新唐書》中都有記載,但都很簡略。我們這裡也參考了他的弟子慧立和彥悰根據他的回憶和口述所寫的《大慈恩寺三藏法師傳》也稱為《慈恩傳》,這是非常可信的史料。在《舊唐書》記載玄奘俗家姓陳,但他的名字在學術界有爭議,一種是陳禕(yī),還有一種是陳禕(huī)。他幼年時就展示出對佛學強烈的興趣,11歲開始背誦佛經,到13歲就基本上掌握了佛教的經典。由於勤苦的學習和對佛教知識的掌握,他在洛陽聲譽鵲起,當時的僧人稱他為「釋門千里之駒」。玄奘在研讀佛經的時候,發現很多僧人對同一件事的解釋不一樣,翻譯上顯然也有些差錯,他就一直很苦惱,想知道佛經的原文到底是什麼。當然佛經的原文在幾次集結的過程中也被改動了很多,但玄奘還是想知道最原始的佛經是怎麼寫的。

後來他遇到一位印度學者。這位學者告訴他在中天竺(當時印度分成了五個部分,總稱五天竺)有一座那爛陀寺,住持叫戒賢法師。戒賢法師的年齡已經非常大了。他特別善於講大乘佛法中的《瑜伽師地論》。所以這位印度僧人告訴玄奘,如果你要是能夠去那爛陀寺求法,你就能夠得到印度佛教最高的經典,由對佛教義理掌握最精深的和尚給你講法。這樣玄奘就決定去西天求法。

玄奘雕像

　　他出發的時候是大唐貞觀三年。當時大唐剛剛開國不久，還處在戰亂之後的恢復期，再加上大唐西面有一個強大的突厥民族，威脅著大唐的安全。所以當時唐朝法律規定不許國內的人口離開大唐西去。但玄奘去西天取經，就必須經過大唐的西部疆界進入西域，所以政府就一直不批准。貞觀三年，關中發生了饑荒，糧食不夠吃，政府允許飢民離開長安到外地找飯吃，這樣玄奘就借機離開了長安，一路西行。

　　玄奘後來碰到了一個對西域路徑比較熟的老人。他被玄奘去取經的決心所感動，就送給玄奘一匹馬，說這匹馬經常往返從大唐與哈密之間，對西面的道路比較熟悉。大家知道沙漠之中如果你要是沒有一個認識路的嚮導，或者沒有一匹認識路的馬，那很可能就會死在沙漠裏。這樣玄奘騎上這匹馬一路西行。當時大唐為了防備突厥人入侵，在邊疆上設了很多烽火台，相當於現在的海關，對出入的人盤查得非常嚴。玄奘白天不敢靠近烽火台，但外面全是沙漠，你要想得到水就只能到烽火台下。所以玄奘晚上以後，到第四座烽火台下打水，一枝箭從他的耳邊射過。他被人發現了。他就喊：我是西行取經的和尚，不要射箭。

　　守烽火台的人叫王伯隴，非常崇信佛法，知道玄奘的事跡後非常感動。他告訴玄奘前方是有一個大沙漠叫莫賀延磧（即今安西至哈密一段沙漠）。沙漠長八百餘里，上無飛鳥，下無走獸，險途莫測，必須在野馬泉補充飲水，否則入沙漠後必死無疑。玄奘就在他的指示之下進入沙漠，結果還是迷路了。迷路以後玄奘要喝水，結果水袋子又被玄奘失手打翻。水就都滲到沙漠裡乾涸了。玄奘一看這個情況就如雷轟頂，因為在沙漠中沒有水那幾乎是死路一條，於是玄奘就準備再回去打些水。結果他往回走了一段路之後，突然想起自己離開長安時的誓言：這次去西天求法，寧可西行而死，不取真經的話絕不回頭一步。他想我回去打水不也等於是回頭了嗎？他咬咬牙，還是轉身繼續西行。烈日暴曬之下，玄奘很快

就脫水了，最後從馬上摔下來。玄奘在意識不是很清楚的時候仍然一直向觀音菩薩禱告，說這次西行求法不為名不為利，只希望能夠取得真經，然後他就昏過去了。夜半的時候，一陣涼風將他吹醒，他覺得氣力恢復了一些，又爬上了馬繼續西行，走了十幾里路之後，那個馬突然間開始失控狂奔，玄奘也控制不住。那匹馬最後自己跑到了一條河的邊上，這樣玄奘就補充了水，走出了沙漠。

在《慈恩傳》中，法師說他當時昏過後，是菩薩把他給叫醒的。過了莫賀延磧，玄奘就到達了高昌國。高昌國的國君叫麴文泰，對佛法非常崇信。他特別敬佩玄奘，無論如何要把玄奘留在高昌國，給臣民講經。玄奘當然不同意，他要求得佛法真經，不是榮華富貴，但高昌國王不放他走。於是玄奘就絕食，到第4天的時候，高昌國王被他感動了，說可以放你去，但要求玄奘回來時一定要把他在天竺國所學的佛經，在高昌國講三年。

玄奘在離開高昌後，經焉耆、庫車而進入凌山。此山高入雲天，山頂冰雪不化，登攀極為不易，夜裡只能睡在冰上，之後玄奘又爬過比凌山更難攀登的大雪山，終於在離開長安一年多後到達北印度。

到達北印度之後，他就繼續往中印度走，因為那爛陀寺在中印度，結果在路上遇到了一個生死劫。當時他要過一條河，結果湧出了一群盜賊。玄奘早把生死置之度外了，對財物也沒有什麼執著。但那些盜賊們一看玄奘就特別喜歡他，為什麼呢？因為這群盜賊相信一種邪教，每年到了某一個時刻，要找一個容儀俊美的男子殺死，去供他們信的神。他們見玄奘威儀赫赫，就覺得他是一個很好的祭品，準備殺死他。當時跟玄奘一塊乘船的人都知道這是漢地的一位高僧，甚至有人願意代玄奘去死，但盜賊們都不同意。

按照《慈恩傳》的記載，玄奘就跟盜賊們商量說：你們修祭壇的時候，請允許我打坐入定。盜賊們看他鎮定的樣子，就同意了。玄奘當時發了一願：如果我

不能夠取得佛經的話，希望能夠往生佛國淨土，聽聞佛法，然後再轉生到人間，不但要再一次取經，而且要度化這些殺死我的強盜。於是玄奘進入禪定，他的元神一下子就離體了，一直往上飛到佛國淨土。看到莊嚴神聖的景象，玄奘心中非常喜樂。可這時，人間卻發生了重大變故，突然之間黑風四起，飛沙走石，把房子都吹塌了，樹都連根拔起。強盜們意識到，他們幹的事可能觸怒了神明。等到玄奘出定的時候，發現這些盜賊都跪在他的面前，請求受戒，拜玄奘為師。經過這一場磨難後，玄奘終於到達了中天竺那爛陀寺。

這時是貞觀五年，玄奘經過兩年的長途跋涉終於到達了他心中的佛教聖地。那爛陀寺已經建寺七百多年了，是當時印度最大也最壯麗的佛教寺院和文化中心。寺院中除了講佛學外，還講因明學（印度邏輯學）、音韻學、婆羅門教的經典以及醫術等等。在那爛陀寺學習的僧人經常在萬人以上，經費則由政府撥給，學風嚴謹，學術思想又很自由，還經常舉行一些講學研討活動。那爛陀寺的住持就是戒賢法師，這時年齡已經超過100歲了，學問和道德都被大家所敬仰，大家尊稱他為「正法藏」。

《玄奘西行圖》

　　戒賢在問明了玄奘取經的原由後也非常感動，於是給玄奘上賓的待遇。當時那爛陀寺上萬僧人，得到上賓待遇的不超過10個人。戒賢法師年事已高，已經多年不講學了，但玄奘來了之後，戒賢法師特意破例講《瑜伽師地論》，聽講的人有上千人。這樣玄奘去求法的目的經過幾年的努力終於達到了。玄奘在此處苦學了五年，同時他還學梵文和婆羅門文，然後他又從中印度到南印度去考察和學習，6年之後返回那爛陀寺。

　　戒賢法師對於玄奘的學術成就非常欽佩，安排他以留學生的身份做講經授法的工作。由於玄奘此時已經聲名遠播，當時東印度的國王鳩摩羅王，就邀請玄奘到他的國家去講大乘佛法的精義。最開始玄奘是不想去的，因為他覺得已經學成，可以回國了，結果鳩摩羅王就以武力威脅：如果你不來的話，我就帶著象軍，就是騎著大象的軍隊，去把那爛陀寺踏為齏粉。戒賢法師沒有辦法，就要派玄奘去東印度。結果這時北印度的戒日王，也想讓玄奘去他的國家。這樣東印度跟北印度就爭起來了，甚至要刀兵相見。玄奘不希望兩國因他而動刀兵，就跟兩位國王商量，選定了一個叫曲女城的地方召開了學術辯論大會。曲女城在現在印度北方的邦坎諾吉城。貞觀16年，五天竺18個國家的國王以及通曉大小乘的僧人三千多人和婆羅門2000多人參加了這次歷史上空前未有的學術盛會。玄奘以主持的身份登台宣講大乘經義，講完後把他的講稿貼在講經場外面的牆上，說你們如果誰覺得哪地方不對，可以質疑我。結果貼了三天，沒有任何人能夠質疑一個字，數千僧眾都被玄奘折服。

　　在曲女城的大法會一共持續了18天。等到法會結束後，戒日王按照印度的傳統牽來一頭大象，用最漂亮的錦緞把大象裝飾起來，然後讓玄奘坐在大象上在曲女城遊街，讓高貴的大臣一塊兒陪他巡遊，萬眾歡呼、群情悅服。這時，玄奘已經名滿天竺。但這並不能改變玄奘回國的初衷。

　　貞觀十七年（公元643年）春天，玄奘帶上多年搜集的佛經佛像離開天竺返回了祖國。戒日王給了玄奘很多的賞賜，但是玄奘除了路上所必需要的東西以外，其它的全部謝絕。這時，東西突厥已經被唐太宗都滅了，所以回國的路上沒有遇到任何障礙，很順利地到達了長安。這一次玄奘從印度帶回佛經657部，由20匹馬馱回。

　　此時唐太宗正在洛陽，聽說玄奘回來了，就召玄奘到洛陽覲見。太宗迎慰甚厚。玄奘取經歸來的事，轟動全國，所以僧人、官員、名士都想來見玄奘，這樣人事交往就成為玄奘譯經的嚴重障礙，因為他需要一個清靜之地把佛經譯出來。所以玄奘向唐太宗提出在幽靜的少林寺譯經，但太宗皇帝沒有答應，而是把太宗給自己母親所修建的長安弘福寺作為譯場，然後找了一些譯經人員協助玄奘。譯經人員來自全國以及東亞諸國。除了弘福寺之外，慈恩寺、西明寺、玉華宮等地都先後成為譯經的場所。

　　玄奘一共用了19年的時間，孜孜不倦地譯出梵文經典74部1335卷，比早期著名的高僧鳩摩羅什、真諦、不空這三位大譯經師翻譯的佛經總和還多。玄奘因為通曉梵文和漢文，所以他翻譯佛經的時候出口成章，隨看隨翻，文筆流暢優美。但儘管如此，整個譯經仍然遵循嚴謹的流程，而且得到了唐太宗的大力贊助。按照《舊唐書》的記載，唐太宗命令右僕射房玄齡和太子左庶子（太子老師）許敬宗，還有沙門碩學50多人幫助整理和比較譯文。

　　根據唐太宗的要求，玄奘還把他去西天求法的路上經歷口述出來，由他的弟子辯機執筆，完成了著名的《大唐西域記》。它記錄了玄奘親歷的110個及得到傳聞的28個城邦國家的概況，包括這些國家的疆域、氣候、山川、風土、人情、語言、宗教、佛寺以及大量的歷史傳說和神話故事，成為後來研究中古時代中亞和南亞諸國的重要史料。

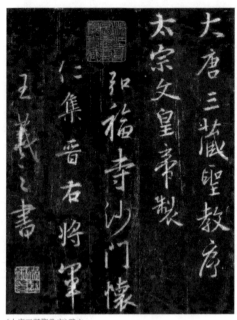

《大唐三藏聖教序》碑文

除了把佛經從梵文譯為中文以外，玄奘還把老子的《道德經》和《大乘起信論》從漢文翻譯成梵文，起到了中印文化交流的作用。貞觀22年（公元648年）夏天，玄奘將譯好的《瑜伽師地論》呈交給太宗皇帝，並請太宗皇帝做序。太宗皇帝花了一個月的時間瀏覽了這部長達百卷的佛教經典，讀完後親自撰寫了700多字的《大唐三藏聖教序》，就是我們現在看到的這張圖（左圖）。他盛贊玄奘法師，「法門之領袖，仙露明珠，詎能方其朗潤」。

　　大家看到的這張圖是當時一個叫懷仁的僧人，把王羲之的字帖拿出來，然後把唐太宗在聖教序裏寫的那些字，在字帖裡一個一個找出來，然後拷貝粘貼，最後貼出一部《聖教序》來，等於是王羲之的字，唐太宗的文章，形成了這個聖教序的碑文。唐高宗永徽三年（公元652年），玄奘在長安城內慈恩寺的西院築五層塔，就是今天的大雁塔，用於儲藏他在天竺得來的佛經和佛像。公元664年，玄奘在長安郊外的玉華寺圓寂。他的佛學造詣使他獲得了三藏法師的稱號。

　　咱們剛才講的這幾位僧人，朱士行、法顯和玄奘都是去西天求法，當然還有人把佛教從漢地傳到其他國家的事跡，最有名的就是鑒真東渡。這個事兒，我們下一集再說。

第四十八講 ❖ 中國佛教簡史(五)
鑒真東渡與藏傳佛教簡史

Chapter. 48　A Brief History of Chinese Buddhism (5)
Jianzhen's Voyage to Japan and A Brief History of Tibetan Buddhism

　　咱們上一集講了一些西行求法的僧人的生平和事跡。今天咱們講兩個話題,第一個是鑒真東渡,這是漢地和尚把佛教從漢地繼續東傳到了日本;還有一個就是藏傳佛教簡史。

七、鑒真東渡

鑒真和尚真像

　　鑒真是唐朝名僧,俗家姓淳于,江蘇揚州人,生活在唐玄宗時期。14歲(一說16歲)在揚州大明寺出家。他出家40多年之間,持戒嚴謹,而且對佛教戒律的理解非常深刻。他在很多的寺院裡為俗人剃度,傳授戒律,先後達4萬多人。當時日本的戒律不是很完善,於是日本的兩位僧人榮睿和普照在公元733年隨遣唐使入唐。他們在尋訪了10年以後,想找一個最好的僧人帶回日本,最後就選定了鑒

真。公元742年，鑒真不顧弟子的勸阻毅然應請，決心東渡日本。

鑒真一共東渡了六次，但前五次都沒有成功。有的時候是因為地方官的阻撓，地方官覺得這麼有成就的僧人怎麼能隨隨便便就放到日本去呢，就不讓他走。他的第1次、第3次和第4次東渡都是因此失敗的。第2次則是因為海上的風波險惡，氣候不好也沒有成功。第5次終於離開了大唐國境，但在海上漂流的時候又遇到風暴，漂流到了海南島。這一次損失慘重，來請他的日本僧人榮睿病死了，普照也離他而去，而且鑒真本人生了病，由於被庸醫給耽誤了，造成雙目失明。鑒真沒辦法，在天寶十年（公元751年）又回到了揚州。所以他前五次東渡吃了很多苦，但一事無成。

公元753年，日本遣唐使藤原清河、吉備真備和晁衡等人再次來到揚州懇請鑒真跟他們一起東渡。這次鑒真秘密和他們乘船到達江蘇的張家港，在11月16號搭乘遣唐使的大船出海，路上也是千辛萬苦。出發前第5次東渡失敗後跑掉的普照也跑回來上了他們的船。經過了一個多月的海上漂泊，有的船觸礁了，有的船失去聯繫了，但是鑒真的船終於在12月20號抵達日本薩摩島。第六次東渡成功了。

鑒真到日本時，日本的孝謙天皇和她的父親聖武太上皇以隆重的禮節迎接鑒真。鑒真一行抵達了奈良，日本人稱他為傳燈大法師，也稱他為大和尚。鑒真一開始住在日本的東大寺，在此處設壇授戒。當時日本有很多人為了逃避兵役和稅收，自誓授戒，等於是沒有經過三師七證，沒有經過嚴格的佛教儀軌，自己就宣佈自己已經受戒成為和尚了。日本天皇非常不喜歡這種方式，所以就規定，只有鑒真才有授戒的權力。這當然會引起那些「自誓授戒」僧人的反彈。雙方就發生了辯論，結果鑒真讓步了，承認他們自誓授戒，但還是要求他們受戒的時候必須有三師七證和相關的儀式，不能說自己把頭髮一剃就聲稱自己受戒了。

鑒真就在東大寺裡設立戒壇，為日本的天皇、聖武太上皇、皇太后等一些皇族人員授戒，大概剃度了500人。公元756年，鑒真被封為大僧都，就是日本佛教的最高領袖，在日本建立了正式的戒律制度。

公元758年，日本發生政變，淳仁天皇登基，解除了鑒真大僧都的職位，把在宮廷鬥爭中敗死的原皇太子道祖王的官邸賜給鑒真。鑒真把這個官邸改造成為一個寺院，就是著名的唐招提寺。這個寺現在是日本最早的唐風建築的佛教寺院。鑒真也從東大寺遷居到了唐招提寺。淳仁天皇其實對鑒真還是很尊重的，下旨讓日本僧人在受戒之前必須到唐招提寺去學習，所以唐招提寺就成為日本佛教當時最高的學府。公元763年，就是在中國安史之亂結束的那一年，鑒真在唐招提寺圓寂。

八、藏傳佛教

我們在講佛教簡史的時候，曾經講過佛教傳播的路徑，有北傳佛教、南傳佛教和藏傳佛教三條路徑，南傳佛教就是從印度一直往南傳到東南亞地區，這一支信奉的是小乘佛教。北傳佛教就是從印度經過阿富汗，然後過蔥嶺，經過絲綢之路傳到了漢地，再從漢地傳到日本，這一支屬於大乘佛教。那麼還有一支就是藏傳佛教。藏傳佛教是從印度、尼泊爾直接傳入西藏。我們下面介紹一下藏傳佛教。

藏傳佛教也稱為密宗。密宗也分成兩支，一支叫唐密，一支叫藏密。唐密也是沿著絲綢之路傳到漢地的，時間大約在唐玄宗開元年間。密宗因為要念咒語，所以也叫做真言宗，真言就是咒語。最開始傳唐密的三個人是善無畏、金剛智和不空，合稱為開元三大士，都是從印度來的。龍樹菩薩是密宗的創教祖師，他的徒弟的徒弟就是金剛智；不空則是金剛智的弟子。不空又曾經為唐玄宗灌頂，所以說起來唐玄宗算是密宗的第五代弟子。這一支就是唐密。唐密在會昌年間滅

佛的時候被唐武宗給取消了,這樣唐密在中國就徹底失傳了。

密宗的另外一支就是由蓮花生大士從印度傳到西藏的,也稱之為喇嘛教。因為蒙古人和滿州人都是信喇嘛教的,所以元代和清代都很重視喇嘛教,像北京的雍和宮以前是雍正作皇子時的宮邸,後來乾隆當皇帝的時候把宮邸就改成了雍和宮。

我們一提到藏傳佛教,可能很容易就想到一件事,就是唐太宗時期,藏王松贊干布向唐太宗求親,唐太宗把宗室的文成公主嫁到西藏。但其實在唐太宗時期,吐蕃的佛教還沒有形成規模。松贊干布有兩個老婆,大老婆是尼泊爾的公主,帶著釋迦牟尼的像和佛經到達吐蕃的;文成公主是二老婆,也帶著佛像和佛經來到吐蕃。但那時候佛教在西藏還沒有形成規模。

吐蕃原來流行一種宗教,叫「苯教」,也稱為黑教,勢力非常強盛。根據西藏佛教史書的記載,到八世紀中葉,也就是在安史之亂前後,當時的藏王赤松德贊發願要傳播佛法。赤松德贊就從印度請來了寂護大師。寂護大師想在西藏修一個寺院,但因為苯教群魔的干擾,那個廟怎麼也建不成。後來寂護大師就說,如果真的要想建成這個寺,讓佛法常駐西藏,必須得請一位神通廣大的法師來。這位法師就是寂護的親戚蓮花生大士。這樣藏王就把蓮花生大士請入西藏。蓮花生的法力非常高,用神通降服了苯教的神和

蓮花生大士

魔，但是沒有把他們趕盡殺絕，而是把他們留下來作為藏傳佛教的護法。

然後蓮花生大士又花了5年的時間在西藏建了第一個佛教寺院桑耶寺，之後佛法昌盛。這段歷史在西藏的歷史上稱之為前弘期，就是西藏佛教的第一個弘揚階段。

按照西藏史料的記載，蓮花生大士預見到，西藏的佛教會面臨嚴重的法難，就是他們會被官府摧毀，所以蓮花生就走遍了西藏的很多地方，埋下了幾十處「伏藏」。什麼叫伏藏呢？伏藏就是把佛教的經典、雕像和法器隱藏起來，有的是藏在山洞裡，有的是埋在河邊，還有的是藏在另外空間，等待修行有成就的人在時機成熟的時候再把它拿出來。

西藏的佛教充滿了神秘色彩，象轉世靈童制度，還有我們以前曾經提到過西藏史書《格薩爾王傳》流傳中的「包仲」現象，還有喇嘛的虹化等等。這樣的事很多。

西藏佛教到了前弘期的末期，就是藏王赤祖德贊在位的時候（是公元815年到835年），朝廷的政權就已經掌握在僧人的手中了。當時還規定「七戶養僧」制度，就是每七戶人家要供養一個僧侶，而且對不敬佛法、不敬僧侶的人要受到嚴厲的刑罰。這就引起了很多大臣和百姓的不滿。其實當時西藏的苯教勢力也很大，所以官府推崇佛教的時候也影響到了西藏原來貴族的利益，所以後來在公元838年，赤祖德贊就被謀殺了。

赤祖德贊被謀殺以後，他的哥哥朗達瑪繼任為吐蕃的「贊普」，贊普就相當於國王。這時吐蕃的佛教雖然很昌盛，但是民間還有很多人信仰原始的苯教。朗達瑪繼位的時候，吐蕃的農牧區發生了空前的瘟疫、霜雹、旱災、洪水等等，在一系列巨大的自然災害面前，朗達瑪宣佈這些災害都是由佛教引起的，於是下令在整個西藏滅佛。

朗達瑪滅佛這件事在《新唐書》中也有記載。《新唐書》把他的名字寫為「達磨」。藏人憎恨他，在他名字前面加了一個「朗」，「朗」在藏語中表示牛的意思，說他是牛魔王轉世。朗達瑪下令剝奪了寺院和僧眾的所有財產和特權，把僧侶趕出寺院，甚至強迫僧人去狩獵或者當屠夫。如果僧人拒絕殺生，就直接處死。他還下令把所有佛寺內的佛像埋到地下或拋入水中，然後用木板把整個寺廟釘起來。這段時間就是吐蕃佛教瀕臨滅絕的黑暗時期。

朗達瑪滅佛的時間僅有四年，從公元838年到公元842年。但因為當時佛教在吐蕃的根基非常淺，所以這一次滅佛之後，佛教基本上在吐蕃就消失了。公元842年，朗達瑪被一個佛教徒刺殺了，隨後吐蕃的王位繼承發生問題，於是吐蕃就陷入了分裂和戰亂長達100多年的時間。本來吐蕃是一個非常強大的國家，唐代宗的時候曾經把大唐皇帝都趕出長安避禍。那時吐蕃占的地方也非常大，包括現在青海和甘肅的一部分。等到朗達瑪滅佛之後，吐蕃就四分五裂了，國力也衰弱了。

朗達瑪死後，就有僧人開始發掘舊有的佛經，也就是把伏藏給找出來。根據前弘期翻譯的經典和伏藏所建立的教派就被稱為寧瑪派，寧瑪派現在在西藏也稱為紅教，創教人就是蓮花生大士了。在朗達瑪滅佛之後，還有一些佛經是從印度重新取回來的，再翻譯成藏文。當時有一個大譯經師叫仁欽桑波，翻譯了很多的佛經，重振了西藏的佛教，這個時期就叫做後弘期。

西藏佛教經過了100多年的黑暗時期。到了北宋時期在藏地誕生了一位非常了不起的密宗修行者，叫馬爾巴。馬爾巴到印度追尋密教上師那洛巴修行，將一套完整的修煉方法從印度帶回西藏，這一支叫做「噶舉派」，現在在西藏也稱之為白教。馬爾巴的一位弟子，是西藏最富傳奇色彩的密宗上師，叫密勒日巴。

密勒日巴，俗家的名字叫聞喜，出生在北宋仁宗初年，圓寂于南宋高宗初

年。他的故事在西藏流傳的非常廣。他出生於一個非常富裕的家庭，父親死了以後，他的伯父和姑母搶了他的家產，把他從一個養尊處優的少爺變成了一個奴隸。他成年以後希望把自己的財產要回來，又受到了伯父和姑母的羞辱。因此聞喜和他的母親對這些親戚非常痛恨。母親就讓他去學習咒術和誅法。他就離家跟從一位寧瑪派的上師學習咒術，給他詛咒的人降下災禍。因為他的咒術他伯父的房屋倒塌，死了很多人，後來他又學習降雹術，把仇人的莊稼全部毀掉。

　　他雖然報了仇，但心裏并不快樂，知道自己殺生和給別人降禍等於造下很多黑業，將來是要償還的。怎麼辦呢？他就想找一個即生成佛的法門。經過上師的介紹，他找到了馬爾巴。他後面的修行故事很長，我們也沒有時間詳細敘述。請大家去搜索一下密勒日巴佛的傳記。他的修煉過程非常感人，我覺得比《西遊記》也不遑多讓，而且是真實的。任何一個人讀了他的傳記，都會生起對佛法堅定的信心和修煉精進的決心。

　　密勒日巴生活在宋代。接下來到元代的時候，藏傳佛教就成為了國教。這件事情跟西藏高僧八思巴有關。1235年，八思巴出生在現在西藏的薩迦縣，在正史《元史·釋老傳》中，有關於他的簡要記載。八思巴七歲的時候就能夠誦經數十萬言，15歲的時候見到了元世祖忽必烈。這時候，蒙古大汗還不是忽必烈，而是蒙哥汗。忽必烈和八思巴談話後，對他非常欽佩。八思巴到17歲的時候，已經成為

密勒日巴

喇嘛教中薩迦派的教主。忽必烈在1260年成為蒙古大汗後就把八思巴尊為國師。

元代的時候，西藏成為了中國的一部分，之前在唐代只是跟中國和親而已，甚至中原王朝和吐蕃沒有宗主國和藩屬國的關係，完全是兩個對等的國家。到了元代，中央的詔命才可以頒行西土。

大蒙古帝國因為疆域非常遼闊，涵蓋了歐洲、中東地區、西亞、中亞地區和漢地。在這麼大一片土地上，當然信什麼的都有，有信基督教的，有信東正教的，有信回教的，當然也有信佛教和信喇嘛教的。元世祖對宗教採取一種寬容政策，設立了一個機構叫做總制院，總管天下的宗教。後來把總制院改名為宣政院，宣政院的最高長官就是大國師八思巴。從此之後元世祖就確立了西藏的二元領導制度，就是宣政院總管的命令和皇帝的詔書並行於西藏。

元代以喇嘛教為國教，以大喇嘛為皇帝的老師。每當一個國師圓寂之後，立刻就會任命繼任的大喇嘛繼續作皇帝的老師。所以《元史》中說，「百年之間，朝廷所以敬禮而尊信之者，無所不用其至，雖帝后妃主，皆因受戒而為之膜拜，正衙朝會，百官班列，而帝師亦或專席於坐隅」。當時的喇嘛稱為西僧。皇帝對於僧人的尊崇到什麼程度呢？皇帝朝會的時候，百官都是站著的，皇帝坐著，然後還有一個專門的座是給國師坐的。

到了明代，明成祖對於藏傳佛教也很尊重。明成祖就是永樂大帝，朱元璋的四兒子。他聽說西藏高僧哈立麻佛法精深、神通廣大，就想禮聘到京城。永樂元年四月，剛剛進南京當皇帝的成祖就派司禮少監侯顯到西藏去迎接哈立麻。當時的西藏叫烏斯藏。永樂四年十二月，哈立麻終於到達了都城南京。成祖就請哈立麻做法事，給他的父親朱元璋還有他的母親馬皇后薦福。《明史》中記載當時慶雲、天花、甘露、青獅、白象、白鶴和舍利祥光不斷顯現，而且可以聽到空中

的佛樂聲，成祖非常高興也很震驚，就冊封哈立麻為大寶法王，總領天下釋教。哈立麻的三個徒弟都加封為灌頂大國師。當時他們所看到的奇異景象被畫了下來，成祖還在綢緞上題了一些字，其中一幅綢緞現在還存放在西藏的楚布寺中。

到了清代，我們知道女真人奪取天下是因為得到了蒙古人的支持。最開始那些皇帝的大妃基本上都是蒙古人。因為蒙古人信喇嘛教，所以女真皇帝也開始信喇嘛教。

關於藏傳佛教的簡史就給大家介紹到這兒了。我們這講了很多關於佛教是如何傳入中國的，佛教是如何得到了皇帝扶持的，那麼下一堂課我們想講一下佛教的幾次法難。

第四十九講 ❖ 中國佛教簡史(六)
漢地佛教的四次法難

Chapter. 49   A Brief History of Chinese Buddhism (6)
Four Persecutions of Buddhism in China

大家好。我們今天講佛教簡史的最後一部分,佛教的法難。

所謂「法難」就是佛教受到政府的壓制,遭遇滅頂之災,所以也稱為「滅佛」事件。按照佛教中的說法,佛教經過了四次法難,歷史上稱之為「三武一宗」滅佛。所謂「三武」就是北魏太武帝拓跋燾、北周武帝宇文邕和唐武宗李炎,他們的稱謂中都有一個「武」字;還有「一宗」指的是後周世宗柴榮。其實如果要是按照法難的定義,嚴格地講,應該說佛教有五次法難,最後一次就是中共奪取政權以後的文化大革命,也是很多的佛經被燒、佛像被砸、僧侶被強迫還俗等,跟「三武一宗」滅佛沒有什麼區別。我們下面就講一下「三武一宗」滅佛事件。

第一個滅佛的就是北魏太武帝拓跋燾。拓跋燾其實在早年跟佛教的關係還不錯。拓跋燾的祖父叫拓跋

北魏太武帝拓跋燾

圭，很尊崇佛教，一直到拓跋燾早年的時候仍然保持了這樣的傳統。根據《魏書·釋老志》的記載，拓跋燾剛剛繼位的時候，「亦遵太祖、太宗之業，每引高德沙門，與其談論」，就是經常和一些有修行成就的和尚一起討論問題。每年四月初八是佛誕日，就是釋迦牟尼的生日，很多老百姓會抬著佛像遊行，拓跋燾還會在城樓上看，還從城樓上撒下花瓣，向佛致敬。

拓跋燾曾經遇到過一位高僧，叫張惠始，張惠始是鳩摩羅什的徒弟，神通很大。按照正史《魏書》的記載，當時北夏（十六國政權）和南朝的劉宋政權經常發生戰爭。北夏的士兵濫殺無辜，所以有很多僧人遇害。有一次張惠始在街上走的時候，被一群北夏兵圍住了。對方刀劍齊施，向他砍去，但他身上一點傷都沒有。士兵們非常奇怪，就報告了國王赫連勃勃。赫連勃勃親自拿劍砍張惠始，也是砍不進去。所以張惠始當時是示現了很多神跡。正史中說他有的時候光著腳走，有的時候穿著白襪子，但哪怕地上都是污水或者非常泥濘，他走過去之後，襪子還是那麼白，腳還是那麼乾淨，所以當時人就稱他為「白腳師」。他坐化十年之後，打開他的棺材發現肉身也沒有壞。

拓跋燾跟張惠始的關係也不錯，早年時對佛教並沒有什麼惡意。但後來拓跋燾受了司徒崔浩的影響，對佛教越來越反感。崔浩是漢人，對佛教這種西域來的信仰非常排斥，覺得道教才是我們本民族的宗教。崔浩既懂星相又精通儒術，在拓跋燾統一北方的過程中算無遺策，立下大功，所以他自比張良。張良是修道的嘛，崔浩也給自己找了一個道人做老師。這個老師叫寇謙之。

寇謙之是中國道教史上非常重要的人物，他把張道陵在東漢中後期創立的天師道做了一定的修改，變成了另一個道教的重要分支了。崔浩非常崇拜寇謙之，兩個人經常在一起討論問題。因為崔浩的原因，寇謙之也有機會見到拓跋燾，他也給拓跋燾展示了一些神跡。拓跋燾在寇謙之的感召之下改信了道教，並

把自己的年號改為太平真君。一般道家人物才管自己叫什麼什麼「真君」或者什麼什麼「真人」。

這時有一個叫蓋(gě)吳的匈奴人，在杏城（今陝西黃陵縣）造反，關中騷動，太武帝於是出兵西征（當時的都城在平城，即山西大同），到達長安。當時一些和尚在寺院中種麥子，用來養馬。太武帝到寺院中看馬，和尚就請太武帝的侍從官喝酒。結果這些侍從官到了僧人的房間里，發現了很多武器，有弓箭、長矛和盾牌，出來報告太武帝。太武帝大怒，說和尚不應該藏有武器，一定是跟叛軍勾結造反。然後開始搜查寺廟，發現了很多當地富人寄放在寺院中的財寶甚至美人。這時崔浩趁機勸說太武帝誅殺天下的和尚。於是太武帝下詔把長安的和尚全部殺掉，焚燒佛像。並下詔天下人不得私自供養和尚，如果誰私藏和尚，一經發現，和尚要處死，收留的人要滅族。

因為拓跋燾正在外邊打仗，就把詔書發給他在長安的太子拓跋晃。拓跋晃看了之後拒不執行，因為他對佛教還是很尊崇的，跟他的父親反復商量，但是拓跋燾都不答應。太子沒辦法，就故意放出風聲說我要滅佛了，但是遲遲不行動，就是給僧人逃跑藏匿的機會。僧人不但藏匿起來，而且把佛像和佛經也藏起來了，這樣等於對佛教的傷害就比較小。但是咱們中國人有句話叫「跑得了和尚跑不了寺」，所以長安的很多寺廟還是被拆毀了。這次就是佛教的第一次法難，始於公元446年。

在拓跋燾滅佛的時候，崔浩的老師寇謙之反而出面阻止。寇謙之雖然是道教人物，但他知道佛教是正教，像砸佛像、屠殺僧侶是造大業的事情。所以他就跟他的弟子崔浩講不要滅佛，但崔浩不同意。寇謙之在苦苦相勸沒有結果後，就告訴崔浩說你將來會有滅門之禍。

崔浩後來奉命監修北魏的國史。他覺得自己很有才，寫完之後就把國史貼

在大街上讓大家看。因為他寫史的時候把北魏幹的好事壞事都寫下來了,所以等於是公佈了很多北魏宮廷的秘聞,或者得天下以前的一些不太光彩的事,所以拓跋燾大怒。在滅佛四年之後,公元450年,崔浩被殺。當時崔浩已經70歲了,正史記載是「備五刑」,淒慘的叫聲整個街市上都能夠聽到。這也是崔浩滅佛的報應。

當然因為滅佛是拓跋燾下命,所以拓跋燾也遭了報應。拓跋燾公元452年被他信任的宦官宗愛刺殺。之後宗愛又刺殺了他的兩個兒子,東平王拓跋翰和南岸王拓跋余。後來宮廷的禁衛官劉尼發動政變,把宗愛給殺死了,之後立拓跋燾的孫子拓跋濬為帝,歷史上稱之為文成帝。文成帝很信佛法,為了贖回祖父的罪過,就下令在大同外的雲岡開鑿石窟。這是我們前面提到的佛教四大石窟中第三個被開鑿的。這就是佛教的第一次法難,北魏太武帝的滅佛。

北周武帝宇文邕

第二次滅佛也發生在南北朝時期,北魏太武帝拓跋燾統一了北方,南北朝正式開始。在南北朝要結束的時候又發生了一次重大的滅佛事件。滅佛的人就是北周武帝宇文邕。宇文邕當皇帝的時候,北方寺廟林立,大約有4萬所,僧侶有300萬人,超過全國人口的十分之一。大家可以想像一下,這麼多人並不都是真的虔誠皈依三寶,想出家修煉。有些人只是為了逃避兵役和賦稅。而宇文邕要打仗,要統一北方、要滅南陳、要滅突厥,就

面臨著兵源和財源的來源問題。於是北周武帝也下令滅佛。

當然有一個叫衛元嵩的道士唆使宇文邕滅佛。宇文邕不知道僧人和道士到底誰的道行更高一點，所以就舉行了一個辯論會，結果僧人和道士互相攻擊，互相揭短，北周武帝越聽越怒，最後下令佛道教齊滅。這一年是公元574年。當然對那些特別有名的大和尚和道士，宇文邕還是給他們一些機會。他設置了一個機構叫通道觀加以管理，允許他們在那裏自行研究宗教經典。而且宇文邕也沒有像拓跋燾一樣屠殺僧尼，只是強迫僧尼還俗，但他確實沒收廟產、燒毀佛經和推倒佛像，這就是第二次滅佛。

在滅佛期間，宇文邕還幹了一件大事，就是從北周出兵，只用了短短的三個月就滅亡了北齊，再度統一了長江以北。但是他在滅北齊之後，又在北齊境內滅佛。總計這一次滅佛前後大概持續了四年，拆毀寺院4萬多所，強迫300萬僧尼還俗。

在政治上和軍事上，宇文邕都是非常傑出的人才。其實歷史上四次滅佛的皇帝，每個人都是很有能力的。但是你人再厲害，也厲害不過神，所以最後還是要遭報的。公元578年6月，宇文邕準備北伐突厥。北周的更北面是被突厥所佔據的，南面是南陳。大家知道長江以南都是花柳繁華地、溫柔富貴鄉，所以通常南方人打仗是不行的，但他有長江天險可守。你真要打他，那一時半會兒可能也打不下來。所以我猜測宇文邕當時的考慮是，如果要是先打南陳，短時間又打不下來，北方的突厥如果趁勢入侵，他就等於面臨兩線作戰的危險。所以他的策略是先滅了北方的突厥，因為南方人大概率不會主動出擊。所以他就準備先滅突厥，再回過頭來滅陳。

公元578年6月，大軍集結起來準備出征了，結果當天晚上宇文邕突然暴死，終年36歲。僅僅四年之後，北周的江山就落到了楊堅的手裡。按照佛經記載，

他是全身潰爛而死，非常可怕。這種說法在正史中也有旁證，說他有一種皮膚病，就是皮膚糜爛。他死了以後，繼位的是他的兒子宇文贇。

宇文贇是個非常糟糕的人，生活也非常淫亂。在歷史上這麼壞的皇帝也是比較少見的。宇文邕的屍首運回宮裡，準備舉行國葬。皇帝在死了以後沒有諡號廟號之前，就被稱為大行皇帝。這時候宇文贇就興高采烈地跑過來，圍著棺材跳舞，對他老爹說：你終於死了，死得實在是太晚了。

由於宇文贇特別不成器，所以宇文邕以前老揍他，打得他滿身都是傷痕，所以宇文贇聽說他爹死了就高興的不得了，然後把他爹留下來的那些美人全都收納到自己的皇宮裏。他非常淫亂，立了五個皇后，其中有一個皇后叫楊麗華。楊麗華的父親就是楊堅。宇文贇當了兩年皇帝，因為縱慾過度，身體就不行了。於是他就把皇位傳給他的兒子宇文闡。宇文闡當時只有六歲，宇文贇當時也只有二十歲。他死的時候也就二十一歲。他禪位後有一天突然得了暴病，話也說不出來了，之後就死了。他死了之後，大家覺得皇帝很小，怎麼能夠掌管國家呢？於是就讓楊堅輔政。楊堅相當於宇文闡的外祖父，所以就利用這個機會篡位了，建立了隋朝。所以北周武帝滅佛的結果就是身死國滅。他自己全身潰爛而死，國家也被楊堅給取代了。

唐武宗像

第三個滅佛的皇帝就是唐武宗。唐武宗滅佛發生在公元845年，時間

特別短。北魏太武帝滅佛6年，北周武帝滅佛4年，唐武宗滅佛只有八個月。

唐武宗李炎一開始也是比較有作為的。安史之亂以後，大唐藩鎮割據，李炎解決了一些藩鎮的問題，當然也沒有完全解決。他一共在位六年，本人非常信任道教。他身邊的道士叫趙歸真。趙歸真經常向武宗說佛教的壞話，所以武宗對佛教的印象就不好；再加上當時也有很多僧人出家，唐武宗也要解決兵源和財源的問題，於是他希望通過滅佛，把銅的佛像融化了鑄成銅錢。

於是在會昌五年（公元845年），唐武宗開始大規模滅佛。唐武宗下令僧侶40歲以下全部還俗，後來又說所有僧侶不管你年齡大小全部還俗。根據武宗的旨意，這年秋天的七月裁併天下佛寺，各地上州（即人口超過3萬戶的州）只能保留一個寺院；如果人口不到3萬，就拆毀所有寺院，但長安和洛陽允許保留十所寺院，但每個寺院只能夠有十名僧人。後來又說十所寺院還是太多了，最多只能保留兩個，每個寺院保留30個僧人。拆毀寺院的銅像鐘磬等一律交給政府鑄錢或鑄為農具，還俗的僧侶都編入國家的戶籍開始納稅。

整個會昌法難中共拆除大寺廟4600餘所，小寺院4萬多所，佛經大量被焚燒，佛像被鑄成錢幣，26萬僧侶被迫還俗。當時不光是佛教受到了滅頂之災，別的宗教也是一樣，包括外來的回教、祅教（也叫拜火教，就是古代波斯和中亞的國教）、摩尼教、景教（即基督教）、回紇教（即薩滿教）等一塊遇難，相關寺院都被拆毀。所以說是會昌滅佛，其實滅的不光是佛教，所有的宗教都被滅，包括藏傳佛教。唐密

後周世宗柴榮

也是在這一次滅佛的時候消失的。

但唐武宗滅佛只前後持續了八個月。公元846年4月,武宗吃了假丹藥,中毒暴死,年僅33歲。繼位的就是唐憲宗的兒子李忱,廟號宣宗。宣宗下令恢復佛寺,僧尼等等,那個慫恿武宗滅佛的趙歸真也被杖殺。

最後一個滅佛的就是後周世宗。周世宗柴榮在他即位的第2年,就是公元955年5月下詔毀佛寺。他規定當時境內的佛法寺廟,除了皇帝題字的可以保留以外,每縣只留一寺,其它的全部毀掉。全國一共拆毀寺院三萬零三百六十所,也是融化佛像鑄錢,近百萬僧尼被迫還俗。

當時有一個傳說,說鎮州(今石家莊)有一座大悲寺。大悲寺的觀音菩薩像非常靈驗。很多人遇到難關,求她就會得到她的保佑;拆這所寺院的時候,去拆佛像的人就會手臂折斷而死。柴榮不相信,親自拿斧子砍觀音菩薩像的胸部,之後把那個寺院給拆了。拆了以後他就倒楣了。公元959年,他想去北上,攻擊遼國,準備佔據幽州(今北京)後回過頭來統一南方。結果大軍集結之後,他突然間暴病,很快就死了。

柴榮在當皇帝以前曾經夢見一個神人給他一把大金傘,然後還給他一卷《道經》,然後他就得了天下。結果他發病的當晚夢見那個神人又來了,把他的《道經》和大金傘都給拿走了。所以他醒來之後說「吾夢不祥」,恐怕馬上就要命終了吧,不久之後他就胸瘡潰爛而死。

當初他是拿斧頭砍大悲寺菩薩像的胸,最後他自己胸部長了一個瘡,潰爛而死。他的兒子叫柴宗訓繼位,這時大概只有五歲。繼位不到一年,就被殿前都點檢趙匡胤奪了江山。這樣五代十國結束,北宋就開始了。

我們講了一下「三武一宗」滅佛的事件,不光是為了講佛教法難的問題。我

們看到這些滅佛的人，最後的下場都很慘。拓跋燾自己被人刺殺，兩個兒子被殺；北周武帝宇文邕自己全身潰爛而死，被楊堅奪了江山；唐武宗暴病而死；周世宗也是暴病而死，然後也丟了江山。所以破壞佛法的罪過其實是非常大的。

　　關於佛教簡史咱們基本上就說這麼多了。下一堂課我們要開始講中國的哲學史。關於佛教的一些義理，我們留到哲學史的部分再加以討論。

第五十講 ❖ 中國哲學簡史（一）
關於哲學和哲學史

Chapter. 50   A Brief History of Chinese Philosophy (1)
Philosophy and Its History

大家好。我們前面講了一下中國佛教的簡史，今天我們開始進入下一個單元，就是中國哲學史的學習。

一、關於哲學

「哲學」是一個聽起來非常高深的詞彙。其實不同的哲學家對「哲學」的定義也不一樣。如果你要是仔細研究哲學，你會發現東方的哲學和西方的哲學說的不是一回事。在西方它的哲學叫作Philosophy，意思是「愛智主義」，前面的Phil表示愛，後面soph表示「智慧」，所以「哲學」就是愛智慧的意思。詞典上對於哲學的定義說：哲學是一種借由人的理智去探討宇宙間萬事萬物的最高原理之學問。如果哲學是這樣一個定義，那麼從一開始，哲學就誤入歧途。

猶太人有句諺語，「人類一思考，上帝就發笑」。因為人的生命是非常有限的，人的感知能力也是有限的。人就是靠眼、耳、鼻、舌、身去感知世界，有人說人還有第六感或者說直覺，但不管怎麼樣，人對宇宙的感知是非常有限的。咱們拿人打一個比方，比如說人的感官就像一個一個的接收器一樣的。人的眼睛能夠觀測到的可見光只是無線電波譜中一個非常窄的波段，比可見光波長更長的就

是紅外線，更短的就是紫外線。比紫外線更短可能是X射線或者是伽馬射線，比紅外線更長的是各種各樣的無線電波，包括電視的信號、手機的信號等等。也就是人的眼睛能夠看到的光譜是非常有限的。這樣宇宙中發生的很多事情你的肉眼是看不到的。如果你用紫外線或者是其它能夠擴展人眼的光譜接受範圍的儀器去觀測宇宙，你看到的宇宙和我們肉眼所看到的宇宙是完全不一樣的。

也就是說人的感官是有限的，人的生命也是有限的。你無法用有限的人生瞭解無限的時空，當然也就談不上再歸納和總結出無限時空的最高原理。其實，人要想瞭解無限的時空，只有一個方法，那就是讓自己的生命達到無限、達到無窮，換句話說，就是要達到長生不老、不生不滅。這個方法在東方就叫作修煉，在西方就是去天國。我們知道《聖經》中說上帝是「自有永有」的，祂的生命無終無始，當然祂的智慧對人來說也就是無限的。在東方的宗教中，佛家的佛陀、道家的真人都是不生不滅。也就是說，人要想真正掌握宇宙的真理，就必須達到像佛那樣的境界，而這裡的途徑並不是世俗的方法，而是需要找到這樣的修行法門，獲得天啟的智慧。因此，如果哲學的定義是用人的理智去探討宇宙間萬事萬物的最高原理之學問，那麼它永遠不會達到這樣的目的。

其實很多哲學家也知道，人能夠瞭解到的宇宙真理非常有限。像古希臘的哲人蘇格拉底，就講過一句非常有名的話——我唯一知道的就是我一無所知。所以通過人的這種思維、邏輯、感官去瞭解這個宇宙其實是誤入歧途。

如果哲學不能夠讓我們瞭解整個的宇宙，那麼哲學的目的又是什麼呢？西方著名的哲學家羅素在《西方哲學史》中講了這樣一句話：「自從人類能夠自由思考以來，他們的行動在許多重要方面都有賴於他們對於世界與人生的各種理論，關於什麼是善什麼是惡的理論，要瞭解一個時代或者一個民族，我們必須瞭解他的哲學」。

伯特蘭·羅素

其實我對羅素的很多想法是不認可的，他的很多思想非常像現在西方的左派，批判一切宗教，也不信神；同時主張擺脫道德束縛；不要對學生的言行有任何的約束；主張給低收入者提供無條件的福利保障，所以他整個的思想體系都是和現在西方的文化馬克思主義是非常相像的。他曾經講過這樣一句話，「我絕不會為了我的信仰而獻身，因為我可能是錯的」，也就是說他對於自己的這種哲學或者他對於自己的這些思想是否正確也沒有絕對把握，這就非常象費邊主義。他其實是一個不可知論者。

但是羅素的這句話我覺得還是非常有道理的，就是要「瞭解一個時代或者一個民族，我們必須瞭解他的哲學」。就像是當下，如果你不瞭解什麼是文化馬克思主義，你就會對美國現在出現的各種思潮，包括人現在各種各樣千奇百怪的行為難以理解。如果你不瞭解春秋戰國那段時間的歷史，你就難以瞭解為什麼當時會出現百家爭鳴的狀態。

羅素對哲學的定位是這樣的。他說「哲學是位於科學和神學之間的東西」。我們知道科學是非常精准的，是用數學公式來描述這個宇宙，但是有很多東西是用數學公式無法描述的。有一些學科也冠以科學的名義，但實際上它更像是藝術，或者它更關注的是社會大眾的心理，像經濟學、政治學等等。其實，雖然我們承認這個世界上有普遍的人性，但是對於每一個個體來說，他的思維方式還

是千差萬別的。當某一件事情發生的時候，一個具體的個人會以什麼樣的角度去思考，會採取什麼樣的行動，都是難以預測的。其實對於很多個體來說，在他採取行動之前，他可能自己都不知道下一分鐘要做什麼。也就是說，科學不能夠解決一切問題，特別是關於人的問題，關於人的心理活動和社會行為的問題。

那麼神學呢？神學給人指出了一條光明大道，就是給人設定了一個目標——你如果要去天國，你應該這樣這樣做。但是在科學和神學之間，還是有大片的空白，就是個人遇到一個具體的事，具體需要怎麼做。神學給你講的是一些理論，一些道德要求，你應該遵循這樣的理論去思考去行動，但是具體怎麼做還是靠每一個個體去判斷，也就是說在科學和神學之間有一個大片的空白區。在羅素看來這個空白區就被哲學所填補。從這個意義上來講，也許有些人他沒有對神的信仰，對科學也不甚了了，但是每個人都有他自己的人生哲學。

當然每個人都有自己的人生哲學並不意味著說每個人都是哲學家，因為他們沒有一套嚴謹而系統的學說，在很多時候他們並不是出於哲學的思考而是根據本能來作出決策。

剛才講到的就是羅素對於哲學的定義或者說定位，他認為哲學處在科學和神學之間。這是西方的哲學給自己的定位。我們剛才說了，東方的哲學和西方的哲學根本不是一回事兒。說到東方哲學，我們就要說一下馮友蘭的定義。

馮友蘭在他的《中國哲學簡史》

馮友蘭

· 154 ·

中說「哲學就是對於人生的有系統的反思思想」。馮友蘭本人並不是一個科學家，所以說他也沒有提出哲學對科學的指導作用。關於馮友蘭也要順便說一下，他真的是把哲學當成一個學問去研究了。他的學問確實是非常好，但他的人品是很成問題的。他一定研究過王陽明的心學，但他沒有做到像王陽明心學中所要求的那樣知行合一，就是說他把哲學和他人生中具體的行動割裂開了。

我再說一下愛因斯坦對哲學的定義。愛因斯坦說「如果把科學的理解為在最普遍和最廣泛的形式對知識的追求，那麼哲學顯然就可以被認為是全部科學之母」。愛因斯坦認為哲學是指導科學的。所以我們看到剛才我們提到的幾種對哲學的定義都是不一樣的。馮友蘭認為哲學是對人生系統的反思，羅素認為哲學是介於科學與神學之間，愛因斯坦認為全部科學之母就是哲學。

這種認識上的分歧也很容易理解。因為西方的哲學具有嚴謹的思辨特徵，所以它對科學具有指導作用；而東方的哲學更關注的是社會與人生，因此科學性就不那麼明顯，東方的哲學更注重的是協調人與人的關係以及個體的心靈體驗。更高深的哲學則會探討一些屬於形而上領域的東西，所謂「形而上」就是看不見摸不著的東西，在西方叫「超驗」的東西，就是超越你的經驗的、在你人生經驗中看不到摸不著的東西，像宇宙的起源、靈魂、意志自由等等，都是東方的哲學所探討的內容。

其實我個人覺得哲學不僅是能夠指導科學，它對於我們認識生命，包括文學、歷史、藝術等等都具有指導作用。這樣看來哲學相當高深，但有時候哲學又很簡單，因為它有時候訴諸於我們對世界認識的經驗和常識。

二、關於哲學的故事

剛才咱們探討了一些比較抽象的東西，現在給大家講一個關於哲學的故

事，其實是關於愛因斯坦的故事。

愛因斯坦上大學的時候就是在物理系，他的成績排名是全系第5名。這個聽起來好像還不是很糟糕，但實際上他們系只有六個人，排在他後面那個後來成了他的太太。所以他畢業之後就沒有在大學裡找到一份工作。他的父親介紹他到伯爾尼的專利局裡去做一個小職員。

愛因斯坦生活的時代正是電開始普及的時代。很多霓虹燈、住宅照明等都開始使用電。愛因斯坦對電燈放出的光非常感興趣，他也經常思考關於光的問題。有一次他坐公共汽車經過伯爾尼那幢非常著名的大鐘時，他的頭腦中突然起了一陣風暴。我們知道，當我們看到鐘的時針和分針所指示的時間的時候，是因為這個鐘散射出來的光射入了我們的眼睛，然後在我們的視網膜成像，再經過大腦的分析，最後我們了時間。也就是說，首先是光射入了我們的眼睛。比如說當時正好是9點，愛因斯坦在想，如果在9點這一刻，鐘裡面所發出的光射到我的眼睛裡這一刻，這時我開始和光以相同的速度同時移動，那麼9點之後發出來的光就永遠射不進我的眼睛。就像是一個人已經開始移動了，你的速度跟他一樣的時候，你就在他後面，永遠也追不上他是一個道理。愛因斯坦想到，當他以光速移動的時候，後續發出的光就追不上他，那麼他將看到的永遠都是9點這一個時刻。也就是說，愛因斯坦突然間意識到，當他以光速運動的時候，時間停止了！

這時愛因斯坦認識到，時間其實跟你的運動速度是有關係的。我們過去認

為時間和空間都是不可變的,都是靜止的,但是愛因斯坦認為時間和空間是可變的。當人的運動速度越來越快的時候,時間對他來說是在變慢;同時當他運動速度非常快的時候,他觀測旁邊的物體,物體本身的長度和物體之間的空間距離都在縮小。所以愛因斯坦由此產生了一個新的時空觀。在那一年愛因斯坦發表了四篇論文,其中有一篇論文就是關於時空的狹義相對論。

科學上有很多重大的突破,其實都是哲學的突破帶來的。當愛因斯坦的時空觀發生變化的時候,其實是他的世界觀或者是宇宙觀發生了變化。

我們在平時使用的這些詞,像世界、宇宙等等,我們不去想它具體的意思。「世界」其實是一個佛教詞彙,「宇宙」是一個物理的詞彙,但其實它們說的是一回事。因為世界的「世」是一個時間的概念,「界」實際上是一個空間的概念,所以「世界」兩個字加在一塊就是時空的意思。宇宙也是一樣,如果你要查字典,上下十方叫作「宇」,上下十方是個空間的概念;古往今來叫作「宙」,所以「宙」是一個時間的概念。所以宇宙就是時空的意思,世界也是時空,所以當愛因斯坦的時間和空間的觀念發生變化的時候,實際上也就是世界觀的變化,就是宇宙觀的變化。當你的世界觀發生變化的時候,當然你認識世界的哲學體系也就發生了變化。

所以實際上當他的時空觀發生變化的時候,愛因斯坦對宇宙整個的解釋就不一樣了,他就發現了狹義相對論,後來又發現了廣義相對論。

我們知道在愛因斯坦之前,經典力學是建立在人對世界的觀測基礎之上,比如說牛頓看到蘋果落地,他後來就想、想、想,最後想出了牛頓三大定律。牛頓對於蘋果落地的解釋是因為蘋果和地球之間有一種吸引力,叫作萬有引力。但當愛因斯坦的時空觀發生變化的時候,他認為不是萬有引力造成了蘋果落地,而是地球這樣重的東西造成了時空的彎曲。

這樣說起來很抽象，大家可以看一下這張圖，非常簡單。假如說我們在打檯球。這是一個檯球案子，非常平整，然後你用球杆去擊球的時候，球會在水平的案子上以匀速直線向前運動（假定沒有摩擦力），那麼它的運動軌跡就是直線。如果這時你把一個很重的東西放在檯球案子上，把檯球案子壓出一個凹陷，這時當你一旦擊球的時候，這個球一旦到了坑的邊緣，這個球就掉到這個坑裡面，然後它就會繞著這個坑的邊緣旋轉。

為什麼地球繞著太陽轉？愛因斯坦認為象太陽這麼大質量的物體放在宇宙中，它造成了時空的彎曲，所以地球就在這個彎曲的時空中這樣運動。就像我們擊打檯球，當它進到這個凹陷中就會繞著這個圈在旋轉一樣。當愛因斯坦的時空觀發生變化的時候，他就提出了這樣的一個理論，這個理論就是廣義相對論，就是一個質量很大的物體會造成時空的彎曲。

我們剛才說這些東西好像是比較抽象。我想說的是，當愛因斯坦的哲學發生變化的時候，他在物理學上就會有突破。其實哲學的突破很可能會帶來一種新的文化，比如說新的文學藝術形式、新的對生命的認識、新的物理學的突破等等，就是哲學的變化會帶動很多方面發生變化。

三、哲學史和哲學研究的方法

下面我們來說一下關於哲學史。哲學史其實包括兩部分，一部分是哲學，一部分是歷史。在關於哲學史的著作中，作者需要對於某一類哲學的理論體系有著系統而深透的研究，而且一定要忠於哲學家原本的意思，就是你不能借著他的名字講你要說的話，你要講他說的是什麼意思，他哲學思想的核心是什麼。另外一部分就是史，「史」就是史料的準確。

　　一部好的哲學史是非常非常難得的，因為你要想寫哲學史，就得把人類社會從古到今所有哲學家的思想全部都能夠有深入地瞭解，而且是忠實地瞭解。瞭解完了之後，再找到一個線索把這些哲學思想串起來，變成一部哲學史。但是實際上你想一個人如果這麼聰明，讀懂了從古到今所有的哲學家的思想，他本人一定也是一個哲學家，那麼他就不可避免地從他自己的哲學體系出發，去闡釋其他別人的哲學。所以說，在寫哲學史的時候很容易就變成了對別的哲學思想的批判，而不是對他們的介紹。

　　胡適曾經寫過一本《中國哲學史》，但是他沒有寫完。按照當代哲學家勞思光的說法，胡適的這本書主要的問題還不在於它不完整，而在於他並沒有談論很多關於哲學的問題。胡適講中國哲學史的時候，其實是考證了很多先秦諸子的生平，所以這更像是一個史料紮記，或者對先秦諸子生平的考證，而不是關於他們哲學思想的闡述。馮友蘭寫了一本《中國哲學簡史》，這本書最開始實際上是他在賓州大學講課的講義，後來被整理成了《中國哲學簡史》這本書，最開始是用英文寫的，後來翻譯成了中文。勞思光認為《中國哲學簡史》比胡適的略勝一籌，因為馮友蘭確實談到了很多哲學問題，但是勞思光認為馮氏的方法論存在問題。

　　下面就要講到研究哲學史的方法，勞思光說研究哲學史有四種方法：第一種方法叫「系統研究法」。所謂「系統研究法」就是系統闡述某一個哲學家的理論。但是用這種方法去研究哲學可能會出現一個問題。比如說，我們說孔子的哲學思想是什麼？你可能說：孔子的哲學思想就是「仁」，或者說孔子的思想核心就是「仁義禮智信」或者是「忠孝」。實際上當你這樣闡述的時候，你就把他的哲學過於簡單化了，因為你覺得他的一些說法是不重要的，可以忽略不計，但其實恰恰是這些說法能夠反映出他哲學思想的局限性。

　　就是說你研究一個哲學家，把他主要的思想提煉出來了，但是他的哲學思想不圓滿，不能自洽。所以有的時候為了讓自己的思想看起來更成體系一些，他就可能會這兒打一個補丁，那兒加一個假設，那個地方做了一點說明等等。這些東西你看起來好像是非常不起眼，就跳過去了，但實際上這恰恰是他哲學主要的缺陷所在。所以如果你採用「系統研究法」可能就忽略了他哲學中非常重要的部分，就是他的缺點。

　　還有一種研究哲學史的方法叫作「發生研究法」。所謂「發生研究法」就是研究一位哲學家的思想是怎麼來的。比如說你要研究康德，那就把康德的生平，包括我們所有能夠找到的康德的論述、書籍、他講課時候的講義，他和學生們的討論、他的書信劄記等等，全部都找出來，然後按照時間線索排列起來。排列起來之後，你就能夠看到他整個思想形成的一個過程，而且非常細膩。但是這樣研究也有一些問題，因為一個哲學家的思想成形過程，可能也是不斷在否定自己的過程。就是你10年之前的思想，10年之後回頭再看發現是有問題的，所以你研究他十年之前的思想，並不能讓你對這個人最後得出的那個哲學上的結論有所幫助，甚至可能起到一種干擾的作用。

　　再有一個缺點就是，按照勞思光的說法，可能是「小處精詳而大處朦朧」。缺乏一個整體的把握。比如說你對康德，甚至可能他當時跟學生討論問題的時候剛剛經過一個什麼樣的事件，為什麼他在這個時刻說了這樣的話，可能研究得很透徹，但你過度注重細節就忽略了對整體的把握。這是「發生研究法」的問題。

　　第三個研究方法叫作「解析研究法」。「解析法」就是研究他具體闡述的是什麼意思。因為哲學裡邊有很多的詞，定義是非常模糊的。他在這裏用這個詞，到底講的是什麼意思，就需要對他的語義進行解析，包括他的詞到底承載了什麼樣的思想內容等。

　　這種做法就有點像咱們清代的樸學,也稱為漢學。當時清代的一些哲學家在研究前人思想的時候,經常做一些考據的工作。比如說這個字在《說文解字》裡面是什麼意思,他為什麼在這地方用這個字,力圖通過這種方式去還原他講這個話的時代背景和他的原意。但這種方法也有一個問題。勞思光認為哲學不僅需要解析,更需要綜合。就是你對它進行解構,但是你把它拆成一地碎片後,還是不能夠看到哲學的全貌,你還需要綜合。所以「解析研究法」也有問題。

　　第四種方法叫作「基源問題研究法」,這是勞思光比較推崇的一種哲學方法。我只是給大家講方法論,大家可以自己去考慮他這個方法論到底適合不適合。他說瞭解一個哲學家的理論,那就要研究他最開始提出的理論是為了解決哪些問題。他這種說法也有一定道理。你比如說我們想了解法家,比如你讀《商君書》或者《韓非子》,其實他們提出這些理論就是為了解決一個問題。比如說法家的主要目的就是富國強兵,所以採取了許許多多的手段。法律也好、各種各樣的陰謀也好,如何把老百姓變成窮人、壞人、愚人等等,都是為了達到一個目的,就是富國強兵。所以把握了這一點,你再看法家的哲學,你就會發現很多東西都很明瞭。當然法家具體的政策還是基於「性惡論」,這個問題我們以前闡述過了,就不再重複它了。

　　今天給大家講了一下關於哲學和哲學史的問題。下一堂課開始,我們闡述一些關於中國哲學的具體問題。

第五十一講 ❖ 中國哲學簡史(二)
中國哲學的特點

Chapter. 51 A Brief History of Chinese Philosophy (2)
The Characteristics of Chinese Philosophy

　　大家好。我們前面討論了一下哲學和哲學史。下面我談一談中國哲學的特點。我必須要說，哲學是人用自己的理智去認識宇宙，而且我們上堂課也解釋了，用人有限的生命和有限的感官、有限的思考能力，認識不了無限和無窮的時空，因此這個世界上的很多哲學思想都屬於誤入歧途，而且在表述上都非常復雜，象什麼主體、客體、德性我(moral self)、認知我(cognitive self)、情意我(aesthetics self)、形軀我等等。中國古人曾經說過「大道至簡」。我們在講述的時候，拋開這些復雜的名詞定義，講一點實質的內容。

四、站在修煉人的角度看哲學

　　馮友蘭在《中國哲學簡史》一開篇提出了一些非常有價值的問題。他認為中國哲學家所要解決的問題，就是如何讓人成為聖人。他說：

　　　　有各種的人，對於每一種人，都有那一種人所可能有的最高的成就，例如從事於實際政治的人，所可能有的最高成就，是成為大政治家；從事於藝術的人，所可能有的最高成就就是成為大藝術家。人員有各種，但各種的人都是人，專就一個人是人說，所可能有的最高成就是成為什麼呢？照中國哲學家們

說，那就是成為聖人，而聖人的最高成就就是個人與宇宙的同一。

人在世間生活，需要有一個職業，你需要掌握這種職業所需要的技能。每個人職業不同，技能也不同，但即使你取得了某一領域的最高成就，那也不過是你攀登到了你職業生涯的頂點，獲得大藝術家、大法官、總統這樣的稱號。但這並不能說明你的道德高度。但就「做人」來說，一個人能夠達到的最高成就是什麼？就是成為一個道德上的完人，也就是中國古人概念中的聖人。馮友蘭說「聖人的最高成就就是個人與宇宙的同一」，接下來他問了一個非常關鍵的問題——「問題就在於，人如欲得到這個同一，是不是必須離開社會，或甚至必須否定『生』？」意思就是你如果想達到跟宇宙融為一體、達到不生不滅的境界，你是否必須要拋棄這個肉體？

由此馮友蘭把中國的哲學分成兩種：一種叫作「出世的哲學」，一種叫作「入世的哲學」。馮友蘭說：

> 佛家就說，生就是人生的苦痛的根源。柏拉圖也說，肉體是靈魂的監獄。有些道家的人「以生為附贅懸疣，以死為決痾潰癰。」這都是以為，欲得到最高的成就，必須脫離塵羅世網，必須脫離社會，甚至脫離「生」。只有這樣，才可以得到最後的解脫。這種哲學，即普通所謂「出世的哲學」。

簡單地講，出世的哲學就是通過修煉，達到佛教所說的「涅槃的彼岸」，或者西方宗教所說的「天國」。能夠使人達到這樣境界的哲學就是出世的哲學。

另一種哲學被馮友蘭稱為「入世的哲學」。他說：

> 另有一種哲學，注重社會中的人倫和世務。這種哲學只講道德價值，不會講或不願講超道德價值。這種哲學，即普通所謂『入世的哲學』。從入世的哲學的觀點看，出世的哲學是太理想主義的，無實用的，消極的。從出世的哲學的

觀點看，入世的哲學太現實主義了，太膚淺了。它也許是積極的，但是就像走錯了路的人的快跑：越跑得快，越錯得很。

確實如此，儒家看道家就覺得道家消極避世，是隱者的學問。而老子就覺得孔子在做沒有結果的努力。老子勸孔子不要兢兢於仁義、人倫和政治，因為這實際上離道越來越遠。誰對呢？我覺得誰都對。人在世間，為了生活，不可能不有所為，但人也要離開世間，也要關注生命最終的歸宿。「有為」和「無為」的區分不在行動，而在人的心境。世間需要孔子這樣的人維繫社會道德和社會秩序，也需要老子這樣的真人傳給人返本歸真的「道」。

所以站在修煉的角度去理解，「出世的哲學」就是幫助人跳出三界，達到不生不滅的境界，當然能不能做到是另外一回事。入世的哲學，就是在世間做一個好人。既然做好人，對社會也就有了積極的意義，同時也會得到福報。作為一個人來說，活在世上，有義務做一個好人，做好事不做壞事。當然修煉對人的道德要求更高，不僅是不能做壞事，連壞的念頭都不能起。為了達到這樣的境界，作為中國人來說，總是要學一點哲學。就像小孩子啟蒙的《三字經》開篇第一句話「人之初性本善」，就已經包含了儒家的哲學思想了。所以，馮友蘭說：「照中國的傳統，研究哲學不是一種職業，每個人都要學哲學，正像西方人都要進教堂。學哲學的目的，是使人作為人能夠成為人，而不是成為某一種人」。

這句話說的好像是有點繞，但我們不妨問問自己：人和動物有什麼區別呢？人是有道德約束的。在神的眼裡看，人是可以修成神的，因為佛教中講人人都有佛性。所以作為一個人來說，達到道德上的高境界就是學習哲學的目的，而別的學習只是在教你技能。比如說怎麼去做一個水管工，怎麼去做一個建築工人，怎麼去做一個玉工等等，但是不管你職業是什麼，每個人都要學一點哲學，因為每個人都應該學會去做人，去做道德上有規範的人。

所以馮友蘭說：「在中國，沒有正式哲學著作的哲學家，比有正式著作的哲學家要多得多」，因為每個人都懂一點哲學。

我們之所以對一些哲學思想感到困惑，因為在中國的哲學體系裡，很多哲學思想涉及到真正修煉的範疇，這樣就涉及到宇宙的結構、生命的奧秘，人如何才能成神等等。如果你不瞭解這些，你在讀中國哲學家的思想的時候確實會感到無法理解。

中國哲學還有一個比較難懂的地方，其實不光是中國哲學，那些在宗教中成為經書的，往往並不是傳法的人留下來的。佛經是在釋迦牟尼涅槃以後，他的弟子們回憶整理出來的，所以並不是釋迦牟尼的原話。他們必須加上「如是我聞」，表示我聽說是這樣，我記得是這樣，但那並不是非常準確的釋迦牟尼的原話。而且釋迦牟尼講話時候的氛圍、環境、語氣、針對什麼人什麼事講的等等，這些信息在文字中都大部分失去了。《聖經》也是耶穌被釘在十字架上以後由門徒們回憶出來的，也很難說100%內容都是準確的，而是還摻入了很多人的理解。其實在轉輪聖王歸來之前，人世間是沒有佛法真經的，這裡邊的問題相當複雜，我們今天先不去講它。

按照馮友蘭的說法，中國哲學的地位歷來被視為可以和其他文化中的宗教的地位相比擬。其實我也看過這樣的說法，有一些人說中國人沒有宗教，取代宗教的就是哲學。這種說法我並不同意。中國是有宗教的，佛教就是宗教，道教也是宗教，儒家在宋代之後也越來越宗教化，所以有人說中國有三教，就是儒釋道三教。所謂「中國沒有宗教」是說中國人沒有單一的宗教信仰，不像西方人，就信上帝，認為這宇宙中只有這一個神。中國人他可能會信灶王爺，信城隍、土地公、福祿壽三星等等，在中國人眼中這些都是神。就是說中國人是多神論甚至可能是泛神論，山裡有山神，水中有龍，也有興雲布雨的神等等，所以中國人認為

萬物有靈，很多地方都有神。但是在西方看來那些都不是，他們也不相信這一點。當然為什麼中國人的信仰會是這樣？我們在第七堂課裡面曾經講過，中華文明是為了轉輪聖王的歸來做準備的，所以她跟其它的文明都不一樣。更多天機我不能再講了，如果想知道的話，就只能去看《轉法輪》了。

如果一個人懂得了修煉的道理，再去讀很多哲學家的論述，就會一目瞭然，很清楚他們在說什麼。我在修煉法輪大法之後，再看他們講的東西覺得非常淺白，但是他們使用的語言卻非常複雜。

我們在講哲學史這部分的時候，我也不太會真的具體講哲學家的每一句話到底在說什麼，因為中國的哲學，從老子和孔子之後就發生了很多變異。老子是一個真正的覺者，孔子是一個真正的聖人，這樣的人全世界幾千年才來了屈指可數的幾個。他們所留下來的東西對人來說就像是設定了一個標準一樣。既然是標準，後邊的人一旦做闡釋發揮就已經偏移了標準，偏離了他們的原意，所以不管是後來的魏晉玄學也好、宋明理學也好，都是對老子和孔子說法的一種變異。

我講中國哲學簡史，不會講我認為不對的東西，只會講我認為對的東西。因為「師者」要「傳道、授業、解惑」，既然「傳道」（當然是我個人對「道」的有限理解），就不能講誤入歧途的東西。所以對於某一些哲學體系，我們可能只會介紹他的主要思想，不會去追究細節。即使這樣，我們也都會說一下，那些主要思想中到底存在著什麼問題。

五、西方人學中國哲學時的兩個問題

馮友蘭說很多西方人在學中國哲學的時候會遇到兩個問題，第一個問題是語言的障礙，另一個就是中國哲學家表達他們思想的特殊方式。關於語言的

障礙，我們一會兒再說。咱們先說一下中國哲學家表達思想的一種方法。

我們在第七堂課講中國文化特點的時候曾經提到過，它的道家色彩非常重。道家因為選徒弟，所以挑的是根基好、悟性高、很聰明的這種徒弟，所以他在和徒弟講話的時候他就不用一二三四五六七八九十這樣順著講，他講完一之後就可以講十了，中間都不需要講，因為徒弟已經領會到了。所以你會看到中國文化具有跳躍性的思維，而且很多時候都講得相當模糊。這也是中國哲學的一個特點，我們當時用「離散性」來概括。這和道家的思維方式有關。

還有一個問題就是語言障礙。當把中國的哲學翻譯成西方語言的時候，中國哲學中那些富於暗示的東西就沒有了。一個東西越模糊，它給你想像的空間就越大，但是你一旦翻譯之後，它後面那些內涵就都沒有了。所以鳩摩羅什把翻譯佛經比喻為「嚼飯餵人」，你雖然可能也吃飽了，也吃到點東西，但真正的滋味已經沒有了。咱們舉個例子，比如說《道德經》裡講「知者不言，言者不知」，咱們翻譯成現代漢語就是「知道的人不說，說的人根本就不知道」。但在古漢語中「知」又通「智」，它是一個通假字，所以你也可以把這句話理解為「智者不言」，就是有智慧的人他不說；「言者不智」，說的人是沒智慧的。所以當你翻譯佛經、道德經，或中國某位哲學家的著作，本來他這一句話可能有十個意思，但你只能挑一個意思來翻，這樣就丟掉了很多很多的內涵。

馮友蘭舉了一個例子。他曾經提到過郭象，給《莊子》做注釋的一個人。郭象把莊子的比喻、隱喻變成了推理和論證，把莊子詩一樣的語言變成了他自己散文式的語言。詩是富於很多暗示的，所以郭象的注釋要比莊子的原文明晰很多。莊子沒有明說的事，他都給講白了，講得特別仔細。後邊馮友蘭就問一個問題說，莊子原文的暗示，郭象注的明晰，二者之中哪個更好些？前人也有過這樣的疑問。後來一位禪宗和尚說，「曾見郭象注莊子，識者雲：卻是莊子注郭象」。就

是相當於莊子把郭象那種非常細膩的注釋提煉出來，把它抽象化、模糊化。

這樣說可能還是比較不容易理解，我舉個例子。我原來在大學裡上學的時候有一個習慣，就是我每門課到了期末考試的時候，我把整個這一個學期的內容拿出來讀一遍，然後把我認為最重點的東西記下來。一張A4紙，正反兩面都寫滿，每門課一本厚厚的教科書，最後總結出來就是這一張紙。這張紙其實包含書裡面的全部內容。所以我記得大三之後，我的專業課成績好像就沒有低於90分的。就是因為你把整本書消化完了之後，總結出最精華的東西。你會發現一個學期的內容其實非常簡單，就這麼兩頁紙，一些公式等等。我覺得中國的哲學也大概如此，把非常複雜的世界和很多複雜的理論抽象之後也就那麼幾頁紙而已。就像是老子的《道德經》只有五千言，但裡邊的智慧卻是通天徹地的，那是一種高度凝練的智慧。

六、中國哲學的歷史發展階段

中國的哲學具有非常鮮明的朝代特點，先秦叫子學、兩漢叫經學、魏晉叫玄學、隋唐叫佛學、宋明叫理學、清代叫樸學。幾乎每次到改朝換代的時候，哲學思想就發生一個大的變化。今天我們會簡單的講一下關於「先秦子學」和「兩漢經學」。

所謂先秦子學就是先秦諸子的學問。這個「子」你也可以理解為先生，所以當時哲學家們都叫什麼子，老子、孔子、孟子、莊子、韓非子、鄒子、墨子等等，所以我們把它統稱「先秦子學」，就是這些先生們他們的學問。

老子和孔子不在一個層次講問題。老子講的是出世的學問，孔子講的是入世的學問。他倆互相之間沒有交集。比如說孔子講「以直報怨」，老子講「報怨以德」；孔子關注的是現世的社會秩序，要公平公正，誰做了壞事之後要受到懲罰。

老子關注的是心靈的提升，你儘管對我不好，但我不跟你一般見識，我不怨恨你，甚至還可能幫助你，這樣他的心靈境界就會提升。所以老子和孔子各自有不同的使命，在做不同的事情。

先秦子學之間的辯論就是百家爭鳴，當時一個主要的推手就是齊國的「稷下學宮」。

關於稷下學宮，有一種說法是齊桓公田午在都城臨淄的稷門外設立的，也有一種說法是齊威王設立的。總而言之，它是世界上最早的由政府官辦的大學，也相當於中國最早的社會科學院和智庫，存在了大約是150年。先秦諸子們在此處辦學、辯論、著書立說，很多學生跟他們學習。荀子就曾經三為稷下學宮祭酒，相當於校長，所以這是中國思想史上一個非常活躍的時期。

當時諸子們討論的內容在我們看來像是哲學問題，像天人之際、古今之變、王霸、禮法、義利、人性本善還是人性本惡等等。但其實這些問題跟當時的社會政治息息相關。因為當時的中國面臨著從過去的熟人社會或者說小共同體社會向中央集權過渡的問題。在這個社會結構的大變動過程中，一個國家應該如何治理、需要什麼樣的法律、需要哪些官員、如何選拔和考察這些官員、如何富國強兵等等。所以諸子們討論的問題是有重大的現實政治意義的。這個問題我們將來講到秦漢史的時候再詳細地講。

當然作為國君來講讓他們討論、爭鳴，並不是為了建立一個理想社會，而是想如何富國強兵和兼併鄰國。百家爭鳴的結果是法家勝出，也就是最後秦用法家統一了六國。但這種統一只是疆域上的統一，或者說軍事上的征服，並未實現文化上的統一。秦也曾經試圖統一思想、統一文化，但具體的方法卻不大對，它是壓制民間的思想，於是在秦代出現了焚書事件。

到了漢武帝時期，中國才真正實現了文化上的統一。我們說春秋戰國是諸

侯爭霸、百家爭鳴。其中「諸侯爭霸」結束於秦，就是秦用武力結束了諸侯爭霸；「百家爭鳴」結束於漢，就是罷黜百家、獨尊儒術。漢代的哲學就稱之為經學，所謂經就是儒家的經典。

漢代的經學分成兩種：一種叫作古文經學；一種叫作今文經學。什麼意思呢？我們知道在秦火之後，民間的書都被燒掉了，再後來等到項羽進阿房宮時又放了一把火，把秦國的皇家圖書館也給燒掉了。這樣先民的典籍就全都付之一炬了。如果你要想恢復先秦諸子的學問怎麼辦呢？到了漢初的時候，就只有一個辦法了，就是要找到那些還懂這些學問的人，讓他們再把先秦諸子的書默寫出來。所以我們現在看到的諸子的書可能都是漢初的人默寫出來的。

漢文帝曾想找一個懂《尚書》的人，最後找到了濟南伏生。找到他的時候，他已經90多歲了。因為他出生於戰國時代，對《尚書》很瞭解，文帝就派晁錯去他那裏學習。這些書就是這樣默寫出來的。默寫時用的是漢代的文字，也就是隸書，就成了今文經學。所謂「今文」就是當前的文字。

後來魯恭王（劉氏宗親）在蓋房子的時候拆毀了孔子家的牆，結果在牆壁的夾層裡發現了一些書，是當時在秦代焚書的時候，有人為了保護古代的典籍，蓋房子的時候就把它們保存在兩堵牆的夾層裡。這種書是用古文寫的，也就是周代的史籀大篆，像蝌蚪文一樣。所以這種考古找到的書就叫作古文經，就是因為它是用古代的文字寫的。

今文經學的代表人物是董仲舒，古文經學代表人物就是在西漢末年和王莽時代一個叫劉歆的人。今、古文經學的內容不一樣，到底誰對呢？你會覺得古文經更可靠一些，因為默寫的時候總會出錯嘛。但是古文經也有問題。什麼問題呢？就是一些古文經是後人偽造的，只是字體用的是大篆。今古文之爭我們不去詳細講它了，等我們開《秦漢史》課程的時候再說。

在漢代出現了一個現象，叫「經學傳家」。因為漢代獨尊儒術，如果你想找一個懂《尚書》的人，可能找到了某個人。但他的學問不教給別人，就在他自己的家族裡邊傳，只教給他兒子，這就是經學傳家。那麼等到這個人退休之後，你想找懂《尚書》的人，那就只能在他家裡找。所以累世的經學變成了累世的公卿。這樣漢代就出現了很多這樣的世家大族。咱們看《三國演義》裡，曹操、劉備也講「袁本初四世三公，門生故吏遍於天下」，意思是說袁紹這個家族裏，四輩都做到「三公」（「三公」指的是太尉、司徒、司空，都是榮譽職位。太尉相當於名義上的三軍總司令，實際領兵的是大將軍；司空負責工程；司徒負責民政）的職位，就做政府總理這個級別的官。為什麼呢？就是因為累世經學帶來的累世公卿。包括像東漢時期的楊震家族也是四世三公。被曹操殺的楊修，是太尉楊彪的兒子，從這裏往上四代也都做到「三公」的職位。

經學傳家會帶來一個問題，就是很多人即使讀書，但不是出生於這樣的世家，你也沒有出仕的機會。同時這些世家大族也壟斷了政治資源。因為他們世世代代做官，所以經濟上也很有實力。圍繞著這些家族就出現了一些私人的軍隊和大的田宅莊園等等，成為一股一股非常大的政治勢力。這種政治勢力一直持續到隋唐的時期。

由於世家大族壟斷了政治資源，很多知識份子覺得讀書也沒什麼出仕做官的機會，於是就採取了一種消極避世的態度。這就帶來了魏晉玄學的興起。關於這個問題我們下堂課再說。

第五十二講 ❖ 中國哲學簡史(三)
魏晉玄學

Chapter. 52　A Brief History of Chinese Philosophy (3) Wei-Jin Metaphysics

大家好。我們上堂課討論了一下中國哲學的特點,以及先秦子學、兩漢經學。下面我們討論一下魏晉玄學。

七、魏晉玄學的時代背景

魏晉南北朝時期,中國進入了一個400年的大分裂時代。我們前面說過,漢代後期世家大族的出現使很多知識分子失去了晉身的機會,而且由於戰亂頻繁,生活也非常痛苦。這種情況下,人們容易嚮往世外桃源的隱居生活,也自然帶來了道家思想的復興。我們知道老子講過「道隱無名」,所以道家也被一些人稱為隱士的哲學。我們讀陶淵明的《桃花源記》就知道,當時的人有一種消極避世的隱士心態。但實際上道士不等於隱士,道士是找一個遠離塵世的地方清淨修行的人,隱士追求的是現世生活的安寧,這是很不一樣的。

魏晉的道家思想稱為「玄學」(也叫新道家),取自於老子所說的「玄之又玄,眾妙之門」,也有人把魏晉玄學稱為新道家。

新道家盡管說是道家,但是他們卻錯誤地把孔子也歸為道家,并且認為孔子比老子更加偉大。《世說新語》裡邊記載了裴徽和王弼的一段清談。王弼就是

玄學大師。這段話是這樣的：

> 王輔嗣弱冠詣裴徽，徽問曰：「夫無者，誠萬物之所資。聖人莫肯致言，而老子申之無已。何耶？」弼曰：「聖人體無，無又不可以訓，故言必及有。老、莊未免於有，恆訓其所不足。」

大意是說王弼當時很年輕，20歲的時候去見裴徽，裴徽一看來了一個年輕人，就考考你的學問吧。於是問道：「無」是萬物發生的根源（咱們以前講道家思想的時候曾經講過，老子說有生於無，從「無」中生出了萬事萬物），既然「無」這麼重要，老子不停地在講，可是為什麼孔子卻不講呢？王弼說：孔子不講是因為孔子心中連無這個概念都沒有了，所以他就不講。老子為什麼講呢？是因為老子心中還有這個無，所以孔子比老子還高明。這就有點像老子第56章中講的「知者不言，言者不知」了。對這種看法，我是完全不能苟同的，這也恰恰是魏晉玄學誤入歧途的地方。

王弼畫像·國立故宮博物院

八、哲學和宗教的不同

馮友蘭的很多說法我是很同意的，但他的論據我是不太同意的。有的時候你看到某個哲學家的某句話講得好對呀！但他的論據卻一塌糊塗。比如說馮友蘭說「至於道家，它是一個哲學的學派，而道教才是宗教，二者有其區別」，這點我完全同意。然後他後面又說，「作為哲學的佛學與作為宗教的佛教，也是有區

別的,受過教育的中國人,對佛學比對佛教感興趣的多」,就是佛學和佛教是兩個概念,這個我也非常同意,因為哲學是研究學問,宗教是要實際修行。你就算把佛經背得滾瓜爛熟,而且可以理論上滔滔不絕地講,但如果你不照著佛經去做,你最後的修行等於是零,什麼用都沒有的,只是白白的掌握了一些世間的理論而已。就像密勒日巴佛說的:「僅是瞭解佛法而不實際修行,雖然多聞卻反成障礙;結果一定墮落在三惡道的深淵裡去。」事實上,釋迦摩尼在世的時候沒有說他創了佛教,他只是領了一群僧人在修行,最開始都是在山洞裡邊的。道家的思想在老子的時代就已經系統化,但道教的出現是在東漢中後期的事情了。

馮友蘭關於道家和道教的不同,跟我的解釋不一樣。我說的是:你光學道家的哲學沒有用,你只是一個學者,你就是一個人,不可能修成不生不滅、長生不老的真人,因為你沒有去實踐它。這是我看到的——做學問和實際修行的不同,或者說哲學和宗教的不同。同樣道理,佛學和佛教的不同也在這裏,你光研究佛學理論是沒用的。中國有很多和尚,對佛教的經典也研究,甚至中共在迫害法輪功的時候找一批人研究《轉法輪》,但他們讀《轉法輪》和我們真正修煉的人讀《轉法輪》完全不一樣。他們把這本書當成理論,甚至可能去歪曲解釋,他們根本就沒有實際按照「真善忍」的要求去做,不但沒有功德,反而罪過很大。

馮友蘭對道家和道教為何不同的解釋是這樣的:「道家與道教的教義不僅不同,甚至相反,道家教人順乎自然,而道教教人反乎自然。舉例來說,照老子、莊子講,生而有死是自然過程,人應當平靜的順著這個自然過程,但道教的主要教義則是如何避免死亡的原理和方術,顯然是反乎自然而行的」。

他這裏的邏輯是:道家教你順應自然,道教讓你長生不老。馮氏認為長生不老是反自然的。這就是馮友蘭的局限,因為馮友蘭只是把道家或者是佛家的思想當作哲學來研究,他並不真的相信人通過修行可以達到長生不老,可以達

到與天地同壽，也就是他不知道人其實是可以不死的，但是途徑是要經過修行的。他如果懂得修煉就會知道——人有生有死這是「自然」，神不生不死也是「自然」，都是符合自然，只是符合的是不同層次的自然。他不懂得修煉，所以看不到這個問題。

九、老子和孔子的使命不同

現在我們回到玄學。當時的知識份子經常在一塊兒聚會清談，談的主要內容是三本書——《老子》，《莊子》和《周易》。《老子》和《莊子》屬於道家哲學，《周易》是儒家的群經之首，因此玄學調和儒道，但和宋代的新儒學相反。宋代的新儒學是想把儒家提升得更靠近道家。而玄學是讓道家更接近儒家，這就是玄學最誤入歧途的地方。道家其實比儒家要高得多，儒家只是道家在世間這一層的表現，道家理論在世間這一層對人道德的要求而已。儒家從來不談超於世間的理，就像孔子說的「未知生，焉知死」。

我們需要解釋一下孔子為什麼不談超於世間的理。這是理解玄學的關鍵。共產黨對這個問題的解釋是：孔子相信無神論，很多學者也就都認為儒家是無神論，因為孔子講「未知生，焉知死」，「祭神如神在」，「子不語怪力亂神」等等，給人的感覺好象是孔子不談這些超越道德的東西，是因為孔子根本就不相信神。我完全不這樣認為。舉個很簡單的例子，如果孔子相信無神論，那周公死了之後應該是人死如燈滅，那孔子為什麼還經常夢見周公呢？孔子夢見周公絕不是說我夢中見到這個人挺高興，一定是周公在夢中跟孔子說了什麼，給了孔子什麼樣的啟發，所以孔子他希望能夠夢見周公。孔子臨死的時候說：我大概是要死了，因為我很久都沒有夢到周公了。所以孔子是說，他的生命都是跟周公聯繫在一起。如果是無神論，孔子為什麼會有這樣的想法呢？所以，我覺得孔子之所以不談超越世間的價值，是他不能談。因為當時在中國，有另外一個人在做這個工

作,這個人就是老子。

我有一個堅定的信念——在任何一個地區、在同一個時間裡,真正來傳法度人的只能是一個人。我們知道孔子、老子、釋迦牟尼生活在同一個時代,但釋迦牟尼生活在印度,所以他當時對中國沒什麼影響。中國是老子和孔子,但他們倆是有分工的。孔子談的是世間的東西,老子談論的是超越世間的東西。

為什麼在同一個時間、同一個地區傳法的只能有一個人呢?如果很多朋友沒有修煉的概念,可能不知道什麼叫度人。「度人」就是把人度化到天國中去,達到不生不滅的境界。怎麼才能夠把人帶到那去呢?就需要有真正能夠度人的覺者在世間給人講這樣的道理,同時他還得能夠在修行上幫助你,包括對你的身體進行一些演化,詳細的我不能再講。

按照過去宗教的說法,我們能夠知道,這個宇宙中有不同的天國。每一個覺者度人是往他的天國裡面度人。比如佛教中說釋迦牟尼在娑婆世界,藥師佛在琉璃世界,阿彌陀佛在極樂世界,耶穌也有他自己的世界(在西方文化中,稱之為天國)。所以人的修行其實是要選定一個天國,因為你只有一個身體,你得給自己的身體選擇一個將來的去向。當你選定了一個天國以後,你得得到那個天國的主持的接引,這就好像我要去誰誰誰家住,那得那個主人同意,然後你才能去住,得有你的位置才能到那個地方去住。也就是說當人在修行的時候,他只能夠選定某一個天國,然後按照那個天國的要求去修,這在佛教中有一個說法叫作「不二法門」,就是你在選的時候你只能選一個。

我打一個很粗俗的比方,比如說我們想開車去某一個城市定居,你可選的地方有芝加哥、舊金山、洛杉磯、聖地亞哥、華盛頓DC。那麼你就選擇一個地點輸入GPS。GPS一旦設好之後,你就開始按照導航的指示走了。如果你的導航系統每五分鐘就被重新設置一次目的地,開始設置成為DC,開5分鐘之後再設置

成為芝加哥,再開五分鐘設置成為舊金山,你就不知道把車開到哪去了,而且你永遠都到不了任何一個目的地。

其實通向每一個天國都有它獨特的方式,這個方式就是「道」。我們以前解釋過,為什麼老子把他傳的東西叫「道」呢?因為它確實是一條道路。你在這條道路上走,可以走到他的天國世界裏去。耶穌也說「我就是道路、真理、生命」,意思就是說他給你留下來的東西也是一條通往天國的路。但大家注意,他留下的是通往他那個天國的路。通往不同的天國的路是不一樣的,你只能選一條路走,而且在這條路上要一直從頭走到底才可以,這就是不二法門。

明白了這個道理,大家就很容易理解剛才的問題了。如果有兩個覺者同時下世,一個覺者說這樣,一個覺者說那樣。人他也分辨不了,就糊塗了。他一會按照這個做,一會兒按照那個做,就像是你的GPS每過一會兒就重新改一個目的地一樣,你就哪都去不了了。所以神不會這樣的。所以在一個地方要下來一個覺者傳法度人,在一個地區一次只能來一個,不能互相干擾。這樣老子和孔子雖然同在世間,只有老子才能夠講他的道,而孔子是沒有資格去講的,所以孔子只能去講一些世間的道理,這就是他的使命。所以並不是說孔子不相信神,而是孔子不能講超於人的東西。

講到這兒我需要再強調一下,我雖然是從佛教或者基督教的教義出發來闡述我的觀點,但我本人是修煉法輪大法的。我也是從法輪大法的修煉中理解了這些天機。當然我的理解是否絕對正確是另外一個問題,只能請感興趣的朋友去看《轉法輪》,那樣你會瞭解人怎麼才能夠修煉,怎麼才能夠成神,也會對這些哲學思想或者宗教中的現象有您自己的解讀。那裏有很多天機。很多宗教中大家一直在爭論的問題,比如耶穌說我是唯一的真神,釋迦牟尼說天上天下唯我獨尊,那麼他倆到底誰說得對呢?他倆說得都對。這個宇宙中有很多很多的

神,但如果你選定了一個法門,那麼對你來說就只有一個是度你的神了,其他的神有沒有就跟你沒關係了。

所以新道家認為說孔子比老子、莊子更偉大,說孔子沒有說「忘」,因為他已經忘了「忘」;孔子沒有說「無欲」,是他已經無欲於「無欲」,這完全是他們一廂情願的解釋,不是事實。

十、再說莊子

我知道有些朋友覺得莊子很偉大。我講莊子那一集,有朋友在節目下留言,不同意我的觀點。如果從口才或者辯才來講,莊子確實很出色,但莊子的學說本身真的很有問題。如果老子留下的是真經,莊子又有什麼資格去改它呢?

咱們就拿《齊物論》來打個比方。在神的眼裡看,眾生確實是差不多。咱們打個比方,你站在人的視角去看一堆螞蟻,其實你分辨不了某一只螞蟻跟另外一只螞蟻有什麼不同。或者說,你拿螞蟻和地上另外一種小蟲子相比較,你也不覺得它們之間誰比誰更高級一點。老子說:「天地不仁,以萬物為芻狗,聖人不仁,以百姓為芻狗」。「芻狗」是什麼東西呢?就是用草紮成的祭祀用的狗,祭祀完了之後就燒掉了或扔掉了,比喻輕賤無用的東西。老子說「天地不仁,以萬物為芻狗」,就是天地其實看萬物都是輕賤無用的,聖人看百姓也是輕賤無用的。人把人看得很重,但天地或者聖人看人,確實跟我們看螞蟻差不多。但是一個人生活在世間,你既不是神,也達不到聖人的境界,你就不要把萬物當芻狗,也不可以把別人看成輕賤無用之物。如果你要是拿萬物當芻狗,拿人當芻狗,那就是矯情,就是假裝自己是神了。莊子的很多說法都充滿了這種矯情,就是你明明達不到那樣的境界可是你卻硬要裝作是處在那個境界,這就是一種矯情。

咱們再舉個例子,我們看到別人受苦,會有一種同情心,這就是人應該有

的心態。但是佛怎麼看這個事情呢？按照佛教的說法，每個人生活在世間都因為無明（無明就是沒智慧）而顛倒妄想執著，就會做很多錯事。做了錯事怎麼辦呢？那就會造下業力。業力就是一種債，人得還。怎麼還呢？人就得在痛苦的承受過程中去償還。人覺得太苦了，太糟糕了，但是佛看你受苦卻覺得是好事。為什麼呢？因為你在還債嘛。你還完債之後無債一身輕，將來有一個好的歸宿。所以說佛的智慧跟人的智慧不一樣。佛雖然很慈悲，但佛在意的是你最終的歸宿。

就像在《西遊記》裡，佛那麼慈悲，為什麼不把佛經直接送上東土呢？為什麼讓唐僧去取？不但讓唐僧去取經，而且還故意給唐僧設了九九八十一難，讓你感覺好像是你誠心不讓他取經成功嘛！可是這個苦難的過程，卻是一個成就唐僧的過程。如果佛把佛經直接送上東土，第一、人不會去珍惜；第二、大家可以想像唐僧最後什麼都成就不了，不會成佛的。他是在取經的過程中，在克服這些磨難的過程中，最後修成了佛。所以你的痛苦在佛看來，是為未來成佛才吃的，那麼這些苦難對於唐僧來說就是好事，每一個苦難都是唐僧從人走向佛的一個一個通往天國的台階。當然我們看唐僧太可憐了、太危險了，這佛怎麼還不救他？恰恰是因為佛沒救他，他一步一步地在這個過程中才能夠去提升自己，最後成佛。所以說人吃苦，人覺得很糟糕，可是佛看你吃苦，佛沒覺得有那麼糟糕。這就是說人和佛看東西不一樣。

我們作為一個人來說我們應該有同理心，作為佛來說他看問題跟人是不一樣的。我不知道是不是說清楚這個問題了。所以說，如果你不是佛，你看到一個人在那吃苦的時候，你說太活該了、太好了，幸災樂禍，那你就是矯情。莊子實際上就是處在這樣一種狀態。他達不到那樣的境界他卻做出那樣的姿態來。就像他的老婆死了，他敲著盆唱歌。我覺得你老婆死了你不難過倒也可以理解，你覺得她去了一個好地方，但是你也不至於敲著盆唱歌吧？所以我就是覺得莊子的很多表現都存在這樣的問題。

十一、任從衝動的生活

玄學崇尚道家的「自然」，蔑視儒家「名教」的束縛，當時的知識分子多以立言玄妙，行事雅遠為玄遠曠達，顯示自己非常不俗。「玄遠」，指遠離具體事物，專門討論「超言絕象」的本體論問題。也就是聚會時討論一些非常抽象的東西。而日常則過著「任從衝動」的生活，就是我突然間想幹什麼我就去幹什麼。

《世說新語》裡面有一個故事，說王子猷是王羲之的第五個兒子，住在山陰（今浙江紹興附近）。有一天晚上下大雪，王子猷半夜醒來後，睡不著覺了，就打開窗子賞雪，叫童子給他煮酒。他在屋裡走來走去，念著左恩的《招隱》詩，忽然間想起戴安道這個傢伙好久沒見了，我得去看看他。當時戴安道住得很遠，但王子猷連夜坐上小船，划到戴安道家門口的時候已經天色大亮了。結果到了門前，舉手剛要敲門，忽然間王子猷把手放下了，說咱回去吧。人家就問他說，你跑了一夜，馬上就可以見到他了，為什麼突然間不見了呢？王子猷說：我哪兒是為了見戴安道啊？就是我高興，想當時划船往這邊走，到了這之後突然間覺得沒意思了，那就回去了唄[*1]。所以這就是一種任從衝動的生活，想見就見，不想見就不見了。

《世說新語》裏還講了這麼一個故事。當時有一個人叫鍾會，是大書法家鍾繇的兒子，也是非常著名的軍事家。我們知道三國後期，魏國派了兩員大將滅蜀，一個就是他、另一個是鄧艾。當時還有一個名士，叫嵇康，竹林七賢之一。嵇康是個大音樂家，留了一首非常著名的曲子叫《廣陵散》，在文學、書法、繪畫方面也都有很深的造詣。

[*1] 《世說·任誕》：王子猷居山陰，夜大雪，眠覺，開室，命酌酒。四望皎然，因起彷徨，詠左恩《招隱》詩。忽憶戴安道。時戴在剡。即便夜乘小船就之。經宿方至，造門，不前而返。人問其故，王曰：「吾本乘興而行，興盡而返，何必見戴。」

當時鐘會聽說了嵇康在某處，就邀請了當時很多有名的人一起去見嵇康。嵇康也是個鐵匠，當時正在一棵樹下打鐵，另一個名士向秀正在給他拉風箱。這時鐘會等人過來看他。按照一般的禮節，嵇康應該停止打鐵，換身衣服，跟大家寒暄一下，結果嵇康沒有。《世說新語》中說「康揚槌不輟，傍若無人，移時不交一言」，就是他接著打鐵，根本不跟客人們說話，過了一陣，鐘會帶人就走了[*2]。所以鐘會等於是過來看了一場打鐵秀。為什麼各方都是這麼一種奇怪的反應呢？有一種解釋說「嵇康身長七尺八寸，風姿特秀」，就是他長得特別帥，所以他打鐵可能有一種美感。他也知道別人來看他就是為了欣賞他的美，於是他就接著打鐵，讓他們看個夠。所以你看當時人做很多事情，好像特別不符合人情。

還有更誇張的故事。竹林七賢裡還有兩個人，阮籍和阮咸，是叔侄二人，都特別喜歡喝酒。他們喝酒的時候不是拿杯子來盛酒喝，而是拿一個大酒缸。倆人圍著酒缸喝酒。這時候一群豬也走到酒缸的旁邊，把嘴伸進酒缸喝酒，但他倆也不管，就跟豬一塊喝酒[*3]。當時的名士就喜歡做這種驚世駭俗的、在我們看來完全不可理喻的事情。當然我認為他們不可理喻，如果他們跟我生活在一個時代，他們也會瞧不起我。

我覺得任從衝動的生活態度並不好，因為人性中是有善有惡的，人應該理性地去遵循善和抑制惡，這種任從衝動的生活其實是放縱人的慾望。有的時候，這種放縱只是一種怪誕，不能夠被別人理解，但如果長期地放縱，等於惡的一面就會越來越滋長，就會出問題了。

---

*2　《世說·簡傲》：鐘士季精有才理，先不識嵇康，鐘要於時賢之士，俱往尋康。康方大樹下鍛。向子期為佐鼓排。康揚槌不輟，傍若無人，移時不交一言。

*3　《世說·任誕》：諸阮皆能飲酒。仲容至宗人間共集，不復用常杯斟酌，以大瓮盛酒，圍坐，相向大酌。時有群豬來飲，直接上去，便共飲之。

《世說新語》中還講了一個人叫劉伶,也是竹林七賢之一。竹林七賢基本上都屬於放縱派。劉伶特別喜歡幹什麼呢?脫光了衣服在屋子裡呆著。有人到他家去,看他沒穿衣服就諷刺他。他就說,天地就是我的房子,這個屋子就是我的內衣,你為什麼鑽到我的內褲裡來[*4]?這就是放縱人負面因素的結果。

實際上真正的修行人,對於這些惡的一面、對於負的一面,都是竭力摒除的。所以你會看到很多宗教,都有這種苦行的修行者。比如佛教中有苦行僧,西方的修道士中也講禁欲和苦行,當然他們那麼做還有不得已的原因,這些天機我們就不過多地去講它了。但從修煉的角度看,放縱和衝動絕對不是人應該有的狀態。

這堂課講魏晉玄學。可能很多人覺得我這講的不是魏晉玄學,而是在講對魏晉玄學的批判,講的都是為什麼他們的說法不對,但這沒辦法,因為他們確實不對。我也不能去講我認為不對的事情,那樣沒有任何意義。如果學習哲學的目的是為了探討真理,我們為什麼要講謬誤呢?其實羅素在寫《西方哲學史》之後,很多人也批評羅素,說這本書其實講的不是西方哲學史,而是在批判西方哲學史,因為他是以一種批判的態度,而不是介紹的態度去講那些哲學家。這就是我前幾堂課說過的為什麼一個好的哲學史書如此難得。

當時的人就生活在那個狀態之下,所以他們崇尚清談,經常在崇山峻嶺之下,茂林修竹之間詩酒唱和。我們看王羲之也有一點隨意。323年(東晉明帝太寧元年),太尉郗鑒向王府求親。王羲之是王導的侄兒。當時王敦和王導扶立晉元帝司馬睿登基,建立東晉。當時有一種說法,叫「王與馬,共天下」。所以王羲之的家世背景是很深厚的。王導請郗鑒派去的人到東廂選婿。王氏各家的青年

---

*4　《世說·任誕》:劉伶恆縱酒放達,或脫衣裸形在屋中。人見譏之。伶曰:`我以天地為棟宇,屋室為褌衣,諸君何為入我褌中!

男子都穿戴整齊，希望能被選上，唯有王羲之坦腹東床，一副不在乎的模樣。他當時是看到了一幅鐘繇的字入了神。郗鑒欣賞王羲之的真樸，選中了他，把女兒郗璿嫁給他。這是成語「東床快婿」的由來。

王羲之雖然那個時刻很隨意，但他不是玄學人物，而是道家人物。我們知道他傳世的書法中最著名的就是蘭亭集序。353年(永和九年三月三日)，50歲的王羲之與當時一流名士42人於會稽山陰(浙江紹興)蘭亭賞酒玩詩。蘭亭之起源，是越王勾踐在此種植蘭花，而漢代在此建立驛站，故名「蘭亭」。

在這些名士中，有一個僧人叫做支遁。支遁也叫支道林。魏晉時代大家喜歡清談。支遁對於佛學和老莊哲學都很瞭解，這樣他經常會用老莊的哲學來闡述一些佛家的思想，讓很多的知識份子們認識到，佛家的思想也非常博大精深。當知識分子瞭解了佛家的思想時，佛家思想就等於進入了主流社會，這就帶動了佛教在南方的發展。這塊兒我們等下堂課講隋唐佛學的時候再說。

《蘭亭集序》神龍本

第五十三講 ❖ 中國哲學簡史(四)
佛教的義理

Chapter. 53　A Brief History of Chinese Philosophy (4)
The Central Ideas of Buddhism

　　我們在講佛教簡史的時候曾經提到過，佛教在中國的大發展始於東晉十六國，到隋唐的時候形成了各個宗派。我們下面簡單介紹一下佛教的義理。

　　佛教在剛剛進入中國的時候，很多譯經師為了能夠讓漢地的人瞭解佛教的義理，就借用了漢人比較熟悉的文化。他們當時所採用的一種方法叫作「格義」。所謂「格義」就是用類比的方法，比如說他們會借用道教的一些概念，象「有」和「無」、「有為」和「無為」等等。這種方法固然能夠讓佛家的思想很快被中國人理解，但由於它借用了道教的詞彙，也使很多人認為佛家的理和道家的理是非常相近的。所以漢代的一些人就把佛教視為道家思想的一個分支。所以馮友蘭在《中國哲學簡史》中特別區分了兩個概念，一個叫「佛學在中國」，還有一個是「中國佛學」。

　　所謂「佛學在中國」就是把印度的佛教原封不動地搬到了中國，最典型的就是玄奘去印度取經回來之後創立的「法相宗」，也叫作「唯識宗」。他完全沒有對印度的佛學思想做任何本土化的改造，所以它和中國本土的文化也就幾乎沒有發生關聯，只是在一個很小的圈子裡供一些僧人研習。

　　與此相對的就是「中國佛學」，或者説「中國化的佛學」，也就是佛教思想傳

入中國之後經過了本土化改造，最典型的就是禪宗。我覺得禪宗跟中國道家的理特別像，所以它一旦傳入中國之後，中國人就很容易接受；同時禪宗又和儒家的思想結合，變成了後來的新儒家，這就使得很多知識份子都能夠理解禪宗的思想，甚至可以說都會有一點禪意。這種改造之後的佛學就是「中國佛學」。

十二、佛教理論簡介

佛教的理論非常多、也非常龐大。我本人是法輪大法的修煉者。法輪大法是佛家的修煉大法，但跟佛教沒有關係，雖然可能感覺二者在某些理論上有近似的地方。其實佛教也不是釋迦牟尼佛創立的，因為他傳法的時候是沒有形成宗教的，只是帶著一群人在修行。一開始條件比較差，大家可能就在山洞裡或者森林裡打坐修行，釋迦牟尼給他們講法。後來條件好了一些之後，一些施主就為這些修行人建立了固定的修行場所，叫精舍。精舍是漢語詞彙，不是佛教的專用詞，一些大儒講學的地方書院也稱為精舍。所以實際上精舍就是釋迦佛講法和僧人們修行的道場。釋迦牟尼有十個名號，像「如來」只是他的名號之一。他還有一個名號就叫作「天人師」，就是天上和人間都以他為老師。釋迦牟尼涅槃以後，後人建立了寺廟，有了宗教的儀軌，像供奉、敬拜、傳戒等儀式，就形成了宗教，稱之為佛教。所以釋迦佛在世的時候是沒有佛教的，就像耶穌在世的時候也沒有天主教一樣。

下面我們簡要介紹一下佛教的理論。佛教的理論中有很多數字，比如說四諦、八正道、十二因緣、三毒、六度萬行等等，我們也沒有時間去給大家詳細地講解。我們只講一些非常基本的理論。

佛教的基本理論叫「四諦妙法」。所謂「四諦」就是四種真諦——「苦、集、滅、道」。所謂「苦」，指的是人一出生就在痛苦之中。佛教中認為人生充滿了痛苦，而出生是人痛苦的開始。痛苦有很多不同的種類，有的屬於身體上的痛苦，有的屬

於心靈上的痛苦。像「生、老、病、死」這四種苦就屬於身體上的痛苦。孩子一出生總是哇哇大哭，似乎知道人生從此充滿了苦難，這就是「生」的苦。人生病當然也很痛苦，老了之後身體不聽使喚也很痛苦，人死亡也很痛苦。「生老病死」這四種苦屬於身體上的痛苦。

心靈的痛苦有三種，叫作「求不得」、「怨憎會」和「愛別離」。所謂「求不得」就是你特別想要一個東西，但你得不到。大家肯定都有這樣的人生經歷，比如說你想追一個女孩，但人家不理你，你就會覺得很痛苦，這就叫作「求不得」；你想要大房子，你想開好車，你想要漂亮的衣服，買鑽石什麼之類的，但沒有錢，這些痛苦都屬於「求不得」苦。

「怨憎會」就是你和你特別不喜歡的人總得在一起。咱們舉個例子，比如說婆媳關係不好，互相看對方不順眼，但又不得不生活在一個屋簷之下，經常有很多摩擦，這就叫「怨憎會」。

還有一種苦叫作「愛別離」，就是你和你心愛的人不得不分開，而且再也不能見面了。所以求不得、怨憎會、愛別離都屬於心靈上的痛苦，不管是生老病死，還是我們剛才說的求不得、怨憎會、愛別離，其實都來自於人的慾望。所以人所有的痛苦都是因為慾望不能夠滿足。慾望得不到滿足，在佛教中稱之為「五蘊熾熱」、「五蘊熾盛」或者「五陰盛」。五蘊指的是色、受、想、行、識，我們不去具體解釋了。「五蘊」也被稱為「五陰」，「陰」就是遮蔽的意思，什麼意思呢？就是你被慾望遮蔽了本性。所以，四諦妙法中的第一諦「苦諦」就是告訴你人生是痛苦的。

四諦的第二諦叫作「集」，「集」就是聚集、招聚的意思。招聚的是什麼呢？就是佛教中所說的業力。按照佛教的說法，當人感到痛苦的時候，人就會有所為，就像你生了病就會去治病一樣，或者比如你想要一個房子但沒有錢，你就去拼命掙錢一樣。當人要解決自己痛苦的時候，就要有所為，但這種有所為的過程

中就有可能會做壞事。比如說你為了追一個女孩撒謊騙人或者幹了什麼什麼事情，於是就會招致業力。這是你做了壞事之後種下的惡因，最後要結出業果。這種業果你將來是要償還的，償還的時候就會經歷更大的痛苦；然後你為了避免更大的痛苦，又做什麼壞事去躲避，那麼又會把業積攢下來，然後又會招致更更大的痛苦。

所以人的一生就像是一個因果鏈條一樣，就是由於人被慾望遮蔽，又因為無知不懂得因果報應，於是做下壞事；因為做壞事的果報而經歷痛苦；又因為躲避痛苦而做更多的壞事，就這樣一直延續下去。當人造了業之後，就會進入到輪迴中。比如說這個人死亡了，但欠下了業力，這輩子過去了沒法再還了，那麼就下一輩子還。所以這一生所遇到的不好的事情有可能是這一生以前做的壞事造下的業，也有可能是前世造下的業。所以佛教中有一首特別有名的詩，叫「欲知前世因，今生受者是」，就是你要知道你為什麼現在這麼痛苦，那就是因為以前種的因；「欲知來世果，今生作者是」，你要知道下一輩子你會怎麼樣，那就看看你這輩子做得怎麼樣。

所以按照佛教的觀點，人肉身的死亡並不是生命的終結，而是生命鏈條的下一環的開始，人今生造的業決定了來生的果，所以在洞徹因果的覺者看來人就非常可憐。人可憐倒不是因為人在痛苦之中，而是因為人無法擺脫這樣的痛苦。人不斷造業的原因，是人的無知，就是人不知道什麼事情是對的、什麼事情是錯的，什麼事情可做、什麼事情不可做，在無知之中就造下了業力。這種無知在佛教中也叫作「無明」。所以集諦就是講這麼一個因果鏈條，就是這樣積累業力，因此陷入不斷輪迴中無法解脫的過程。

第三諦就是「滅諦」。就是當一個人聽聞了佛法後精進修行，從此不再有執著的慾望，也就是降伏了「貪、嗔、癡」這「三毒」。「貪」就是貪心；「癡」就是愚癡，

就是這個人不能夠瞭解真理、不能夠洞徹佛法；嗔就是嗔怒。如果一個人沒有了執著之後，他也就降服了貪愛、怒氣和愚癡，從此之後這個人就不再造做新的罪業了，因為他已經知道了什麼能做、什麼不能做。那麼他以前造的業怎麼辦呢？他就得還。等他不造新的業，然後把以前造的業還淨了以後，這個人從此之後就不入輪迴了。輪迴是因為你有業力要還嘛！你在這個因果鏈條上解脫不了。如果你把所有的業全部還掉了，也不再造做新的罪業，你就不再受因果的束縛，這時候這個人就解脫了。這種解脫就叫作「涅槃」。涅槃是一種不生不滅的境界，就是清淨寂滅的解脫。

這裏我必須要說明，雖然我們用的詞是「寂滅」，指的是這個人不入因果輪迴了。但其實他不是真的滅了，是在我們這個空間沒有了，但他實際上昇華到更高的境界去了。你認為的滅是因為你感知不到他，你覺得他滅了，但其實他變成了更高維度的存在，也就是回到他自己的天國去了。這就像我們在講道家思想的時候說到「無」是更微觀的「有」是一樣的。

馮友蘭說「涅槃狀態的確切意義是什麼呢，它可以說是個人與宇宙的心的同一，或者說與所謂的佛性的同一，或者說它就是了解了或自覺到個人與宇宙的心的固有的同一，它是宇宙的心，可是以前他沒有瞭解或自覺這一點……」。馮友蘭講得比較抽象。如果馮友蘭的意思是說，涅槃是讓個人的心性達到和宇宙的同一，那麼他說的就開始比較靠譜的。那麼宇宙的心到底是什麼，或者說宇宙的特性到底是什麼，在《轉法輪》裏我的師父做了闡述，有興趣的朋友可以自己去看一下。

四諦妙法指的是「苦集滅道」。我們前面講了「苦」，就是人出生就在痛苦之中，然後又講了不同的八種痛苦；「集」就是業力的聚集和因果鏈條；「滅」就是跳出因果。怎麼才能跳出因果呢？這就是第四諦，「道」。「道」其實就是途徑的意

思,就是人如何才能夠跳出輪迴,通往天國。佛教中的「道」分成八正道。所謂八正道就是,「正語」,不說不好的話;「正業」,不幹不好的事;「正命」,通過合法的、正常的方式來謀生。這三者合起稱為「戒學」。

再往下「正精進」,就是人在修煉中應該是一直處在精進的狀態之下;然後達到「正念」和「正定」,就是當你一直這樣精進,有了「正念」之後,最後就能夠達到入定。正念和正定也稱為「定學」。

然後再往下就是「正見」和「正思維」,正見和正思維就是最後這個人能夠達到開悟,能夠達到大智慧。

所以八正道就是通過「戒、定、慧」的修習,遵守佛家的戒律,打坐禪修,最後達到大智慧,這就是解脫因果達到涅槃的方法。

所以苦集滅道四諦妙法,苦和集就是講世間是苦的,以及世間為什麼是苦的,滅和道就是告訴你最後如何擺脫因果,然後達到不生不滅的彼岸。這就是對佛教的思想做一個簡單的概括。

十三、因果

佛教非常注重因果,所以大家不難理解為什麼在印度有因明學。因明學實際上就是邏輯學,它和古希臘的邏輯和中國戰國時期的墨辯是世界上三大邏輯體系。我想講兩個故事,讓大家瞭解一下,因果的法則其實在佛教中看來是非常絕對的。

第一個故事就是釋迦牟尼家族經歷的一場滅族慘禍。這個故事記載在《增一阿含經》的第26卷和《法句譬喻經》的《惡行品》中,當然可能細節也不是那麼準確。我們只是借著這個故事來說一個道理。釋迦牟尼成佛以前是迦毗羅衛國的王子。其實迦毗羅衛國當時是一個藩屬國,它的宗主國叫拘薩羅國。拘薩羅國

的國王叫波斯匿王。波斯匿王非常崇信佛法，後來是佛教的一位大護法。但在一場政變中，波斯匿王被他的兒子琉璃王給取代了。

　　琉璃王跟迦毗羅衛國之間有恩怨，他曾經受到過佛陀親族的羞辱，於是琉璃王就和他手下一個叫「好苦」的梵志（梵志指的是不修佛的修行人，比如外道婆羅門）帶兵去攻打迦毗羅衛國。迦毗羅衛國沒有抵抗的能力，特別是佛陀的親族也都是修佛的人，不能殺生。不殺生怎麼能打仗呢？所以眼看著迦毗羅衛國就面臨著覆滅的危險。

　　釋迦牟尼佛有十大弟子，其中目犍連被稱為神通第一。目犍連看到佛陀的親族面臨的危險，就問釋迦牟尼佛：「我用神通把您的親族轉移到他方世界保護起來，可以嗎？」佛陀回答說：「你當然有這樣的神通，但是你的神通能夠改變因果嗎？」目犍連又說，「那我能不能把他們放在虛空中」，後來又說「我弄一個鐵籠子把整個城罩起來」。但是釋迦牟尼佛一直在跟他講同樣的一句話：「你當然有神通可以做到，但是你無法改變因果」。

　　釋迦佛雖然這樣講了，但目犍連覺得自己還是該做點什麼，於是就用神

釋迦牟尼像（局部）．國立故宮博物院

通挑選了四五千佛陀的親人，把他們放在一個碗裡，再用神通把這個碗送到虛空之上。這時，琉璃王的軍隊就開過來，把滿城的人全部殺掉了。目犍連跟釋迦佛說：「琉璃王雖然屠城，但您的親族已經被我放到一隻碗中保護下來了」。釋迦佛說：你看看你的碗。目犍連把那個碗從虛空中拿下來，再一看，裡面的人已經全都死了。釋迦佛又預言說琉璃王在屠城七天之後會死，一切也都按照佛陀預言的發生了。當時一場大洪水把琉璃王、梵志，還有他手下的軍隊全部沖走了。

事情過去以後，弟子們問釋迦佛為什麼會發生這樣的慘劇。釋迦佛就給他們講了一件真實發生的事。釋迦佛說在很久以前，在迦毗羅衛國有一個村子，村子裡有一個大池子，池子裏邊有很多魚。有一年氣候異常，莊稼都沒有長出來，大家沒有吃的，就吃草根。後來他們說池子裡這麼多魚，咱們把魚吃了吧，於是大家就開始捕魚吃。當時池子裡有兩條大魚，就商量說：咱們也沒做什麼壞事，怎麼就被吃得一條都不剩呢，將來一定要報復。這時有一個八歲的童子從旁邊經過，沒有參加捕魚的事，但他看見那些人捕魚的時候覺得很好玩，心生歡喜，就笑了一下。

釋迦佛說當時池子裡的兩條大魚就是琉璃王和梵志，吃魚的就是後來佛陀的親族，而當時路過的那個小孩就是我。所以這一次是那兩條魚在報復，這就是因果嘛，你欠了它的命，現在就得拿命去還。釋迦佛說：我當時雖然沒有參與捕魚吃魚，但我看到了這件殺生的事竟然心生歡喜，而且還笑了一下，所以我也沾染了捕魚的惡業了。釋迦佛說，我現在頭疼得就像壓了一座須彌山一樣。

講這個故事就是告訴大家，像釋迦佛當時他雖然已經開悟了，但還有一個人的身體，所以他過去欠下的業他還要承受。

其實不光是釋迦佛，就包括我剛才提到的目犍連。目犍連的神通特別大，在佛經中講他可以移動須彌山，他一剎那之間可以飛到多少多少層天以上去聽

佛陀講法。但目犍連是怎麼死的呢?他是被外道用亂石給打死的。當時目犍連經過一座山,那山上埋伏了一些裸形外道,他們用石頭把目犍連打得血肉模糊。以目犍連那麼大的神通,完全可以使用遁術,一下子可以飛到幾十里幾千里以外的地方去,避免被打死的痛苦,但目犍連選擇了被打死。

這件事發生後,佛陀的弟子們很不理解,就問佛陀目犍連為什麼不用神通保護自己或者至少可以逃跑呢?釋迦佛就告訴他們說:神通敵不過業力。因為業力是因果,神通雖然廣大,但是因果的法則更大!目犍連在過去世中捕魚為生,殺死過很多很多的魚,不知有多少生命因他冤屈而死。他雖然有大神通力,但不能改變因果,所以殺生的罪業遲早要了結。他就是以這種方式把惡業還了。

類似的因果報應的事在歷史中記載非常多。中國的一些歷史書也講過這樣的事。

東漢末年,有一位波斯(當時叫安息國)的高僧叫安世高,原本是安息國的太子。他來到中國,成為漢地最早的譯經師之一。安世高的前生也是一個僧人,和一個同學一塊兒學佛。安世高跟他的同學說:我得到中國去,因為我在那裏欠過一條命,我得去還。他說:「我當往廣州,畢宿世之對」,然後就到廣州去了。當時廣州正好有很多盜賊搶東西。安世高去了之後,碰到一個少年。那少年一看見安世高,就往手裏吐了口唾沫,說我可找到你了!然後就把刀拔出來。安世高很從容地笑了一下,說我就是來還你的命的。那少年一刀就把安世高給殺了。

殺了之後安世高又轉生回來了。再次出生的時候,就是這一世的安世高。他出生後又到廣州去,當年殺他的少年還活著。他就去找那個少年。這回那人再見到他就不生氣了,因為業債已經了結了。安世高就告訴他說:多少多少年之前你殺的那個人其實是我,現在已經轉世回來了,是因為我怎麼怎麼欠你一條命。當時那人很吃驚,就知道安世高不是普通的人。安世高又跟他說:其實我還欠一

條命，在會稽，我也得去把這個命還了。當年殺安世高的那個人知道安世高是一個修煉有成就的人，就出了一筆錢，給安世高做路費，然後親自陪他到會稽。到會稽的時候，正好有兩批人在打架。不知道為什麼，誤傷了安世高的頭，又把安世高給打死了，這樣他就是兩世還命。

我今天講了一些關於佛教的義理。這只是我站在一個法輪大法修煉者的角度去談的，至於說對不對大家自己去衡量吧。佛教的經書浩如烟海，很多理論也說得很複雜。我在讀了《轉法輪》之後，再看裏面的一些東西很容易就理解他們到底要表達什麼，也能知道他們為什麼那麼表達。

佛教在傳入中國後，有很多的僧人開始研習佛法。但是在修習的過程中，一些人不是把它當作指導修煉的法門去親身實踐，反而把它當作是一種理論，開始探討裏邊的一些哲學思想或者概念，這樣就使佛教的教義逐漸偏離了佛法的原意。這方面的問題，我們下堂課再說。

第五十四講 ❖ 中國哲學簡史(五)
義理的討論與隋唐佛學

Chapter. 54　A Brief History of Chinese Philosophy (5)
Discussion of Buddhist Doctrines and Buddhism in the Sui and Tang Dynasties

大家好，上一節課我們簡要介紹了一下釋迦牟尼所傳的佛法的要旨，今天我想探討一下釋迦牟尼之後，後世學佛的人對佛教理論的發揮或者說變異。

佛教傳入中國後，有很多的僧人依照佛法修行，但也有一些人把佛教的教義當成一種理論、一種哲學去研究。由於他們不是真正實踐佛陀的教導，而是希望提出一些「創新」的理論，因此就逐漸偏離了佛法的原意。大家知道，大覺者的話是不能更改的，就像耶穌所說：「我實在告訴你們，就是到天地都廢去了，律法的一點一畫也不能廢去，都要成全。」(馬太福音5:18)。我以前講藏傳佛教簡史的時候曾經提到過一位即生成佛的尊者，叫作密勒日巴。密勒日巴佛說，「僅是瞭解佛法而不實際修行，雖然多聞卻反成障礙，結果一定墮落在三惡道的深淵裏去」，就是說你學理論但是你不去實踐它，你聽得越多反而越是你修行的障礙，最後不但不能夠解脫生死，反而會墮落到三惡道中。所謂「三惡道」就是地獄、畜生、餓鬼。過去佛教中講六道輪迴，是說人一旦離開世間就會有六個去向，最好的去向是天人，就是天上的神仙，但是沒有出三界，還要再輪迴，再下到人間；還有一道叫作阿修羅；還有一道是人，這是屬於三個稍微好一點的去向。還有三個很差的就是地獄、畜生、餓鬼這「三惡道」。

十四、中道宗的「二諦義」

　　馮友蘭在《中國哲學簡史》中提到了一個大乘佛教的宗派叫「空宗」，也叫「中道宗」或「三論宗」。馮氏把這一宗派視為禪宗的基礎，就是在他看來，禪宗並非達摩傳入中國的，因為禪宗的一些思想在達摩之前已經出現了，就是這個中道宗。但這個宗派的觀點在我看來是很有問題的。我只是談個人看法，對不對，你們可以對照佛陀的真經去思考衡量。

　　中道宗提出了一個概念叫作「二諦義」。什麼叫「二諦義」呢？「諦」大家知道就是真諦的意思，所謂「二諦」就是「俗諦」和「真諦」。我引用幾段馮友蘭的說法，括號中下劃綫的部分，是我個人的注釋：

　　　　中道宗提出所謂「二諦義」，即二重道理的學說：認為有普通意義的道理，即「俗諦」；有高級意義的道理，即「真諦」。它進一步認為，不僅有這兩種道理，而且都存在於不同的層次上。於是低一層次的真諦，在高一層次就只是俗諦。此宗的大師吉藏（549-623年），描述此說有如下三個層次的「二諦」：

　　　　（1）普通人以萬物為實「有」，而不知「無」。諸佛告訴他們，萬物實際上都是「無」，「空」。在這個層次上，說萬物是「有」，這是俗諦；說萬物是「無」，這是真諦。

　　　　（2）說萬物是「有」，這是片面的；但是說萬物是「無」，也是片面的。(簡單地說，心中還存在著有無的分別)因此在二諦的第二層次上，說萬物是「有」與說萬物是「無」，都同樣是俗諦。我們只應當說，不片面的中道，在於理解萬物非有非無。這是真諦。(個人看法：也就是再上升一步，達到視萬物既不是有、也不是無的境界。)

　　　　（3）因此在第三層次上，說萬物非有非無，說「不片面的中道」即在於此，

第五十四講 ❖ 中國哲學簡史（五）義理的討論與隋唐佛學

Chapter. 54　A Brief History of Chinese Philosophy (5)
Discussion of Buddhist Doctrines and Buddhism in the Sui and Tang Dynasties

這些說法又只是俗諦了。真諦就在於說：萬物非有非無，而又非非有非非無；中道不片面，而又非不片面(說見《二諦章》卷上，載《大藏經》卷四十五)。(個人看法：也就是連「非有」和「非無」的概念都沒有。這就有點像莊子所說的坐忘。)

我知道上述的說法聽起來好像是在玩一個文字遊戲，因為照這麼推理下去，我還可以說，「非非無」和「非非有」也是俗諦，「非非非無」和「非非非有」才是真諦。我只要前面再加一個「非」字就把「真諦」的境界提高了一層。我這麼說，並不是為了擡杠，而是因為我覺得他們確實沒有把問題說清楚。

我們在講「有」和「無」的時候，曾經討論過老子的一句話——「萬物生於有，有生於無」。所謂「有」和「無」，你需要看你是在哪一個境界中說。比如這個世間有沒有佛？因為你看不見摸不著佛，所以有人認為是「無」，沒有佛；但你認為是「無」，他其實是高境界的「有」。佛不是人世間的存在(儘管你會在這個世間看到神跡的展現)，而是高於世間的存在。

老子說「萬物生於有，有生於無」，這裏的「有無」是站在人的層面說的。因為更高境界的物質對人來說無形無相，看不到摸不着，所以人認為是「無」，但當它能夠慢慢聚合成形並顯現在這個空間的時候，人會發現這地方突然間出來一個什麼什麼東西。就好像神仙突然變了一個東西出來，人一看就好像這東西「有」了。這個「有」是從「無」中變出來的。所以中道宗討論什麼「有」和「無」，「非有」和「非無」，「非非有」和「非非無」，我覺得沒有太大的意義，因為你沒有定義你是在討論哪一個境界中的有和無。

十五、中道宗的頓悟與漸悟

中道宗有一位大師，我們以前曾經提到過，叫鳩摩羅什。鳩摩羅什有個弟

子叫道生。道生有兩個理論，在世間流傳很廣。但我覺得是對佛教義理的誤解，至少是值得商榷的。

道生的理論之一叫「頓悟成佛」。在道生看來，成佛只能頓悟。馮友蘭在《中國哲學簡史》中引述了謝靈運的文章《辯宗論》來說明這個問題。括號中下劃綫的部分是我的注釋，力圖把這個抽象的問題説得簡單一些。

「頓悟成佛」義的理論根據是，成佛就是與「無」同一，也可以說是與宇宙的心同一。(注：這裏把「宇宙的心」解釋為「無」，本身就很成問題。)由「無」超乎「形象」，「無」自身不是一「物」，所以無不可能分成一部分、一部分。因此不可能今天修得它的一部分，明天修得它的另一部分。同一，就是與其全體同一。少了任何一點，就不是同一。

關於這個問題，謝靈運與其他人有許多辯論，《辯宗論》都有記載。有個和尚名叫僧維，問道：學者若已經與「無」同一，當然不再說「無」了，但是他若要學「無」，用「無」除掉「有」，那麼，這樣學「無」豈不是漸悟的過程嗎？謝靈運回答道：學者若仍在「有」的境界中，他所做的一切都是學，不是悟。當然，學者要能夠悟，必須首先致力於學。但是悟的本身一定是超越了「有」。(注：這裏用的「學」字並不準確，佛法的理論固然要學習，但如果不去「修」，不去「實踐」，僅僅掌握理論是不可能「悟」的)。

僧維又問：學者若致力於學，希望藉此與「無」同一，他是否會逐漸進步呢？如果不逐漸進步，他又何必學呢？如果是逐漸進步，豈不就是漸悟嗎？謝靈運答：致力於學，在壓制心中的污垢方面，會有積極效果。這樣的壓制，好像是消滅了污垢，實際上並沒有消滅。只有一旦頓悟，才能「萬滯同盡」(注：這裏的問題是對「污垢」定義不清。如果「污垢」指的是人的貪欲、執著，那麼在人修煉的實踐中確實在消滅它。「貪嗔癡」等執著如果瞬間去净，則人瞬間成佛，但

實際上是不可能的。在這一點上僧維是對的,修煉的人確實是不斷進步的。就像佛教中也提到初禪、二禪、三禪、四禪、「空無邊」、「識無邊」、「無所有」、「非想非非想」等不同的禪定境界。如果沒有進步,又何談禪定境界不斷提高呢?)

我在上文中加的注釋,只是就著雙方的談話提出一點個人看法。但問題的關鍵還不在那些已經說出的謬誤,真正的謬誤是他們沒有說的。也就是當他們在討論「同一」的時候,他們忘記了一個最關鍵的因素。就是一個人如果要「悟」,是需要有一位上師的。

在僧維與謝靈運的討論中,我們不清楚,當他們提到「悟」這個字的時候到底指的是什麼。如果把「悟」視為開悟成佛,那確實是一剎那之間的,就是從不是佛到開悟成佛,只在剎那間就完成了。大家知道釋迦牟尼佛在開悟的時候,他在那一剎那之間遍知十方三世一切眾生的生了死、死了生,所謂「十方」就指這個宇宙,「三世」就是指過去、現在和未來,也就是在開悟的那一剎那,他能夠看到宇宙中一切眾生的過去、現在和未來,這才是開悟。

但僧維與謝靈運討論的時候說:「但是他若要學『無』,用『無』除掉『有』,那麼,這樣學『無』豈不是漸悟的過程嗎?」這裏的悟顯然只是理論的掌握(因為他用的是「學」字),跟我上面說的成佛的那種「開悟」,應該還不是一回事。

而且宇宙的真理,也不是你「學」就能明白的。就像我以前舉的例子,如果你不吃甜的東西,無論你怎麼學理論,你也不可能知道什麼是「甜」。我剛才提到的成佛的那種「開悟」,是必須有一個上師的。你在學習佛法真言的過程中,理解了佛法對你的要求;然後你在修行的過程中,不斷去掉心中的污垢,就是那些顛倒、妄想、執著,在這個過程中,你的境界在不斷提高。最後比如說你能夠達到羅漢的標準或者什麼層次的標準,度人的佛看你行了,就一下子把你的智慧打開,你就開悟了。

所以當僧維和謝靈運在辯論的時候，他們沒有提到上師的作用，就是那個度化你的神在那一瞬間打開你智慧的，這個最關鍵的點他們沒有講到，這是他們主要的問題。比如說你是修淨土宗的，最後開悟的時候就可能是阿彌陀佛來接引你，然後讓你知道了你所在的那個層次中，極樂世界是什麼樣子的，那是實實在在的「有」，而不是像很多人想像的，說極樂世界只是一種人類的想像、或者概念。

文革的時候曾經有一位僧人，打坐的時候，他的元神被觀音菩薩接引到了極樂世界，看到了很多非常美妙的景象。他在那地方轉了一天，回到人間的時候，發現人間已經過去6年了，他就把在極樂世界看到的景象寫成了一本書，這本書大家到網上去Google一下都能看到，叫作《西方極樂世界遊記》。所以實際上開悟的時候就是度你的那個覺者，把你接引到那個世界裡面去。但在此之前，你在不斷學習和修煉的過程中，其實也是個逐漸提高的過程。你把這個逐漸提高的過程叫漸悟，也有這種說法。

上面講的這些不知道是否說清楚了。關於什麼是「悟」，我還是建議大家去看一下《轉法輪》，那才是真正的解說。我這裏說的只是我個人的理解，僅供大家參考。

我感覺道生在談到漸悟、頓悟的時候，只是在探討理論，似乎他並不認為真的有一個佛國世界，這就是我覺得他的最大問題所在。你看他會說這樣的話——「言到彼岸，若到彼岸。便是未到，未到、非未到，方是真到。此岸生死，彼岸執著」。說白了，到底到沒到開悟成佛的境界呢？到底到沒到極樂世界呢？他說：到了就是沒到，沒到就是到了。這就有點讓人困惑。實際上，你開悟的時候到了極樂世界，那就是「到了」，就不存在「沒到」的問題了。然後道生還講，「若見佛者，未見佛也。不見有佛，乃為見佛」，意思是你看見佛就是沒看見，沒看見佛就

是看見。這個我也不同意。所以從道生字面的意思看來,好像涅槃並不是擺脫了生死輪迴,此岸世界(人世間)就是彼岸世界,佛的世界就是我們眼前的世界。這種理解,至少從字面上來看,我是完全不能同意的。

十六、第一義不可説?

道生還有種說法,「若忘筌取魚,始可與言道矣」。「筌」的意思是捕魚的一種竹器。道生的意思是說,如果用言語能夠說明的道理,那麼這個道理就不是真的道理。這就有點像莊子說的「得魚而忘筌」的意思。

前面我們提到,在吉藏「二諦義」中,到了第三層次,簡直無可言說。道生也這麼認為。這就誤入歧途了,後面很多禪宗的和尚也在傳播這樣的誤解。而且很多俗人,對佛法一知半解的,也在散佈這樣的謬論,說「佛法不能説」。確實老子在傳道的時候,或者佛陀傳法的時候,有些概念因為人沒有,所以他們遇到這種人類語言匱乏的障礙,但這並不等於沒有佛法。老子或釋迦牟尼知道什麼是佛法,難在用人的語言表達;而俗人們不知道什麼是佛法,就一口咬定佛法不可說。

在《中國哲學簡史》裡,馮友蘭舉了幾個例子:

文益禪師(958年卒)《語錄》云:「問:『如何是第一義?』師云:『我向爾道,是第二義。』」禪師教弟子的原則,只是通過個人接觸。可是有些人沒有個人接觸的機會,為他們著想,就把禪師的話記錄下來,叫做「語錄」。這個做法,後來新儒家也採用了。在這些語錄里,我們看到,弟子問到佛法的根本道理時,往往遭到禪師一頓打,或者得到的回答完全是些不相干的話。例如,他也許回答說,白菜值三文錢。不瞭解禪宗目的的人,覺得這些回答都是順口胡說。這個目的也很簡單,就是讓他的弟子知道,他所問的問題是不可回答的。他一旦明

白了這一點，他也就明白了許多東西。……《古尊宿語錄》卷一記載，龐居士問馬祖：「不與萬法為侶者（與萬物都沒有關係的）是什麼人？」馬祖云：「待汝一口吸盡西江水，即向汝道。」一口吸盡西江水，這顯然是不可能的，馬祖以此暗示，所問的問題是不可回答的。事實上，他的問題也真正是不可回答的。因為不與萬物為侶者，即超越萬物者。如果真地超越萬物，又怎麼能問他「是什麼人」呢？

馮友蘭的例子中所說的是非常典型的後世禪宗的說法，但這完全是誤入歧途。如果「第一義不可說」，那釋迦牟尼在世間傳法49年說的又是什麼呢？如果不可說，又該如何看待慧能留下的《六祖壇經》呢？如果連佛法都不能說，那麼修佛之人又用什麼來指導自己的修煉呢？因為在修煉界中這樣誤人子弟的言論流傳得實在太廣，所以我覺得還是有必要說明一下。

如果禪宗認為佛法無可言說，那乾脆就什麼都不講，最後禪宗簡直就變成了一種世俗的生活方式。照禪宗所說，為了成佛最好的修行方法就是不修之修，也就是根本不修行。這實在是一個自我否定的悖論，是完全說不通的。

當然可能有人說我的理解不對，說禪宗的意思實際上是說「以無心做事」，自然地做事、自然地生活，這就是在修煉當中了。有一個禪師叫義玄，說「道流佛法，無用功處，只是平常無事，屙屎送尿，著衣吃飯，困來即臥，愚人笑我，智乃知焉」，就是說你平常上廁所、穿衣服、吃飯都是在修煉，這又有點兒胡扯。

馮友蘭解釋說：

這里有一個問題：果真如以上所說，那麼，用此法修行的人，與不作任何修行的人，還有什麼不同呢？如果後者所作的，也完全是前者所作的，他就也應該達到涅槃，這樣，就總會有一個時候，完全沒有生死輪迴了。

對這個問題可以這樣回答：雖然穿衣吃飯本身是日用平常事，卻不見得

做起來的都是完全無心，因而沒有任何滯著。例如，有人愛漂亮的衣服，不愛難看的衣服，別人誇獎他的衣服他就感到高興。這些都是由穿衣而生的滯著。禪師們所強調的，是修行不需要專門的行為，諸如宗教制度中的禮拜、祈禱。只應當於日常生活今無心而為，毫無滯著；也只有在日用尋常行事中才能有修行的結果。在開始的時候，需要努力，其目的是無須努力；需要有心，其目的是無心；正像為了忘記，先需要記住必須忘記。可是後來時候一到，就必須拋棄努力，達到無須努力；拋棄有心，達到無心；正像終於忘記了記住必須忘記。

但這裡還有一個問題。平常人，沒有佛法的指導，在世俗中生活，又如何做到「無心」呢？禪宗裡有一個公案。

據說馬祖在成為懷讓（744年卒）弟子之前，住在衡山（在今湖南省）上。「獨處一庵，惟習坐禪，凡有來訪者都不顧」。懷讓「一日將磚於庵前磨，馬祖亦不顧。時既久，乃問曰：『作什麼？』師云：『磨作鏡。』馬祖云：『磨磚豈能成鏡？』師云：『磨磚既不成鏡，坐禪豈能成佛？』」（《古尊宿語錄》卷一）馬祖聞言大悟，於是拜懷讓為師。

因為這個故事很有名，所以我就拿出來解釋一下。我是完全不能同意這個觀點的。如果連坐禪都否定，那就是連釋迦牟尼佛都否定了，因為釋迦牟尼佛當年就是在菩提樹下禪定四十九天開悟成佛的。所以從這個角度上看，慧能以後的禪宗，很多說法其實是非常成問題的。

十七、隋唐時期的佛教宗派

禪宗發展的高峰是在隋唐。慧能就是武則天時代的人。在隋唐時期佛教的幾大宗派相繼成形，並且成為獨立的體系，其中包括天台宗、華嚴宗、法相宗、禪宗、密宗等等。

　　天台宗是以《法華經》為本義，最早的淵源也是龍樹大師，後以北齊的慧文為中土的初祖，到三祖智顗發揚光大，因為智顗住在浙江的天台山，所以叫「天台宗」。

　　還有一個比較大的宗派叫「華嚴宗」。華嚴宗是以《華嚴經》為本。隋文帝的時候，杜順大師在終南山宣教，三傳至法藏，後得武則天尊禮，亦稱為「賢首宗」。當時天台宗和華嚴宗是一東一西，西面是華嚴宗，東面是天台宗。

　　法相宗是玄奘西天取經回來以後創立的，也稱為「慈恩宗」或者「唯識宗」。

　　還有一個宗就是禪宗，這都是屬於佛教中比較大的宗派。關於它們具體的區別我們就不再去講它了。

　　禪宗認為只要以平常心生活就在修行中。禪僧常說一句話「搬水砍柴，無非妙道」（《傳燈錄》卷八）。既然如此，那麼在參與政治生活的時候，是否也有妙道呢？由此，禪宗開始滲入到儒家思想中，把禪學和儒家經世濟民的學問結合起來，又借鑒了道家的思想形成了宋代的新儒家。關於新儒家的問題，我們到下堂課再說。

第五十五講 ❖ 中國哲學簡史(六)
宋明理學和心學

Chapter. 55 A Brief History of Chinese Philosophy (6)
The School of Principle and the School of Mind in the Song and Ming Dynasties

　　大家好。我們上堂課討論了一些佛教的義理。隋唐是個佛教大發展的時期，其實不止是佛教，因為李唐王朝認為自己是老子的後人，因此道家也很受重視。這就引起了一些儒家學者的不滿。最有名的大概就是韓愈了。韓愈是個儒生，也是唐宋八大家之首。他站在儒家的基點上反對佛和道。他寫過《諫佛骨表》，因為唐憲宗去迎釋迦牟尼的佛骨舍利，韓愈就寫了一篇表勸諫唐憲宗，結果被唐憲宗給貶官了。他還寫過《原道》，也是貶低佛、道的。他提出了儒家的「道統」說，說堯舜禹湯、文武周公、孔子孟子，這是一脈相承的儒家正統，而他繼承的則是孟子的統緒。因此發展出的新的儒家，也稱道學。咱們有的時候說某個人是道學先生，實際上就是指的他是繼承儒家正統的意思。

　　孔孟的儒家關注的是世間的道德修養和學問，對於超脫世間的問題是不予討論的，比如說人是否有輪迴、宇宙如何起源、萬物如何創生等等。孔子不是說「未知生、焉知死」嗎？也就不會給出這些問題的答案。可是佛家和道家對宇宙的起源，人的輪迴等，是給出了答案的。在這種情況下，儒家顯然比佛道低了一籌，而人們是關心死後的世界的。怎麼辦呢？為了和佛道相抗衡，形成儒、釋、道三教鼎立的局面，儒家也需要改造，去回答一些超世間的問題。

十八、儒家的宇宙本體論與成聖之路

這些超世間的問題在唐朝仍然沒有答案，但到了北宋時期，一些知識份子就開始試圖系統地回答這些問題了。當時出現了五位非常有名的哲學家，叫「北宋五子」，就是周敦頤、邵雍、張載、程顥和程頤。他們生活在同一個時代，經常在一塊聚會。之後又有南宋的朱熹和陸九淵，以及明代的王陽明。這批思想家就創立了儒家的兩個學派，一個叫做理學，一個叫做心學。佛家導人成佛，道家把人度成真人，儒家是讓人成為聖人。

佛道是出世修行的法門，但禪宗只是倡導以平常心在世間生活，所謂「擔水砍柴，無非妙道」，因此禪宗出世修行的色彩已經變得很少了。你該砍柴砍柴、該挑水挑水，但你不要心中有執著，這就是禪宗的理論。但至於說你怎麼才能夠去掉執著，禪宗根本就不給你講，所以其實你也就不知道如何做。有的人沒做到也認為自己做到了，有的人只是假裝做到了而已。因為禪宗的出世色彩大為減少，於是就被儒家所借鑒，把禪宗的理論摻入儒家。儒家本來跟道家就很接近，這樣就是把儒釋道三家的理論雜糅在一起，變成了「新儒家」。新儒家就開始探討一些宇宙本體論的問題了。

第一個講宇宙論的哲學家叫周敦頤。我們可能都背誦過他的《愛蓮說》，寫得很漂亮。周敦頤就以太極來解釋宇宙的起源。至於說如何才能夠成為儒家的聖人，周敦頤的回答是「主靜」，就是你的心要靜下來，不為外物所動。那麼怎麼才能夠讓心靜下來呢？周敦頤的回答是「無慾」。當你沒有慾望的時候，你就能夠靜下來，其實他講「無慾」很像禪宗的「無心」，或者是道家的「無為」，其實是一個意思，但是他用「無慾」來表達，有意地跟佛家和道家的理論區分開來。沒有私慾的狀態，周敦頤稱之為「靜虛」，所謂「靜虛」就是你心很靜，同時也很空，就是一種空靜的狀態。在這種狀態下，當你遇到一件事情的時候，你會有一個本能的

反應。這個反應他叫作「動直」。我們可以把「動直」理解為依賴直覺的或者是本能的反應。當你沒有私欲的時候，你遇到事情的第一反應不是出於私心，而是出於公心的，這種反應周敦頤叫作「動直」。這個就是周敦頤對宇宙的理解，就是太極理論；也給出了人如何成聖的道路，就是「無欲」。我是非常簡單概括地講。

還有一位非常有名的易學家叫邵雍，用周易六十四卦來解釋宇宙運行的規律。周敦頤用太極，邵雍用六十四卦。邵雍是一個易學家，也是一個射覆大家，曾經寫過一個系統的、非常有名的預言叫《梅花詩》。我們不去具體講解周敦頤的太極圖和邵雍如何用十二卦來描述十二個月、以及「元、會、運、世」等宇宙循環理論了。

當時還有一位哲學家叫作張載。張載認為這個宇宙是由「炁」構成的。他認為這個宇宙在形成的時候、沒有出現萬物的時候叫太虛。「虛」就是什麼都沒有，但是太虛中充滿了炁。這個「炁」不是空氣的意思，而是一種無形無相的物質，一種原始混沌的物質，是形成宇宙萬物的基礎物質。我已經講得儘量簡單了，但聽起來還是有點抽象。

張載很有名，他也被後世尊稱為橫渠先生。他曾經講過非常有名的橫渠四句——「為天地立心，為生民立命，為往聖繼絕學，為萬世開太平」。

北宋五子中，我們剛剛提到了周敦頤、張載和邵雍，還有兩個人叫作程顥和程頤。程顥和程頤是兄弟倆，父親叫程珦。程珦跟周敦頤是好朋友，所以程顥和程頤都是周敦頤的學生。程顥和程頤有一個表舅，就是張載。所以實際上北宋五子是親戚或者朋友，經常在一塊聚會討論一些哲學問題。司馬光偶爾也會加入他們，用我們現在的說法就是一群很牛的人互相碰撞思想。

程顥和程頤開創了兩個不同的學派。程顥所開創的學派叫作心學，後來到了南宋的時候被陸九淵給繼承，到了明代的時候由王守仁也叫王陽明集其大

成。弟弟程頤所開創的學問叫作理學，到南宋的時候被朱熹所繼承，就變成了程朱理學。程朱理學在元代的時候成為儒生參加科舉考試的標準，到了明代和清代延續下來，這樣程朱理學對中國的知識份子影響就特別大。

張載雖然談到萬物產生於炁，但是張載其實並沒有解釋為什麼同樣是炁，有的炁就變成了花，有的炁就凝成了草，有的炁就變成了桌子，有的炁就變成了椅子，他沒有解釋這個問題，他只是講炁是一切物質的基礎物質。我發揮一下，這就有點像什麼呢？咱們用現代物理學的觀點看，就像是原子一樣。原子是由質子、中子和電子構成的。如果你能夠在這個微觀層面操作，隨便組合質子、中子和電子，你想要什麼就能變出什麼。你想把這些基礎粒子組合成為鐵，那你就拿多少個質子多少個中子多少個電子一組合，它不就變成鐵原子了嗎，再把鐵原子組合起來它不就變成這個時間看到的鐵了嗎。你也可以拿質子、中子和電子去把它組成什麼桌子、椅子、燈、牆之類的。也就是說有那麼一種基礎物質，張載把它叫作「炁」。張載只提到了這種基礎物質，至於說怎麼組合成不同的物質，張載沒有講。這個問題是由程朱理學這一派來回答的。

十九、理學

程朱理學對這個問題的答案是「理」，意思就是說炁這種基礎物質，按照花的「理」來組合就變成了花，按照草的「理」來組合就變成了草。張載的「炁」加上程朱的「理」，於是就生成了萬物，這就是儒家的解釋了。

這個答案其實有點像柏拉圖的理論。柏拉圖講了一個概念叫IDEA。IDEA指的就是在我們這個空間之上，還有一個我們看不到摸不著的理念世界。在那個世界有一個概念叫作IDEA。比如說世間有各種各樣的桌子，有的是方的、有的是圓的、有的是長的，有的是高的、有的是矮的，我們之所以把它都叫做桌子是因為它們符合了桌子的「理念」，這個「理念」在柏拉圖這裏就叫做IDEA。人世

間具體的萬物只是IDEA在世間的投影。

我們一開始開這門課的時候，就講過兩個概念，就是「形而上者」和「形而下者」。形而上者就是看不見摸不著的，所謂張載的「炁」，周敦頤的「理」，柏拉圖的IDEA，都是看不見摸不著的，都屬於「形而上者」。由「形而上者」組合成為「形而下者」，就是組成看得見摸得著的東西，比如說桌子、椅子之類的。

我們曾引用《周易》裡的一句話，「形而上者謂之道，形而下者謂之器」。確實這些哲學家們也經常用這樣的詞。那麼如何才能夠找到朱熹所說的這個「理」呢？朱熹的答案是「致知」和「用敬」。

我需要說一下，程朱理學和陸王心學對找到這個「理」給出了不同的方法。坦率地說，我對他們的說法都不太同意。但是因為要講哲學史，我還是需要大致介紹一下他們的思想，然後再說他們思想的局限是什麼。

朱熹認為最高的理就是太極，而且任何物質中都包含著太極。按照馮友蘭的說法：

> 朱熹早已告訴我們，人人，其實是物物，都有一個完整的太極。太極就是萬物之理的全體，所以這些理也就在我們內部，只是由於我們的氣稟所累，這些理未能明白地顯示出來。太極在我們內部，就像珍珠在濁水之中。我們必須做的事，就是使珍珠重現光彩。做的方法，朱熹的和程頤的一樣，分兩方面：一是「致知」，一是「用敬」。……

> 為什麼這個方法不從「窮理」開始，而從「格物」開始？朱熹說：「《大學》說格物，卻不說窮理。蓋說窮理，則似懸空無捉摸處。只說格物，則只就那形而下之器上，便尋那形而上之道。」（《朱子全書》卷四十六）換言之，理是抽象的，物是具體的。要知道抽象的理，必須通過具體的物。我們的目的，是要知道存在

於外界和我們本性中的理。理,我們知道的越多,則為氣稟所蔽的性,我們也就看得越清楚。

我們用大白話解釋一下。按照朱熹的說法,既然萬物中都有太極,比如說這張桌子裡邊其實也包含了太極,那麼朱熹就開始「格物」,就是盯著這張桌子看,琢磨這張桌子有什麼「理」,太極如何組成了桌子,一直這樣想、想、想,直到你把這個事想通了為止,這就叫「格物窮理」。換句話說,就是我們要從看得見摸得著的事物中去找那些抽象的道理,所以朱熹說,「《大學》說格物,卻不說窮理,蓋說窮理,則似懸空無捉摸處,只說格物,則只就那形而下之器上,便尋那形而上之道」。

朱熹的說法讓我聯想到西方的物理。其實物理就是希望通過研究這個可見可感知的世界發現宇宙的規律,比如他們希望通過一個簡單的方程式表達出宇宙的基本規律。但這種方法,無疑是外求的方法。這種方法不可行的地方在於,人的眼睛如果盯著一個地方看,哪怕旁邊有東西,你可能都註意不到。人如果盯著這個世間的東西看,那麼超越世間的道既看不到摸不著又不可感知,你就更不可能發現。

我覺得這種方法屬於誤入歧途,因為它走了一條外求的路。也就是我想瞭解宇宙的真理,不是通過反觀我的本心,不是指望佛幫我打開智慧,而是希望通過世間的一個東西來看到宇宙的真理是什麼。這是根本就不可能的。

我們拿柏拉圖的理論對比一下。柏拉圖說在人看不見摸不著的空間中有一個理念世界。為什麼我們把不同形狀、不同大小、不同高矮的東西都叫作桌子呢?是因為它們符合了理念世界中桌子的概念IDEA。人世間的桌子是那個IDEA的具體的表現manifestation。那麼這種具體表現實際上是對理念世界中IDEA的不完全表達。

比如說你看到一張方的桌子,然後你就通過一直看這張方桌子試圖發現理念世界的桌子是什麼樣的。那麼你可能就會被你具體看到的桌子所局限,比如桌子應該是方的、應該有四條腿、應該怎樣怎樣。但桌子還有圓的、還有八角形的、還有高的、矮的,還有石頭做的、木頭做的等等,都叫桌子。所以理念世界中的桌子是抽象出世間所有的各種各樣桌子的共性,才形成那麼一個概念IDEA,那才是真正的桌子。也就是說,如果你只盯著世間的某一張桌子看,就是你盯著桌子的子集Subset看,你永遠都不會抽象出那個IDEA到底是什麼。

老子其實講的很清楚:「不出戶,知天下;不窺牖,見天道。其出彌遠,其知彌少。是以聖人不行而知,不見而明,不為而成。」老子告訴你的是「不見而明」。你不盯著一個東西看,你才不會被這個東西所障礙、所遮蔽,你才能夠看到感受到那個真理。所以老子說「其出彌遠,其知彌少」。我個人理解,人離開自己的本性越遠,他對於宇宙真理的理解就越少,所以道家是不讓你向外去求的。佛家也是一樣,釋迦佛也好,達摩也好,都是靠閉目、打坐、禪定,最後開悟成佛。他絕不是說盯著一個東西看,比如說釋迦牟尼佛七七四十九天就盯著一個花兒看,或者盯著一株草看,然後突然間開悟的。絕不是這樣的。他不讓你盯著一個東西看,你才不會被那個東西所障礙。所以朱熹的「格物致知」本身就是向外求,就是誤入歧途。

剛才我們說了「致知」的問題。它屬於理學的方法論問題。下面再說一下朱熹的「用敬」理論,這屬於道德修養的範疇。朱熹認為萬事萬物中都有一個理,這個理成就了萬物,同時這個理對人也是有道德要求的,這種道德要求朱熹叫「存天理、滅人欲」。什麼是天理?什麼是人欲呢?朱熹說「飲食,天理也」,你要吃飯喝水這是天理,因為你不吃就活不了嘛。「山珍海味,人欲也」,你吃飯喝水不是執著,你想吃好的,這是執著。「夫妻,天理也」,你想給自己娶個老婆,這是天理,神就是這麼造的你。三妻四妾是人欲,就是你想娶很多漂亮老婆,這是人欲。所

以朱熹講，「存天理，滅人欲」，我們可以把它理解為自然地生活，但不要執著，這和道家講的「見素抱樸、少思寡欲」，或者佛家講的「六根清淨」，就是排除「眼、耳、鼻、舌、身、意」的干擾，比較相似。

二十、心學

宋代的儒家有兩支，一支是儒學、一支是心學。我們剛才簡單地介紹了一下朱熹的理論，下面我們來說一下心學。心學的集大成者是明代的大儒王守仁，一般人稱他作陽明先生或王陽明。我們在《笑談風雲》的第5部《大明王朝》裏花了大概將近三集的內容來講王陽明，這是個不世出的牛人，非常屬害。他不僅是一位傑出的哲學家，還是書法家、詩人、傑出的軍事家和政治家，騎射功夫也很好，道德也非常高尚。在他涉獵的所有領域中，幾乎都是最屬害的。

王陽明在少年時代信奉程朱理學。他從浙江去江西迎娶新娘，回來的路上碰到一個儒生，給他講了一番格物致知的道理，他就回家開始格竹子。這是很有名的典故，叫作「守仁格竹」。因為朱熹告訴「格物」就是盯著一個東西看和想嘛。他就在父親官衙的後花園裏選了一根竹子，開始盯著看，琢磨這竹子裏到底有什麼真理。不吃不動地盯著看、想了三天，結果被一場大雨淋到，生了一場病。這次得的肺病，纏綿了一生，最後他也是死於肺病。

當時王陽明格物窮理的時候，其實什麼都沒有找到。王陽明就覺得這不是一條正道，就把它給放棄了。

王陽明是心學的集大成者。什麼叫心學呢？心學的創始人之一是宋代的陸九淵，也被稱為陸象山。陸九淵有句很有名的話，「宇宙便是吾心，吾心即是宇宙」，在他看來心外沒有宇宙，整個宇宙都是在我的心裡。這句話怎麼理解呢？

王陽明的弟子有一本記錄王陽明言行的書，叫《傳習錄》，裏面有這樣一段

話。「先生遊南鎮」，就是王陽明到一個地方去遊玩，其中一個朋友就指著山中的一枝花，問王陽明，「天下無心外之物，如此花樹，在深山中，自開自落，於我心亦何相關？」意思是既然心外沒有宇宙，可這花就在你的心外。當你沒看見它的時候，它也在你心的外面，你怎麼能說心外沒有宇宙呢？它明明是一個不依賴於你感知的客觀存在嘛。你怎麼能說它不存在呢？

「先生雲：爾未看此花時，此花與爾心同歸於寂，爾來看此花時，則此花顏色，一時明白起來，便知此花，不在爾的心外。」王陽明說：你沒有看這花的時候，這花仿佛不存在，你心中也沒有這朵花。但當你看這朵花的時候，這個花的顏色、形狀、香味就進入你的心裡，所以你看到其實是你心裡的那個花。

王陽明的解釋我覺得也很難說得通。咱們舉個例子，假如你我兩個人，我沒看見這花，而你看見這花了。此花在我沒看見的時候，在我的心外；但是被你看見的時候，卻在你的心內，那麼也就是說你心內的世界跟我心內的世界不同。既然如此，那麼你我兩個不同的世界，會有一個統一的良知嗎？這其實是心學非常關鍵的一個問題。

這裡提出的良知問題之所以如此重要，乃是因為王陽明一生的學問可以概括為「致良知」，就是找到心中的良知，但如果每個人的心都不一樣的話，那每個人找到的良知是不是就不一樣了呢？在心學的這些大師們看來，他認為其實每個人都知道什麼是對的什麼是錯的，就是每個人心中都有良知。

在《中國哲學簡史》中有兩個故事，我們一邊講，一邊評論。有一個叫楊簡的人，去見陸九淵。陸九淵是心學大師嘛，楊簡就問陸什麼是本心，或者說什麼是良知？陸九淵就給他講了一通孟子的「四端」說。我們以前講儒家思想的時候講到過「四端」，就是惻隱之心、羞惡之心、辭讓之心、是非之心。講了一番後，楊簡還是沒懂。楊簡當時做主簿，跟陸九淵談話談到一半的時候有個案子需要審，

他就去審案子了。具體的案情咱也不知道。審完案子，他就做了一個判決，之後就下班回來，繼續跟陸九淵討論良知的問題。陸九淵就說，你剛才斷了一個跟扇子有關的訴訟，「是者知其為是，非者知其為非，此即本心」，就是你為什麼說這個對、那個錯呢？為什麼能做這樣一個判決呢？因為你心中有是非，你心中的是非就是你的本心。楊簡就說「就這麼簡單嗎？」陸九淵大聲說「更何有也！」當然就這麼簡單了！於是楊簡大悟，就拜陸九淵為老師。

這就是他們認為的自己開悟了、明白了，其實我覺得不見得是真明白了。但這裡邊講了一個道理，陸九淵說：其實每個人心中都知道什麼是對的，什麼是錯的。所以你知道有很多壞人，幹壞事的時候幾乎一定要背著人。為什麼背著人呢？因為他知道是壞事，被別人看見之後，就幹不下去了。所以壞人心中也有良知，也知道什麼是對的、什麼是錯的，只是這些良知已經不足以約束他的行為了。

馮友蘭還講了一個特別有名的故事，是關於一個賊的良知。王陽明有一個看門人，夜間在房子裡捉到了一個賊。門人就跟這個賊講良知的道理，勸他做好人。這個賊就大笑，說「請告訴我，我的良知在哪裡？」意思就是說，如果我要能分辨出好壞的話，我還當賊嗎？你還跟我講這些這麼迂腐的話。

當時天很熱，門人就跟賊說：天很熱，為什麼不把衣服脫掉呢？那個賊就把上衣脫了。完了之後門人又說，為什麼不把褲子也脫掉呢？這個賊就很不好意思的說，「脫褲子好像不太好吧？」門人就向賊人大喝了一聲：「這就是你的良知啊！」意思就是說，你還知道脫褲子不好，就說明你心中還是有良知在呀！

後面馮友蘭解釋說：

這個故事沒有說，通過談話，這個賊是否發生了頓悟。但是它和前一個故事，都用的是禪宗教人覺悟的標準的方法。兩個故事說明人人都有良知，良知

第五十五講 ❖ 中國哲學簡史(六) 宋明理學和心學

Chapter. 55   A Brief History of Chinese Philosophy (6)
The School of Principle and the School of Mind in the Song and Ming Dynasties

是他的本心的表現，通過良知他直接知道是為是，非為非。就本性而言，人人都是聖人。為什麼王守仁的門徒慣於說「滿街都是聖人」，就是這個原故。

這句話的意思是，人人有作聖人的潛能。他可能成為實際的聖人，只要他遵從他的良知的指示而行。換句話說，他需要做的，是將他的良知付諸實踐，或者用王守仁的術語說，就是「致良知」。因此，「致良知」就成了王學的中心觀念，王守仁在晚年就只講這三個字。

所以按照王陽明這一學派的觀點，你知道了你有良知，你再按照它去做，這就是知行合一。但這個裏邊還是有問題，我需要說明一下。

在剛才的故事中，賊雖然認為脫褲子有違自己的良知，但當人的道德墮落到一定程度之後，已經不會覺得有些東西是不對的了。舉個例子，比如說你問我殺人對不對，那我肯定說是錯的，因為我心中有不忍之心、有仁愛之心。但同樣的問題如果你要問《水滸傳》裡面的李逵，李逵肯定覺得殺人沒什麼不對。所以你看到宋江要被殺的時候，李逵去劫法場。李逵不光是殺散了劊子手們，而且還去殺那些看熱鬧的老百姓，《水滸傳》裡說他「一斧一個，排頭兒砍去」，管你是看熱鬧的，甚至就是剛好路過的，李逵都拼命地殺。如果你要問李逵這麼做對不對，他肯定覺得沒什麼不對。

也就是說，每一個人的良知其實是不一樣的。不一樣在哪裡呢？那就看我們的良知被世間的執著慾望遮蔽了多少。所以你必須得返回到你真正的本性，把執著的東西全去掉之後，才能夠顯示出最純正的良知來，否則的話這良知是打折扣的。

也就是說，你真的想「致良知」的話，並不是說你僅僅對聖賢之書保持敬意，或者反觀本心就可以找到的。

　　儒家無論是理學還是心學，都沒有強調神的作用。光靠人的力量，沒有神的指引和啟發，即使你找到良知，那良知也是不完整的。

　　總結一下，我個人的觀點是：一件事情的是非對錯其實只有一個標準，但這個標準不是靠每個人的良知來判斷的。那麼真正的標準是什麼呢？就是神所規定的是非善惡。人唯一能做的，就是遵循神的教誨，而不是跟隨心底的直覺良知去做。當人在神的教誨之下達到一定的境界之後，神會打開你的智慧，那就是人認識更高境界的世界的時刻。在我看來儒家，無論是理學還是心學，都缺少了最重要的一環，就是承認神的存在和找到可以度化自己的神。

　　最後我想說的是，世間的哲學雖然是為了探討真理，但是通過人的思辨是不可能發現真理的。因為人的生命有限，人的智慧有限，而且真正的真理不在世間而在神那裡，所以人只有遵循著神的教導，走到神那裡去的時候，你才能夠知道真正的真理。這個過程是需要你按照神所講的話去親身實踐的，而不僅僅是理論的學習和探討。

　　所以人真正需要做的，是找到度人的神並親身按照神的話去做。作為一個法輪功修煉者，我覺得我已經找到了這樣的路。

　　中國哲學史這部分，咱們基本上就講到這裏了。下一堂課，我們開始講政治制度史部分。

第四部分

中國政治制度史

第五十六講 ❖ 中國政治制度簡史(一)
秦始皇生平及功業(一)

Chapter. 56　A Brief History of the Chinese Political System (1)
The Life and Achievements of Qin Shi Huang (1)

大家好,今天我們開始講《中華文明史》的下一個單元,就是中國政治制度的變遷。

中國的政治制度經過了兩次大的變遷,第一次就是在秦始皇統一中國的時候。在秦以前,中國實行的是封建制度,天子把天下分成若干邦國交給諸侯,諸侯可以在自己的領土之內進行再封建。這種制度形成了一個個基於血緣親情為紐帶的小共同體。秦始皇統一中國以後,中國變成了一個帝國,這種中央集權制度一直持續到了辛亥革命。也就是中國有一個2000多年的帝制時代。第二次大變遷就是1911年的辛亥革命。中國廢除帝制,走向共和,成為了亞洲的第一個共和國。

當然在1949年中共奪取政權之後,共和的道路就中斷了。我們應該明確,「中華人民共和國」這七個字,每一個字都是謊言,因為它既不「中華」、也不「人民」,更不是「共和國」。

我們在這門課一開始就提到一個概念,就是「民族」並不是一個地緣或血緣的概念,而是文化的概念。當一個民族的文化消失時,這個民族也就消失了。

就像現在很多的滿族人，既不會說滿語，也不認識滿文，更沒有滿族的生活習慣，而是完全漢化了。理解了這一點，我們就知道共產黨的各種政治運動，包括文化大革命都是要對中華文明進行毀滅性打擊，所以中共所說的「中華」是個假概念。中共的意識形態是來自於西方的，是德國的馬克思和俄國的列寧共同創立的馬列邪教，根本就不屬於中華文明，所以我說中共政權不「中華」。當然它也不是人民的共和國。人民在這樣一個國家裡生存，不但沒有選舉權，連言論的自由都沒有；不但沒有言論的自由，連獲取信息的自由都沒有；甚至不但沒有獲取信息的自由，連保持沉默的自由都沒有。中共經常搞一些政治運動，要求人人過關、人人表態。頭一天，毛澤東說林彪是黨的接班人、親密戰友，要你擁護他，你就必須要表態擁護。第二天林彪摔死了，需要全民起來批判他，你就必須馬上批判。這樣180度的大轉彎必須發生在一夜之間，所以人民連保持沉默的自由都沒有。也就是說中華人民共和國，既不是「中華」的也不是「人民」的，更不是一個共和體制。

這門課講中國政治制度變遷的時候，我們主要集中在從周到秦的變化，也就是周秦之變。這場變化是中國歷史上，其實也是世界歷史上從來都沒有過的事情，最終形成了一個龐大的帝國。其開創者就是秦始皇。秦始皇在中國創立了許多的第一：他建立了中國歷史上第一個中央集權的國家；他建立了地理意義上的中國，馮友蘭提出China，是秦chin再加上一個字尾，變成了China，所以是從秦的發音拼寫出來的。從這個意義上講，秦始皇奠定了中國的國號；同時秦始皇在疆域內建立了一個統一的多民族國家。再一個就是，秦始皇奠定了後世二千多年的政治制度。

從周到秦是一場翻天覆地的變化。中國的政治、經濟、文化、軍事這些方面都在這段時間裡發生了巨大的變化。其標誌性的時間點應該是公元前221年，秦始皇統一了六國。周秦之變當然不是一夜之間完成的，而是從春秋戰國開始，

這種變化就逐漸發生，同時各國君主也在試圖尋找一種適應於這種變化的政治制度，於是就湧現出了很多的思想家、政治家、軍事家等，有很多大英雄的出現。在眾多影響歷史深遠的人物中，最引人注目的無疑就是秦始皇。所以我們今天就有必要介紹一下秦始皇的生平。

秦始皇出生於公元前259年，但我們介紹他的生平卻必須從20年前，即公元前279年說起。這一年秦王和趙王在河南的澠池相會。由於藺相如展現出來的勇氣、趙國當時強大的軍事實力，以及秦王當時要南伐楚國的戰略需要，秦王當時做了一個決定，把他的孫子異人送到趙國作人質。異人的父親叫安國君，是秦昭襄王的太子。安國君有很多妃子，其中有一個不受寵的妃子叫夏姬。異人就是夏姬的兒子。異人在《史記》中被稱為子楚，在《戰國策》中叫異人。他為什麼有兩個名字？這中間還有一個故事，我們一會再講。

異人到了趙國以後，就住在都城邯鄲。邯鄲跟齊國的臨淄、楚國的郢都、東周的洛陽一樣，都是商業非常繁榮的大都市，人口至少幾十萬，甚至可能接近百萬。在邯鄲有一個大商人，叫作呂不韋。異人的日子過得很落寞，所以鬱鬱寡歡。有一天被呂不韋看到了。呂不韋雖然不認識他，但覺得他雖然在落魄之中，但身上有一種貴族氣。呂不韋就到處打聽他到底是誰，後來得知是秦昭襄王的孫子，呂不韋脫口而出：「此奇貨可居也」。「奇貨可居」這個成語就是這麼來的，意思是這可是一個好東西，把它囤積起來，將來就可以賣一個大價錢。呂不韋有錢嘛，就去見異人。他跟異人講：我準備光大你的門楣。異人笑了，說你還是先光大你自己的門楣吧。呂不韋說：如果您的門楣光大了，我的門楣自然就光大了。異人知道呂不韋想利用他，當然他也想被利用，於是兩人一拍即合。

呂不韋跟異人講，秦王的太子安國君有很多寵妃，其中最受寵愛的就是華陽夫人，但華陽夫人沒兒子。呂不韋說：你的母親不受寵，在家裏又不是長子，所

以是沒有繼位資格的。但太子正妃華陽夫人沒兒子，如果你能夠過繼為華陽夫人的兒子，就有可能被立為安國君的繼承人，將來你就可以做秦王了。異人說：我現在只是一個在趙國的人質，誰有辦法幫我完成這樣的身份轉換呢？呂不韋說我可以。於是呂不韋就給異人500金，讓他拿這些錢到處去結交諸侯和名士，博取一個好名聲。之後呂不韋就去了秦國的都城咸陽。當然他進不了王宮，是見不到華陽夫人的，他就準備了一份厚禮，先去見華陽夫人的姐姐。他通過華陽夫人的姐姐勸華陽夫人說：「以色事人者，色衰而愛馳」，意思是你靠自己年輕漂亮得到了太子的寵愛，但終有一天你年紀大了，沒有年輕的小姑娘那麼好看了，你就會失寵，所以你的地位是不穩定的。如果你要想讓你的地位安如泰山，那只有一個辦法，就是讓你的兒子將來做秦王，那樣你就變成了太后，你的地位也就沒人能動搖了。華陽夫人是楚人，這時候也沒兒子，所以覺得這是一個好主意。呂不韋又說秦王的孫子異人現在在邯鄲，賢孝無比，日夜思念夫人，如果您能夠把他過繼為您的兒子，將來他做了秦王，您的地位就穩固了。

於是華陽夫人同意了呂不韋的安排，勸太子安國君立異人為繼承人。安國君很寵愛她，就同意了，同時請呂不韋做異人的老師。呂不韋在辦成這件事之後，又在邯鄲買下了一位絕色美女趙姬。後面的劇情有點狗血，說呂不韋讓美女懷了孕，再把她送給異人。這個事的很多細節都無法自圓其說，一方面說趙姬是邯鄲歌女，好象是出身很低微，但又說她是邯鄲的豪族。這事的真假我們也沒法考證了，後來趙姬就給異人生了一個兒子，取名趙政，也就是統一天下的秦始皇嬴政，時間是公元前259年。所以秦始皇是在趙國出生的。這時長平之戰已經爆發了，這是秦趙兩國的戰略決戰，所以異人的地位就變得很危險。

呂不韋就跟看守異人的趙國官員說：現在秦寇生發，道路也不安全，我一個做生意的人，不願意待在這樣一個危險的地方，所以我想離開邯鄲。能不能給我行一個方便，偷偷把我放出去？呂不韋花了600斤黃金到處打點，買通了各個

關節允許他出去。他離開邯鄲的時候，就偷偷把異人給帶出去了。這件事做得很隱密，只帶走了異人，因為走私一個人可能相對來說容易一些。異人的妻子趙姬和兒子就一起留在了邯鄲。所以秦始皇是在趙國長大的，一直到公元前251年，才回到秦國。

趙政在邯鄲的時候，還有一個人也在邯鄲做人質，就是燕國的太子丹。所以兩個小孩那時候同病相憐，在一塊玩兒，關係也挺好。

呂不韋把異人帶回咸陽後，異人特別換了一套楚人的裝束，去見華陽夫人。華陽夫人很奇怪，說你為什麼穿著楚人的裝束呢？異人說：因為母親您是楚人，因為思念您，我就穿上了楚國的服飾。華陽夫人大喜，就把他的名字從異人改為子楚。異人回國以後不久，秦昭襄王就崩了，安國君繼位。安國君的諡號是孝文王，只登基三天就死了。死了之後就是異人繼位，這就是秦莊襄王。莊襄王一共在位三年，也死了，之後繼位的就是嬴政，也就是後來的秦始皇。

嬴政繼位的時候只有13歲，管理不了國家，所以國家的大政就掌握在了呂不韋的手裏。呂不韋非常羨慕戰國的四公子能夠養士，自己也開始養士，然後讓他的這些門客一起編了一本書，就是《呂氏春秋》。

呂不韋當時做相國。秦王嬴政就像是對待叔父一樣，對呂不韋非常尊重，也很親近。嬴政的母親趙姬，之前可能跟呂不韋之間有一些曖昧關係，現在反正老公子楚也不在了，所以她舊情復萌，頻頻地招呂不韋進宮。兩個人之間就有一些不正當的關係。呂不韋眼看著秦王一天天長大，覺得這樣對自己很危險，萬一被秦王發現自己和他的母親幹的這些事呢？於是就推薦了一個叫嫪毐的人代替自己。嫪毐進宮以後，非常得太后趙姬的寵愛，被封為長信侯，還得到很多很多的土地。嫪毐一下子就飛黃騰達了，僮僕千數，非常風光。

嬴政22歲的時候，就準備親政了，於是就舉行了一個親政典禮。在典禮的

當晚，嫪毐作亂，被秦王發覺，就派兵去平叛。嫪毐最後被捕、車裂。這件事牽連到了呂不韋，因為嫪毐是呂不韋推薦的。嬴政非常生氣，就剝奪了呂不韋的相權，把他發配到蜀地。呂不韋到四川住了一年多，各地諸侯絡繹不絕地去拜訪呂不韋，感覺他在秦國的政壇仍然有很高的威望和很大的話語權。這讓秦王非常不快，就給呂不韋寫了一封信，說「君何功於秦，秦封君河南，食十萬戶，君何親於秦，號稱仲父」？意思就是你到底為秦國立了什麼功，把河南的十萬戶人家封給了你；你跟我們到底是什麼關係，讓我管你叫叔父？呂不韋看了這個信之後，覺得他的好日子到頭了，於是就自殺了。

呂不韋自殺之後，秦王餘怒未息。因為呂不韋不是秦國人，所以秦王當時就覺得各國來到秦國的遊說之士都是一些油嘴滑舌、為了自己的利益打算的人，就下令驅逐所有的外國人，這個命令就叫作「逐客令」。在被驅逐的人中，有一個人叫李斯，就是我們以前提到的那個法家的代表人物。李斯是呂不韋的門客，楚國人，所以也在被驅逐之列。李斯就給秦王寫了一封信。這封信非常有名，叫《諫逐客書》，被收錄在《史記》中，因為文筆優美，所以也被收錄在《古文觀止》裡。大概意思是說，秦國之所以能有今天這樣的地位，那和各國來的人才有很大關係，當年秦穆公稱霸的時候就是因為有百里奚的輔佐，而百里奚就不是秦國人；在戰國時期幫助秦國變法圖強的商鞅也不是秦國人；後來獻出連橫計策的張儀也不是秦國人；後來獻出遠交近攻計策的范雎也不是秦國人。李斯認為秦國之所以有今天，跟各國來到秦國的賓客們是分不開的。他繼續講道：「太山不讓土壤，故能成其大，河海不擇細流，故能就其深，王者不卻眾庶，故能明其德」，作為一個國家要想強大，就必須要有一種海納百川的精神。他說秦王您每天生活中的享受，比如佩的玉不是秦國產的，是昆山產的；各種各樣的寶珠，是隨、和這兩個地方產的；你的劍、你的馬、你的旗、你的鼓等等都不是秦國產的，但這些東西你都要，最寶貴的人才你卻不要。當這些人才不被大王所用的時候，就會被

第五十六講 ❖ 中國政治制度簡史（一）秦始皇生平及功業（一）

Chapter. 56　A Brief History of the Chinese Political System(1)
The Life and Achievements of Emperor Qin Shi Huang (1)

六國所用，就會與秦國為敵，這難道是大王想看到的局面嗎？

秦王一看李斯講得特別有道理，於是就廢除了逐客令，重用李斯。李斯就跟秦王講，我們現在的形勢跟當時春秋戰國初年的時候已經完全不一樣了。當年的周天子，天下約為共主，但現在已經沒有什麼天下共主了，所以秦王你應該趁著秦國現在強大，趕快把六國全部滅掉，免得他們突然間有一天團結起來變成我們的敵人。這是千載難逢的機會。

具體怎麼去做呢？李斯說我們應該看一看，列國中哪些人是在國君面前說了算的。我們就去找到並收買他們，讓他們為我所用。如果不能收買，我們就派刺客去把他們殺掉，這樣我們就可以大大地加快統一的進程。秦王採納了李斯的主張，僅僅用了10年的時間就統一了天下。關於秦統一天下的過程，我們下節課再說。

第五十七講 ❖ 中國政治制度簡史(二)
秦始皇生平及功業(二)

Chapter. 57 A Brief History of the Chinese Political System (2)
The Life and Achievements of Qin Shi Huang (2)

上一堂課我們講了秦王從出生到親政之間所發生的一些大事。這一節，我們講一下秦王統一天下的過程。

李斯向秦王獻上了靠陰謀去統一天下的主張，大大降低了統一的成本，也加快了統一的進程。秦王在公元前230年滅掉了韓國，這是六國中第一個被滅掉的國家；在公元前229年滅掉趙國，那是他當年做人質的地方。公元前227年攻打燕國，將燕國的餘部趕到了遼東。

在秦滅燕之前發生了著名的荊軻刺秦事件。這件事因為小說、戲劇、電影等的演義變得家喻戶曉，在藝術作品中荊軻通常被描述為一個大英雄，實際上他的表現不太配得上這樣的稱號。荊軻刺秦的主使者是燕國的太子丹，因為太子丹小的時候也在趙國做人質，正好嬴政也在趙國做人質，所以兩個小孩同病相憐，關係很好。後來嬴政回國登基，成了天下最強大的國家的最高統治者，而太子丹他的身份卻沒有什麼改善，仍然是人質，而且是從趙國的人質變成了秦國的人質。

太子丹初到秦國的時候，覺得自己跟秦王小時候的關係很好，指望秦王會對他好一些，但秦王對他不怎麼好，於是太子丹就怨恨秦王，後來找了個機會就

逃回了燕國。太子丹回國後，秦國的叛將樊於期也跑到了燕國。當時秦王因為
非常痛恨樊於期，追捕他非常急迫。太子丹的老師鞠武說樊於期不能留在燕國，
因為這會惹怒秦王，他會發兵來打我們。但太子丹說樊將軍遠來投我，我不忍心
拒絕他。反正秦王也是我的敵人，我們正應該和樊將軍站在一起。這樣就把樊於
期留在燕國，沒有把他驅逐到匈奴去。鞠武一看這個情況就建議太子丹聯絡韓、
趙、魏，以及齊和楚，一起抵抗秦國。

　　太子丹覺得這個方案曠日持久，不如派一個刺客直接去刺殺秦王來得痛
快。鞠武覺得這個計策行不通，但還是推薦了一位刺客，叫田光。太子丹請鞠武
招田光來覲見，把計劃跟田光一說，田光就拒絕了。田光說您可能確實聽說過關
於我的很多傳奇，但那些都是我年輕時候的所作所為了。這就像是一匹千里馬，
年輕的時候可以日行千里，到老的時候臥在馬廄裏，連最差的馬都比它跑得快。
田光說我現在就是那匹已經老去的千里馬，我已經當不了刺客了，但我可以看
出來誰適合做刺客。如果太子手下有什麼勇士，可以請他們出來相見，我幫太子
挑一個合適的人。

荊軻刺秦王畫像磚

第五十七講 ❖ 中國政治制度簡史（二）秦始皇生平及功業（二）
Chapter. 57　A Brief History of the Chinese Political System (2)
The Life and Achievements of Emperor Qin Shi Huang (2)

於是太子丹招勇士夏扶、宋意和秦舞陽來見田光。田光跟太子私下裏說，這三個人都不適合做刺客，因為夏扶是血勇之人，怒則面赤，一做什麼大事臉就紅了；宋意是脈勇之人，怒則面青；秦舞陽是骨勇之人，怒則面白。事兒還沒開始做，臉色就變了，讓人家都看出來了，這不行。田光說：我向太子推薦一個人，叫荊軻。荊軻是神勇之人，喜怒不形於色，這樣的人才適合做刺客。於是太子丹就委托田光去請荊軻做刺客。

荊軻一開始也不答應，他說這事我做不了，但太子丹苦苦哀求，荊軻推辭不過，就答應了。太子丹對荊軻非常好，好到我們覺得有點可怕。史記索隱裏邊講了幾件小事。有一次他們在一個池塘邊上喝酒的時候，正好天要下雨，可能是氣壓太低了氧氣不足，池塘裏的一隻烏龜就把頭探出來喘氣。荊軻就撿起了小石頭，扔出去打烏龜的腦袋。太子丹見了，就令人捧出金丸，就是用金子做的一個個小球，跟荊軻說你可以拿這個東西打。還有一次，兩個人騎馬出獵，荊軻偶然談到說，聽說馬肝味道非常美，於是太子丹就把自己最心愛的坐騎給殺了，把馬肝挖出來獻給荊軻。還有一次宴會，有一位彈古琴的女子，荊軻非常欣賞她，說她的手好美啊！結果晚上就收到一個盒子，裡面就是那位美人的兩隻手。這些事說起來挺可怕的，甚至挺變態的。

太子丹就這樣全心全意地侍奉荊軻，荊軻也不說他什麼時候去刺秦王。後來等到趙國被滅的時候，太子丹去見荊軻說：雖然我欲長久地侍奉先生，但恐怕這日子也不多了。趙國已經被滅，秦國的軍隊早晚之間就要渡過易水了。當然荊軻也不是傻瓜，一聽就知道太子丹的意思是你該去幹活了。

荊軻說：我去行刺秦王，得先能見到他，所以我需要兩件覲見的禮物。第一件就是燕國督亢的地圖，這塊土地非常肥沃，秦國已經垂涎很久了。第二件禮物，就是樊於期的人頭。因為秦王恨他恨得咬牙切齒，如果我能夠把樊於期的人

頭帶過去，秦王一定會見我的。太子丹說：樊將軍走投無路的時候來投奔我，現在把他殺了我下不去手啊。荊軻知道太子不忍心，就親自去見樊於期。荊軻問樊於期說：將軍的一家人都被秦王殺掉了，難道不想報仇嗎？樊於期咬牙切齒地說：只要能報仇讓我做什麼都可以。荊軻說：只要能夠見到秦王，我左手抓住他的衣袖，右手把匕首刺到他身體裏，將軍的大仇就得報了。但我要見到他需要一件覲見的禮物，就是將軍的人頭。樊於期說：這個主意太好了。於是樊於期就自殺了。

於是荊軻就把樊於期的人頭放到一個木匣子裏。這時，督亢的地圖也有了，樊於期的人頭也有了，荊軻就準備出發了。他問太子丹說：我去行刺的時候得有武器，你有沒有為我準備武器？太子丹說：我為你準備了一把匕首，不但非常鋒利，而且經過毒藥焠煉過的。為我造這把匕首的是徐夫人。徐夫人是個男的，姓徐，叫夫人。太子丹說這把匕首只要在人身上劃出一個頭髮絲那麼細的傷口，那人也會立時氣絕身亡，我已經試過了。然後他就把匕首交給了荊軻。

這樣荊軻就準備出發了，他的副使就是秦舞陽。荊軻出發前，太子丹在易水邊上給他舉行了一個告別酒會，去的人都穿著白色的衣裳。白色的衣裳就像喪服一樣，因為他們都知道荊軻這次刺秦是不可能再回來了。座中有一位音樂家叫高漸離，當時擊築唱歌，「風蕭蕭兮易水寒，壯士一去兮不復還」，很悲壯。然後荊軻就跳上馬車去了秦國。

因為有這兩件禮物，秦王果然決定接見荊軻。等到他們上殿的時候，秦舞陽的臉色就變得非常白。田光不是曾經說秦舞陽是骨勇之人嗎，怒則變白。秦王看到後覺得很奇怪，就問荊軻：你的副使為什麼臉這麼白？荊軻回過頭來看了眼秦舞陽，從容地說：來自小國的卑賤之人沒見過大王的威儀，可能是嚇的吧，請大王寬容他，允許他完成使命。秦王說：那就叫他不要上殿了，你自己來吧。於

第五十七講 ❖ 中國政治制度簡史（二）秦始皇生平及功業（二）

Chapter. 57　A Brief History of the Chinese Political System (2)
The Life and Achievements of Emperor Qin Shi Huang (2)

是荊軻就捧著樊於期的人頭，拿著地圖來到了秦王的面前。

　　荊軻在秦王面前一邊把地圖逐漸展開，一邊給秦王講解。等到地圖展到頭的時候，捲在地圖裏邊的匕首就露出來了。這就留下一個成語，叫「圖窮匕見」。秦王一看見匕首就跳起來，荊軻一把就抓住了秦王的袖子。秦王使勁往後一掙，當時正好是春天，袖子非常薄，一下就把整個袖子扯下來了。荊軻拿起匕首，秦王站起來轉身就跑，荊軻就在後面追。當時秦國的法律規定，雖然很多武士站在大殿下，但沒有秦王的召喚是不准上殿的。秦王想拔出自己帶的佩劍，但劍很長所以拔不出來。有一個小太監就喊：大王把劍背到後面去，從後面就可以拔出來了。殿上還有一個人，相當於是秦王的保健醫生叫夏無且。夏無且手裏有一個藥囊。他就把手裡的藥囊朝荊軻砸過去，荊軻拿手擋了一下。就這麼緩了一下，秦王就把劍推到後背，然後從背拔了出來。一劍在手，秦王就不怕荊軻了，轉過身跟荊軻格鬥起來。

　　按照大家通常的印象，荊軻是個大俠，應該武功很高，但秦王的武功顯然比荊軻還要高很多。再加上秦王拿的是劍，荊軻拿的是匕首，所以秦王的武器比荊軻長。荊軻很快就中劍受傷倒在地上。荊軻最後把手中的匕首扔出去，想一下子把秦王扎死，但秦王躲過去了，匕首擊中了銅柱。這時荊軻身上受了八處劍傷，就靠著柱子坐在那兒，兩腿張開，跟秦王說：我真是失算了，我想左手抓住你的衣袖，右手拿著匕首，逼迫你跟我簽訂一個盟約，退還燕國的土地，以報答太子，沒想到變成了這個樣子。秦王上前一步，把荊軻刺死了。

　　整個荊軻刺秦的過程在《史記》中描述得栩栩如生，仿佛電影一樣，包括當時周圍的人是什麼反應、什麼表情。很多人都覺得奇怪，司馬遷怎麼知道刺秦的時候是這樣一個場景呢？司馬遷在《刺客列傳》裏邊特別做了一個解釋，說當時拿藥囊砸荊軻的夏無且是司馬遷的老師董仲舒的鄰居。我估計可能那時候夏無

且已經七、八十歲，八、九十歲了，董仲舒還小，夏無且就把當時的見聞講給了董仲舒，董仲舒又把這個經過告訴了司馬遷。

荊軻刺秦事件，當然令秦王非常惱火，就發兵去攻打燕國。燕國戰敗，燕王喜帶著太子丹逃亡，後來就有人勸燕王喜說，現在遇到這個情況都是因為太子丹派人去行刺秦王，只要把太子丹殺了就好了。於是燕王喜就殺掉了太子丹。燕王喜丟失了燕國大片土地，跑到遼東去了。後來再滅燕國殘部已經是公元前222年了，就是秦統一天下的前一年。

在易水邊給荊軻送行的人中，有一個叫高漸離的。他後來也試圖去行刺秦始皇。等到秦始皇統一的時候，高漸離跑到了宋，這是個縣的名字，不是原來的宋國。高漸離給人做了傭人，主人家也是貴族，當有人擊築唱歌的時候，高漸離就會評價說哪個地方打得好，哪個地方打得不好。於是別人就知道他通音律，就讓他表演一下。結果大家都被他演奏的音樂折服，主人知道他不是一般人，就待他如上賓。慢慢的，高漸離在諸侯間越來越有名。秦始皇也知道了，就召見他。有人報告秦始皇說這個高漸離當年是荊軻的朋友。秦始皇還是把他叫來了，但弄瞎了他的眼睛，然後讓他擊築。高漸離還想行刺秦王，就在他的築裡面灌了鉛，想把秦始皇砸死。但秦始皇躲了過去，之後就把高漸離殺了。

秦王在公元前225年滅了魏國，公元前223年滅楚國，公元前222年滅了燕國的餘部，公元前221年的時候滅了齊國。秦國那時候搞連橫，有意跟齊國搞好關係。所以秦國每滅掉一個國家，齊王都會派使臣向秦王表示祝賀，好象齊國完全沒有意識到自己的危險，沒有意識到秦王逐步蠶食諸侯的戰略。最後只剩它一個國家的時候，它才突然醒過來，開始加強戰備。但齊國40多年沒打仗了，軍隊已經腐朽得不行了，所以也很快戰敗滅國。這樣在公元前221年，秦始皇終於滅亡了六國，完成了統一大業。

第五十七講 ❖ 中國政治制度簡史（二）秦始皇生平及功業（二）

Chapter. 57　A Brief History of the Chinese Political System (2)
The Life and Achievements of Emperor Qin Shi Huang (2)

　　秦在完成統一以後，需要做很多制度性的改造和設計的，因為過去那種小國寡民的封建制度，肯定不能適應像秦國這樣一個龐大的帝國。關於制度設計方面，我們下次再說。

第五十八講 ❖ 中國政治制度簡史(三)
秦始皇生平及功業(三)

Chapter. 58　A Brief History of the Chinese Political System (3)
The Life and Achievements of Qin Shi Huang (3)

　　咱們前兩集講了從秦始皇的出生到統一的過程。統一六國，在我們看來已經是一個注定載入史冊的豐功偉績，但這僅僅是秦始皇功業的開始。中國從此進入了帝國時代，那麼在政治制度上也要做很多相應的變革。我總結秦始皇一生，認為他做了十件大事。第一件事情當然就是統一天下，第二件事情就是「議帝號、專稱謂」。

　　在秦統一以前，六國的國君都稱王，但現在天下已經統一了，就等於說沒有國家了。我們知道中國通常在分裂的時代強調「國家」，我是魏國、你是蜀國、他是吳國，而不說「蜀朝」、「吳朝」等，因為三國時代是分裂的；類似的還有五胡十六國、五代十國時期等等。但當國家統一時，人們強調的就是天下，也就沒有所謂的王國了。所以你會看到在大一統的王朝，比如漢朝、唐朝，而不說是漢國或唐國。

　　我覺得一個國家有三個重要的元素：領土、主權和人民。到了天下統一的時候，按照當時人對天下的理解，我們已經把太陽能照到的地方全都佔領了，也就不強調領土、主權和人民了。「普天之下，莫非王土，率土之濱，莫非王臣」，就不強調國家了。既然沒有國家，當然也就沒有國王了。那麼這時最高的統治者應

該叫什麼呢？這就是秦王當時的問題。所以《史記》裏記載了秦始皇的這樣一句話：「寡人以渺渺之身，興兵誅暴亂，賴宗廟之靈，六王咸伏其辜，天下大定」，就是寡人以渺小的身軀用武力平定暴亂，靠著祖先的保佑，六國國王俯首認罪，天下因此安定了。他覺得如果要是不改變名號，就沒有辦法去描述他的真正地位，所以他接著說：「今名號不更，無以稱成功，傳後世。其議帝號」。很多人覺得秦始皇是不是太囂張、太自大了？我倒也沒有這樣認為。因為按照孔子的說法，「名不正則言不順，言不順則事不成」，既然沒有國家了，換一個合適的稱號也是應有之義。

當時就有三個人給他提了建議，分別是丞相王綰，相當於政府總理；御史大夫馮劫，相當於國務院副總理兼監察部部長；還有一個是廷尉李斯，就是司法部長。他們跟秦始皇講，當時的天子就是「王畿千里」，就是方圓千里的地方，之後就是每500里畫一個圈一樣，每一個圈叫一個什麼什麼「服」。出了五個這樣的區域就是五服以外，屬於化外地區。但是現在已經沒有王畿、什麼荒服、甸服的概念了。所以「海內為郡縣，法令由一統，自上古以來未嘗有，五帝所不及」。所以他們商量了一下說：上古以來，最尊貴的稱號叫作泰皇，所以請秦始皇用「泰皇」的稱號。秦始皇沒有採納這個建議，而是採納了三皇五帝的說法，去掉了「三」和「五」，稱自己為皇帝，這就是中國皇帝制度的開始。所以你會看到，秦始皇的英文叫作 the first emperor，就是第一個皇帝。同時皇帝所做的事或者他使用的器物都有專用的稱呼，這就叫「專稱謂」，比如說他頒佈的制度稱為「制」、頒佈的公告稱為「詔」、天子自稱為「朕」，皇帝的大印叫作「璽」等等。

除了「議帝號」跟「專稱謂」之外，秦始皇還廢除了諡法。我們知道在周代有諡法，目的是為了對國君、諸侯、大夫等貴族的行為有所約束。所謂「諡號」就總結這個人一生的行為。在《逸周書》裏專門有諡法，就是根據你的為人處事，對應

出一個字，比如說一個人經緯天地，諡號就可以叫作「文」、克定禍亂叫作「武」等等。秦始皇認為諡法是在皇帝死了以後，兒子評價父親，大臣評價國君，這就是以下議上，他不喜歡，於是就廢除了諡法。他說我就叫始皇帝，我的兒子叫二世、然後三世、四世、直到萬世，傳之無窮。所以秦始皇是覺得用編號就可以了。當然他的這個政策沒有傳下來，後世皇帝還是有諡號的。

第三件事就是推五德終始。戰國時期有一個學術流派叫陰陽家，代表人物是鄒衍。陰陽家認為「金木水火土」五行輪轉不休，每一個王朝都有一個五行的屬性。比如夏朝是屬木的，所以它喜歡青色；商朝屬金，喜歡白色；周代屬火，喜歡紅色；秦代屬水，所以崇尚黑色。我們知道在八卦裏，「水」是坎卦，按照「乾·兌·離·震·巽·坎·艮·坤」的排列，坎卦排在第六，也就是卦數為六。於是在秦代，所有涉及數字的都以六為基數。比如說天下分為36郡，就是六六三十六，是六的倍數。「一步」當時指的是古人邁兩次腿，規定等於六尺。御史戴的冠的高度是6寸。當時秦始皇收聚天下的兵器鑄了銅人，每個銅人十二萬斤，這樣的銅人一共鑄了12個，都是六的倍數。包括秦始皇每次出行封山刻石，頌揚秦始皇的碑文，字數都是六的倍數。所以在秦代，「六」相當於吉祥數字一樣。

我們知道五行與顏色有一種對應關係，其中土是黃色，金色白，木色青，水色黑，火色紅。因為水對應黑色，於是秦國衣服尚黑，普通老百姓穿的衣服也是黑色的，頭上戴的頭巾也是黑色的。所以秦國管老百姓叫「黔首」，「黔」就是「黑」的意思，不是說他頭髮是黑的，而是說他戴的頭巾是黑色的。這些規定都跟五行終始有關。

秦始皇還做一件事，叫「改正朔」，就是規定一年從什麼時候開始。大家知道，中國古代記月份不像我們現在用數字，而是用干支，它是一個環。如果是一個環，那從哪裏算作一年的開始呢？夏代的時候規定以正月為歲首，商代規定

以12月為歲首，周代的時候是以11月為歲首，秦代就改為以10月份為歲首。就是每次改朝換代的時候就要改變從哪個月份開始算做一年的開始，這就叫改正朔，「正」就是正月的意思。

改朝換代是一種天命的變革。咱們現在說「革命」，其實這個詞最開始出現在《易經》的「革」卦的「象傳」中，原文是「湯武革命，順乎天而應乎人」，意思就是說原來的夏王朝氣數已盡，天命變革，所以就建立了一個新王朝。所以秦始皇通過「改正朔」、「易服色」、「推五行終始」以及「議帝號」、「專稱謂」、「廢諡法」等這一系列行為，建立一種「君權神授」的皇權威嚴。也就是讓老百姓認可他的執政合法性。所以我們看秦始皇的玉璽上面也是八個字，「受命於天、既壽永昌」。

下面說一下這個前無古人的龐大帝國應該如何管理。現在天下統一了，應該實行什麼樣的政治制度？當時很多人的頭腦中還是周代的制度，所以就希望恢復周制。於是以丞相王綰為首的官員們就向秦始皇建議：「諸侯初破，燕、齊、荊地遠，不為置王，毋以填之，請立諸子，唯上幸許」，燕就是現在的北京一帶，齊在山東一帶，荊在湖北一帶，這些地方離秦的都城咸陽都相當遠。你也夠不着它，怎麼辦呢？就把它分割出去，交給皇子們去鎮守，希望皇帝能夠答應。結果秦始皇跟大臣們討論的時候，廷尉李斯反對。大家知道，這種分封制度是重建小共同體，也就是孔子時代的儒家理想，而李斯是法家人物，不可能認同儒家的。所以李斯說：「周文武所封子弟同姓甚眾，然後屬疏遠，相攻擊如仇讎，諸侯更相誅伐，周天子弗能禁止」，當年周文王和周武王實行的就是這種分封制度，但是幾代以後血緣親情就越來越暗淡了，最後諸侯互相之間像仇人一樣地攻伐，所以這種分封制度是不長久的。李斯建議說，「今海內賴陛下神靈一統，皆為郡縣，諸子功臣以公賦稅重賞賜之，甚足易制」，就是說把天下分成郡和縣（有點相當於省和縣這麼兩級制度），由中央直接管理。至於皇子和諸大功臣，都不給他們

第五十八講 ❖ 中國政治制度簡史（三）秦始皇生平及功業（三）
Chapter. 58　A Brief History of the Chinese Political System (3)
The Life and Achievements of Emperor Qin Shi Huang (3)

分封土地，而是給他們很多錢，讓他們過上好日子，同時皇上也能夠就近控制他們。秦始皇覺得李斯說得有道理，就回應說：之所以戰國的時候大亂不息，就是因為天下有很多的國家，現在我好不容易把這些國家全都滅掉了，再分封新的國家，那不是又恢復了戰國的局面嗎？這樣就決定實行郡縣制。

　　大家可能注意到，在《史記》中有一種體例叫「世家」。按照司馬遷的說法，「世家」就是記侯國的，比如說韓世家、趙世家、魏世家等等。為什麼叫世家呢？就是因為當時實行的是一種世卿世祿的制度，也就是說，諸侯死了，他的嫡長子繼位為諸侯，所以國家是他們家的私產。諸侯在自己的封國之內有主權、有治權，還可以把這個私產傳給他的兒子。那麼改成郡縣制之後，郡縣就不再歸郡守或縣令所有了，也就是說朝廷派過去的郡守或者縣令只是這個地方的管理者，而不是這個地方的主人。這樣中國地方的管理，就從世卿世祿制度變成了秦代的官僚制度。相當於皇帝出錢給你發薪水，雇你來做管理工作。你幹不好可以把你免官，幹得好可以提職。但是你幹得再好，卻不能把這個官位傳給你的兒子，也就是說你只有治權，但是沒有主權，這塊地方不是你的私產。所以「世家」的體例在史記之後基本上就沒有了。在《五代史》中，偶爾用世家來記一些國家的情況，但二十四史中的其它部中就看不到世家這種體例了，因為世卿世祿的制度在秦代就被徹底廢除了。

　　為了管理這個龐大的國家，秦始皇設計了一套官僚制度，細說就是中央實行「三公九卿」制度。所謂「三公」就是太尉、丞相和御史大夫。太尉相當於三軍總司令，是一國的最高軍事長官；丞相，相當於政府總理，太尉治軍，丞相治民；御史大夫負責監察百官，地位相當於國務院副總理。「三公」就是地位最高的三位官員。

　　因為丞相要管一國的政治，事兒很多，所以在丞相之下又設了九卿。九卿

指的就是「奉常」，掌管宗廟祭祀禮儀的；「郎中令」，掌殿中議論、賓贊、受奏事、宮廷宿衛之事，有點像大內總管，現在中共體制中的中央辦公廳主任；再往下就是「衛尉」，掌管皇宮警衛的，有點像中央警衛局；再往下是太僕，掌管車馬的，有點感覺像交通部部長；然後是廷尉，相當於司法部部長；再往下是典客，相當於外交部部長，負責跟諸侯和少數民族、部族的首領打交道；然後還有宗正，屬於皇族事務管理人員，也是九卿之一；然後還有治粟內史，顧名思義就是管糧食，那時候糧食就是錢，所以治粟內史相當於財政部部長；再往下就是少府，掌管皇帝的私產和照顧皇帝日常起居的。

在地方施行郡縣制。郡是一級行政區，最高長官叫郡守。郡守只治民、不治軍，大概相當於省長。除了郡守之外，郡裏邊還設監御史，負責監視郡守和縣裡面的官員，就是監察地方不法官員。另外還有郡尉，負責郡這一級的武裝力量，包括軍隊和地方的治安。所以在郡裏邊也有三個最大的官，互不統屬。郡守還有個副手叫郡丞。

郡下設縣。秦按照人口的多寡，在萬戶以上的縣設置縣令，小於萬戶的縣設置縣長。縣裏的官員配置也類似郡的配置。郡守的權力其實非常大，除了縣裡邊的縣官和那個跟他互不統屬的監禦史和郡尉，其它的官他都可以任命。所以中央任命官員就是到郡、縣這一級，底下的屬官由郡守或縣令說了算。

通過郡縣制度，秦就建立了一個中央集權國家，因為地方官員是政府任命的，而且不能往下傳，再加上有御史大夫監察百官，可能還會有一些不定期的巡視，對官員進行威懾，這樣就把地方上的行政、軍事等全部控制起來了。這種制度設計也是在秦始皇時代完成的。這種官僚體制其實在西方一直到16世紀的時候才開始出現，所以秦的官僚制度比歐洲大概早1800年。

秦始皇廢除分封、建立郡縣，制定了三公九卿的官僚制度，中央集權就此

第五十八講 ❖ 中國政治制度簡史（三）秦始皇生平及功業（三）
Chapter. 58　　A Brief History of the Chinese Political System (3)
The Life and Achievements of Emperor Qin Shi Huang (3)

形成。但這一政治制度還需要經濟、文化、軍事等全方位的保障。那麼秦始皇在這些領域又是怎麼做的呢？這些內容我們下堂課再說。

第五十九講 ❖ 中國政治制度簡史(四)
秦始皇生平及功業(四)

Chapter. 59　A Brief History of the Chinese Political System (4)
The Life and Achievements of Qin Shi Huang (4)

　　我們前面幾堂課講述了秦始皇的生平和他在統一六國以後所做的一些事,包括議帝號、專稱謂、改正朔、易服色、設計了郡縣制和三公九卿的官僚制度等,把秦變成了一個龐大的中央集權帝國。當然要讓這個帝國具有穩定的統治秩序,那還需要政治、經濟、文化等很多方面的保障。現在我們就一起看一下秦始皇接下來又做了什麼。

　　秦始皇做的一個非常重要的工作就是修路。我們知道周代實行分封制,這也是不得已的。因為周的疆域非常遼闊,如果說某個遙遠地方的官員有什麼事情需要向中央政府請示的話,路上又不好走,一來一回可能就得幾個月甚至半年的時間,什麼都請示是不現實的。所以你只能把一個地方委託給你信任的人,讓他去全權管理。

　　秦始皇現在建立了這樣一個龐大的中央集權國家,需要解決糧食運輸的問題、軍隊調動的問題、詔令頒佈的問題、對地方官員考察的問題等等,這都是需要派人到當地去迅速做的。所以秦始皇就不得不修建很多我們可以稱之為高速公路的道路。秦始皇從統一之後的第2年,即公元前220年開始,就開始以咸陽為中心大規模修路。當時主要有三個方向:一個是從西安往東一直修到燕、齊

地區，即現代的北京和山東一帶；還有一條是往南，到達吳、楚地區，就是現在的江蘇一帶；還有一條路是往北修，為了加強對匈奴的防禦，從咸陽開始一直修築到九原（今包頭），叫做直道。秦始皇往東方和東南方修的路叫馳道。馳道和直道都非常寬。當然直道的修築更艱難一些，因為從陝西往北要經過一些山谷，所以需要挖山填谷，工程非常浩大。馳道的路寬50步。我們知道秦代是以六尺為一步，所以50步就是三百尺寬的路，可以允許50輛馬車並行，中間是御道，用夯土築基，路既寬闊又結實。

除此之外，秦始皇還向一些少數民族聚居地區修路，比如說向雲南和貴州地區修建5尺道。我們知道雲貴是一個多山的地區，所以修路非常艱難。秦代是車同軌，輪距六尺，但是當時通往雲貴的道路只有五尺，連一輛車都過不去，只能過去一個人一匹馬。後來因為要征伐百越，就是兩廣、福建一帶，又要修築攀越五嶺的新道。所以你可以看到，秦始皇當時修路的工程是非常浩大的。

戰國時期，很多國家修了很多關卡，除了起到防禦作用外，還可以通過關稅增加財政收入。秦始皇為了物暢其流，就把這些關給拆毀了。這和修路一樣，都是為了建立一個四通八達的交通網絡，方便中央對地方的控制。

秦始皇還做了一項影響了中國後代幾千年的重要工作，就是「書同文」。在秦統一以前，六國文字各不相同。周代使用的文字叫大篆，又叫史籀大篆，秦始皇橫掃六合以後就把文字統一成為小篆。小篆非常漂亮，筆劃比較圓潤，但書寫起來不那麼容易。後來有一個叫程邈的人，因為犯了罪被關到監獄裏，他在獄中研究出一種新的字體，叫隸書。隸書到漢代的時候開始流行，漢字的字形基本上就定下來了。

書同文對於文化的傳播起到了不可估量的作用。漢字是一種方塊字，和西方的拼音文字是完全不一樣的。像德語、西班牙語、法語等，都是拼寫文字，基

第五十九講 ❖ 中國政治制度簡史（四）秦始皇生平及功業（四）
Chapter. 59   A Brief History of the Chinese Political System (4)
The Life and Achievements of Qin Shi Huang (4)

本上你只要會說話你就可以按照發音把它用字母拼寫出來。閱讀也是一樣，只要你知道發音規則，你也能夠讀。它讀寫的門檻比較低，但卻不適合於文化的傳承。因為人不斷在發明一些新的詞匯，淘汰一些老的詞匯，各地方如果有不同的方言，因為發音不同，文字的拼寫方式就會不一樣。這樣你讀古代的書，你就算能拼讀出發音，仍然不知道它是什麼意思。

中國如果採用拼寫文字，就會阻礙文化的交流。因為中國地方大，各地的方言非常多。中國北方的方言主要區別在聲調上；到了南方它整個發音都不一樣，元音輔音都變了，所以叫「南腔北調」，就是南方的讀法都跟北方不一樣。那麼漢字實現了「音」和「義」的分開，就是它的發音和字意沒有關係。當然有些形聲字可以通過一些偏旁部首來猜出它的發音，但是嚴格來講這都不是100%的準確。

我們知道各個王朝定都在不同的地方，有的定都西安、有的在洛陽、有的在杭州或者北京，當地方言的發音都不一樣，但字形是非常穩定的，所以漢字承載的文明就能夠連續地傳下來，人們可以讀懂幾千年之前的古籍。其它文明就沒有這個條件，像古代的巴比倫、古代的埃及、古代的瑪雅文明，沒有人能夠讀懂他們的文字了，即使你想恢復他們的歷史、科學、社會形態等等，你沒辦法從文字上得到綫索。所以我覺得秦始皇的「書同文」是非常重要、非常有遠見的。我們現在仍然能夠讀懂3000年以前的文字，甚至更久遠的、象甲骨文這樣的文字都可以破解出來，這就保證了文明的賡續。

秦始皇為了方便商品的交換還做了一個工作，就是錢同幣、幣同形。在秦統一之前中國主要流行四種貨幣，一種是刀幣，形狀像一把刀，主要在齊地流行；還有布幣、圓錢、空首幣等等。這些錢在流通和交換的過程中應該如何換算，當然就成了一個問題。於是秦始皇決定統一貨幣，就是把列國的錢幣都銷毀，鑄

成外圓內方的錢。後來各朝各代的錢基本上都是這個形狀。

秦代鑄幣的質量很高，大家可以看到這張圖上有「半兩」這兩個字，因為當時秦時一個錢幣的重量是半兩。一兩是24銖、半兩是12銖。漢武帝鑄五銖錢，比「秦半兩」要輕得多。貨幣的統一對於商品交換起到了極大的促進作用。我們知道在歐洲有很多國家，人種不一，像斯拉夫人、日爾曼人、盎格魯-撒克遜人等等，文化也不一樣，但他們卻有一個統一市場，有商品交換的需要，所以雖然他們難以在文化上和語言上統一，但他們卻實現了貨幣的統一。所以歐洲有一個歐元區，由歐洲央行統一發行貨幣歐元，把之前的德國馬克、法國法郎、荷蘭盾、比利時法郎等等全部廢除了。這樣通過歐元結算，給商品交換增加了很多方便，就沒有匯率變動的問題了，也節省了換錢時銀行收的手續費。歐元是在20世紀末才開始規劃，到了2002年才開始發行正式的歐元的紙幣和硬幣。所以秦始皇的眼光，比後世提前了大概2200年。

秦始皇還統一了度、量、衡，所謂度就是長度，量就是容量，衡就是重量。這也是為了方便政府管理經濟，比如收稅應該收多少升糧食。當時收糧食不是稱重量，是看體積，比如說收一斗糧食或者一石糧食。當時一石等於十斗、一斗等於十升。比如收稅要收一百斗糧食，他不是稱重，而是拿一個容器量。大家可以看到這張圖就是秦代的方升，把這個容器裝滿就算一升糧食。

統一度量衡不管是對經濟、還是做工程，都是非常重要的。因為當時不光是不同國家有不同的度量標準，甚至在一個國家內部，標準也不一樣。比如說什麼叫一尺，在楚國當時就有兩種標準，一種是22.7毫米，一種是22.3毫米。如果兩個工匠的標準不一樣，一個人讓另一個人做九尺的大樑，兩個人如果標準不統一，這房子就沒法蓋了嘛。

秦始皇統一度量衡，就有點像什麼呢？我們知道在1947年，成立了一個「國

第五十九講 ❖ 中國政治制度簡史（四）秦始皇生平及功業（四）
Chapter. 59　A Brief History of the Chinese Political System (4)
The Life and Achievements of Qin Shi Huang (4)

際標準化組織」，職能就是統一世界各國之間的度量單位。從中國到美國來的人可能一開始對美國的計量方法特別不習慣，比如說加油，不說加多少升，而說加多少加侖的汽油；重量也不說多少斤或者多少公斤，美國是用磅；溫度不用攝氏度而用華氏度等等。衡量距離不用多少公里，而用多少英里，多少碼或者英尺。所以中國人來美國的時候，一開始總要在腦子裏邊換算一下，換算成自己熟悉的度量標準。秦始皇做的就是後來國際標准化組織的工作，把這些物理單位給規定了下來。

除了上述工作，秦始皇還做了一個非常重要的工作，就是擴張中國的領土，奠定中國的版圖。我們知道中國的地理環境是東到大海，西到沙漠，南面是一片山地和原始森林，北方是草原，四面基本都是封閉的。秦始皇想把這個封閉區域裏的人全趕走，變成自己獨佔，這樣就解除了從四方過來的威脅。

所以秦始皇就做了兩個工作，南征百越、北擊匈奴。我們先說「南征百越」。「越」是一個比較籠統的說法，越族還分成一個一個的更小的少數民族，就好像我們現在說彝族有哈尼彝族、紅河彝族等等。越族也是，分為甌越、閩越、東越等等，越族的南面叫越南。這麼多不同的越族總稱為「百越」。秦始皇南征百越就是攻打浙江、福建、兩廣一帶，這項行動相當艱苦。

我們知道秦是北方人，要到廣西、廣東、福建作戰非常不習慣，那裏是熱帶雨林，還有瘴氣，而且你騎著馬，人家騎著大象，就很難打。在公元前219年，秦始皇派大將屠雎和趙佗集結了五十萬大軍攻打百越，一開始打得還很順利，但後來百越在山高密林之間突然反擊，把秦兵給打敗了。而且秦的糧食接濟不上，因為在山地作戰，糧食轉運是很成問題的。於是秦始皇就命將軍史祿修建了靈渠，溝通了湘江和漓江水系，這樣糧船從長江可以一直到達漓江。公元前214年，秦始皇發動了第2次對百越的戰爭，很快就佔領了大片的土地，建立了南海、

桂林和象郡這三個郡。公元前210年,秦將趙佗又滅掉了越族建立的甌駱國。甌駱國的都城在現在越南的河內。漢代的時候,趙佗在這裏建立了南越國,都城設在了廣東番禺。

除了南征百越之外,秦始皇還北擊匈奴。除了因為匈奴很猖獗之外,還有一個原因,就是秦始皇得到了一個圖讖。當時有一個燕地的人叫作盧生,受命入海求仙,回到咸陽時帶給了秦始皇一個預言,叫作「亡秦者胡也」。它實際的意思是秦代會亡於秦二世胡亥。但當時秦始皇認為「胡」就是胡人,於是就決定北擊匈奴。始皇派大將蒙恬率領30萬秦軍大舉出擊,收復河南地。所謂「河南地」不是現在的河南省,而是指黃河以南的河套地區。秦國的騎兵很厲害,連匈奴都打不過。蒙恬很快就收復了河南地。秦始皇在這裏設立了九原郡,治所就在九原(今內蒙古包頭市西北),然後又繼續進攻,打到陰山腳下。秦始皇隨後開始在邊境上修築萬里長城。萬里長城的一部分在秦代以前就有,因為當時北方國家像燕國和趙國為了抵禦匈奴都修長城。秦始皇的長城就是把這些城牆全部連起來。

除了南征百越和北擊匈奴以外,秦始皇還派人通西南夷。西南夷就是現在的雲南、貴州和四川一帶,山路險阻。秦始皇從四川的宜賓開始修築道路,一直修到雲南滇池,長度一千多里,促成了西南夷和中國的接觸。

通過這一系列的戰爭和外交活動,秦始皇把中國建成了一個統一的多民族國家。現在世界上的許多國家都是單一民族國家,就是二戰之後每一個民族自決後建立一個單一民族國家,但中國是一個統一的多民族國家。這麼多的民族住在一起,有一個皇帝。我們有的時候說中華民族,這裏其實包含了很多很多不同的民族,靠共同的文化摶在一起。

後世評價秦始皇,常用一個成語,就是雄才大略。他做的這些事,都非常有眼光,而且對於中國乃至世界的影響都不可估量,為中國在後續的2000多年

中，哪怕分裂之後還能夠再統一，奠定了非常堅實的基礎。

當然秦始皇還有兩件事一直為後世所詬病，就是焚書事件和坑儒事件。焚書事件發生在公元前213年。當時齊國的博士淳于越支持分封，秦始皇跟其他大臣討論時，李斯就說很多人讀書讀多了以後，喜歡厚古非今。但秦和周的社會結構已經完全不一樣了，是不能恢復周制的。可是很多讀書人還是想回到周制。秦始皇於是就採納了李斯的建議下令焚書。當時除了秦代的史書，還有卜筮、種樹和醫藥的書之外，別的書全部焚毀。

但這裏請大家注意，當時焚的是民間的書，而不是中央政府的書。其實在秦代，秦始皇有很多諮詢官，稱為「博士」。這些博士學什麼的都有，有的是儒家的、有的是縱橫家的，或者學名家、陰陽家的等等。我們可以想像，那些博士們是不可能不讀書的，所以秦代一定有一個皇家圖書館。所以當時民間焚書之後，所有的書在秦代的皇家圖書館裏應該是有拷貝的。所以真正造成中國古代圖書斷層的責任在項羽，因為他火燒阿房宮，把這些圖書全給燒毀了。

下面說一下坑儒事件。我們平時說習慣了「焚書坑儒」，其實在《史記》中的說法是「坑術士」。事件的起因是秦始皇讓術士幫他煉制長生不老的丹藥，當然能煉丹的肯定不是儒生。但侯生和盧生煉丹失敗，卻把原因怪罪到秦始皇的頭上，說秦始皇這個人不好，而丹藥是不能煉給壞人的，之後他倆就跑掉了。秦始皇就開始調查這件事，發現有很多人都說秦始皇的壞話。調查的時候應該是動了刑罰，所以受刑的人就輾轉去舉報別人，最後牽連了460人，都被送到咸陽城外坑殺。所以《史記》中的說法是「焚詩書、坑術士」。

當時秦始皇在坑術士的時候，長子扶蘇曾勸諫他說，「天下初定，遠方黔首未集，諸生皆誦法孔子，今上皆重法繩之，臣恐天下不安。唯上察之。」秦始皇不但不聽，而且很生氣，就把扶蘇派到了上郡，去跟蒙恬一起守長城。我們從這裏

也可以看到，扶蘇和儒生的關係是比較好的，至少是比較尊重儒生的。

秦始皇在統一天下後採取了一系列疾風驟雨式的做法，奠定了後代兩千年帝國的統一基礎。我個人認為秦始皇在駕崩之前本來是有一個機會把法家的這套治理方法轉變成為儒家的，但是這個機會生生被郎中令趙高給中斷了，也令秦國二世而亡。而儒家作為國家意識形態的地位，是漢武帝確立的。這中間經過了一個非常艱難的探索過程，這個過程我們等到下幾堂課再說。

第六十講 ❖ 中國政治制度簡史(五)
楚的分封與漢初的分封郡縣並存

Chapter. 60　A Brief History of the Chinese Political System (5)
Feudalism of the Chu and the Co-existence of Feudalism and
the System of Prefectures and Counties in the Early Han Dynasty

　　前幾堂課我們講了一下秦始皇的生平和他所做的一些影響歷史的大事。他做的這些大事其實都是為了一個目的,那就是國家的統一和長治久安,因此就必須從政治、經濟、文化、軍事等方面統籌考慮、制定政策。我們這門課講中國政治制度的變遷,集中在秦始皇到漢武帝這一段,主要是想討論兩個問題。第一個就是分封和中央集權之爭;第二個就是國家意識形態的變遷。

　　在國家意識形態的問題上,秦始皇採用的是法家。法家確實是有利於國家的統一,和興造一些大的工程,但它給百姓的壓力卻是非常大的。學者研究認為秦代的稅率大概能達到50%,而且他不斷地興建大的工程,需要大量的男丁脫離農業生產去修路、修阿房宮、驪山陵、長城、靈渠等等,還要去攻打百越和匈奴,所以種地的可能都是些婦女和兒童,這樣生產能力當然就比較低下,這種模式也不能持久。

　　在秦始皇統一之前,他也不斷打仗,百姓的賦稅、徭役也非常重,但當時國力的消耗是可以靠搶劫來彌補的,也就是當我把一個國家滅掉之後,我就可以佔據那個國家所有的財富,所以就可以用新搶來的錢去維持戰爭機器的運轉。所以在他統一的過程中,戰爭消耗還可以得到補償。但等他打匈奴和百越的時

候，就是一種純消耗式的戰爭了，因為那地方沒什麼可搶的，戰時經濟就難以為繼了。

另外，國家的統一是需要文化建設的，只有當一種文化能夠深入社會的時候，這個社會才能凝聚起來。純用暴力是無法維持一個有凝聚力的社會的。但我們都知道，法家是反文化的，當然它也就不可能成為一個穩定和長久的國家意識形態。這可能都是秦二世而亡的原因——一方面它對百姓的壓榨太厲害，再一個就是法家不適合於作為統一國家的意識形態。

秦始皇駕崩之前讓公子扶蘇回咸陽主辦喪事，而扶蘇和儒生的關係非常好，所以秦本來有一個機會把國家意識形態從法家轉變成儒家。如果扶蘇真的繼位，秦可能就不會二世而亡，但這個過程生生地被李斯和趙高給中斷了。當秦始皇病逝在沙丘的時候，李斯和趙高篡改了詔書，立胡亥為帝，這就是秦二世。

秦二世元年七月（公元前209年7月），陳勝和吳廣在大澤鄉造反，到十一月，吳廣就戰死了；到十二月時，陳勝也死了，前後四、五個月的時間就被秦軍剿滅。但陳勝吳廣卻點燃了遍及全國的烽火，於是在戰國時期的六國後裔紛紛復國，等於是在秦統一僅僅十二年後，又重新回到了戰國時期的大亂局面。中央集權的體制在這時遭到了重大的挫折。

這時來自於楚地的項羽和劉邦也起兵了。當然項羽一開始是跟著他的叔叔項梁造反的，後來項羽在巨鹿大戰中消滅了秦軍的主力，之後劉邦一路西進關中。這時胡亥和趙高都已經死了，李斯也死了，劉邦進入咸陽，秦王子嬰投降。

劉邦進咸陽後做了幾件非常得民心的事，一個就是約法三章。劉邦聽從了張良和樊噲的建議，沒有去搶劫秦皇宮裡那些數不盡的珍寶、古玩、美人等等，而是把皇宮封閉起來，自己還軍壩上，並住在軍營裡。這就給外界的觀感非常好。秦地的父老覺得劉邦打仗不是為了搶劫，也不騷擾百姓，對他印象就特別

第六十講 ❖ 中國政治制度簡史（五）楚的分封與漢初的分封郡縣並存
Chapter. 60　A Brief History of the Chinese Political System (5) Feudalism of the Chu and
the Co-existence of Feudalism and the System of Prefectures and Counties in the Early Han Dynasty

好。劉邦還給他們說，秦地過去的法律實在太嚴酷了，現在全部廢除，我跟你們約法三章，「殺人者死，傷人及盜抵罪」，殺人還是要償命的，如果偷東西或者打傷了別人，視情節的輕重給予懲罰。他這樣一做，秦地老百姓就有一種擺脫了枷鎖的感覺，他們就擔著牛羊、酒肉來犒勞劉邦的軍隊。劉邦又不接受，說我的糧食很多，大家不要花這個錢。然後劉邦又給自己做了一個政治宣傳，說諸侯之間有約定，誰先入關中誰就做秦王。所以秦地的百姓都期待劉邦來做他們的統治者，這樣他們的日子不就好過了嘛。

這件事當時就惹怒了一個人。這個人就是項羽。因為項羽通過艱苦的戰鬥，經歷了很多危險，才消滅了秦軍的主力。而劉邦等於是趁著後方空虛，撿了一個大便宜，沒有遇到什麼大的抵抗就攻入關中了。現在劉邦要做秦王，項羽是不能接受的。於是項羽帶著四十萬大軍來到了函谷關下。這時劉邦已經把函谷關封閉了。於是項羽讓他的部將英布打破了函谷關，行軍到了離劉邦大概40里的地方。項羽下了一道命令，說咱們明天早上吃飽了飯後就去把劉邦滅掉。後面就是大家都很熟悉的鴻門宴，之後劉邦和項羽和解，項羽封劉邦做了漢王。

項羽進入咸陽後，做了幾件非常糟糕的事，表現出項羽在政治上的幼稚，其中包括屠咸陽、殺子嬰、焚宮室。項羽一把火燒掉了阿房宮，這是中國文化的一場浩劫，把皇家圖書館給燒掉了。而且當時的阿房宮代表著當時周秦之際建築的最高的技術和水準。這些壯麗的宮室也付之一炬了。所以我個人覺得項羽其實是一個文化的破壞者。像這樣一個破壞文化的人，真的很難建立一個長治久安的王朝。就像我剛才講到的，一個王朝要想一代一代地傳下去，能把社會治理好，沒有文化是不行的，純靠暴力是不行的。

項羽還有一個很糟糕的決定，就是定都彭城。項羽燒了阿房宮以後，覺得關中已經殘破了，其實都是被他自己折騰的，於是決定放棄關中回到楚地，以彭

城（今徐州）為都城。關中這塊地方其實是有王氣的。它四面是山和高原，如果想進關中只有四條通道，東面是函谷關、南面是武關、西面是大散關、北面是蕭關。只要把這四個關卡守住，關中就安全了。關中是一片平原，沃野千里，是一個非常好的過日子的地方。但項羽就把這個地方給放棄了，這說明項羽不懂風水。其實真正能夠長治久安的王朝，一定要選一個有王氣的地方定都，像漢代定都長安、隋唐定都長安、元明清都定都北京，有一些王朝定都南京，因為這些地方都是有王氣的。項羽卻選了蘇北平原上的徐州，此處既沒有大山大河為屏障和天險，又是交通要衝，所有軍隊都要從這兒走，所以項羽等於選了一個非常難以防守的地方作為都城。

項羽最大的一個問題，則是恢復了分封制。在一片火光血影之中，項羽裂土封王，建立了18個諸侯國，加上項羽建立的楚政權，一共是19個國家，比戰國時還要亂。項羽自封為西楚霸王。

我們知道在周代的時候雖然也實行分封，但周是憑著道德權威和軍事實力，成為天下共主。而項羽沒有任何道德權威，而是純靠暴力成為了霸王。而他的實力又不足以威懾十八路諸侯不敢反抗，所以項羽在這種情況下搞分封，給那些諸侯土地、主權、軍隊，幾乎就等於說給你塊土地稱王吧，不行你就造反。而且項羽分封，名分不正。你只是諸侯的一個將軍，憑什麼你來分封？要分封也應該是當時的義帝楚懷王來分封，對吧？項羽沒有稱帝，而自稱為西楚霸王，那麼他和諸侯國之間是什麼關係？就是國與國的關係，而不是中央和地方的關係。按照儒家的觀點，「名不正，則言不順；言不順，則事不成」，既然你不是皇帝，各諸侯就沒有義務服從你。所以項羽的分封等於重啟了戰國時期的大亂局面，而他自己又完全控制不了。這就注定了諸侯林立的局面是不能持久的，一場新的統一戰爭就在眼前。

第六十講 ❖ 中國政治制度簡史（五）楚的分封與漢初的分封郡縣並存

Chapter. 60　　A Brief History of the Chinese Political System (5) Feudalism of the Chu and
the Co-existence of Feudalism and the System of Prefectures and Counties in the Early Han Dynasty

　　事實上也是如此，項羽的分封發生在公元前206年2月。四月的時候，諸侯回到各自的封地，五月的時候齊國田榮就反了；到了八月，劉邦突入關中；到了十月，陳餘和趙歇打敗了張耳，短短不到半年的時間天下大亂。之後就是楚漢戰爭，項羽被滅、劉邦稱帝。

　　回顧這段歷史，是因為在秦漢之際曾經有一個短暫的楚政權。在楚漢相爭的四年中，政治制度上也不可能有什麼建樹。但歷史的教訓是，項羽把秦始皇設計的中央集權重新打散，回到分封，這是政治制度上的倒退，最後的結果就是天下大亂。因為這一部分屬於中華文明史的政治制度史部分，所以我想特別提一下這個問題。

　　等到劉邦消滅了項羽，他就又面臨一個選擇，應該實行周代的分封制還是秦代的郡縣制？劉邦選擇了一個折中方案，就是分封和郡縣並存。劉邦有鑒於秦二世而亡，認為中央政府確實需要有一個龐大的地盤和一支強大的軍隊。但是劉邦的將軍們實力很強大，在統一戰爭中立了很大的功勞，劉邦還不能一下子收回他們的軍權。怎麼辦呢？劉邦決定將他們封王。韓信就被封為楚王、彭越被封為梁王、韓王信被封為韓王、吳芮被封為長沙王、張敖被封為趙王、英布被封為淮南王、燕王臧荼仍為燕王，一共這麼七個異姓王。所謂「異姓王」就是不姓劉的國王。

　　但這樣的封爵並沒有安撫住所有的國王。公元前202年，也就是劉邦稱帝的當年，燕王臧荼就據北部邊境造反。劉邦親自征討，活捉了臧荼，隨後劉邦任命他的好朋友盧綰做燕王。

　　在劉邦登基的第二年，有人告楚王韓信謀反，劉邦聽了陳平的建議「偽遊雲夢」，趁機逮捕了韓信，並把他廢為淮陰侯。劉邦把韓信的土地一分為二，封給了自己的家人劉賈和劉交。後來到公元前197年，劉邦遠征陳豨的時候，呂后把

韓信殺掉了。

在劉邦登基的第三年，也就是公元前200年，匈奴軍在馬邑包圍了韓王信。韓王信跟匈奴之間有一些書信往來。劉邦以為他和匈奴之間有勾結，就責備韓王信，韓王信一氣之下就投降了匈奴。劉邦大怒，於是御駕親征，卻在白登山被匈奴圍困了大概七天，又是用了陳平的計策才得以解脫。

「白登之圍」以後劉邦南返經過趙國，這時已到了公元前199年，就是劉邦登基的第四年。劉邦的女兒魯元公主嫁給了趙王張敖，張敖對劉邦非常恭敬，但劉邦那時候心情不好，就經常痛罵張敖。張敖手下的相叫貫高，無法忍受自己的國王被劉邦羞辱，就準備要行刺劉邦。當然這件事沒做成，過了一段時間敗露了，劉邦就把趙王張敖廢為宣平侯。

再往下就是公元前197年，陳豨造反，自封為代王，劉邦征討陳豨。劉邦要求梁王彭越派兵去援助他，結果彭越說我身體不好不能去。等到陳豨叛亂被平息以後，彭越覺得劉邦可能會收拾他，就惴惴不安。後來有人勸彭越謀反，彭越沒答應，但還是被人告發了。劉邦就派人把彭越抓起來，準備流放到蜀地的青衣。但呂后跟劉邦講說，彭越是個壯士，留下來肯定會造反，所以就把彭越給殺了。

彭越死了以後，淮南王英布就反了。因為韓信、彭越、英布是幫助劉邦打天下功勞最大的三個功臣。現在韓信死了，彭越也死了，英布就反了。劉邦這時候身體已經不行了，但沒辦法，只好帶病親征，在公元前195年打敗了英布，英布在逃亡的過程中為人所殺。

劉邦是在公元前195年的時候病逝的，病逝之前燕王盧綰又造反。所以你看劉邦當皇帝當了7年，但是在這七年的時間裏，有七個異姓王先後被劉邦幹掉了，其中有兩個燕王（臧荼和盧綰），所以劉邦平均一年幹掉一個異姓王。只有

第六十講 ❖ 中國政治制度簡史（五）楚的分封與漢初的分封郡縣並存
*Chapter. 60   A Brief History of the Chinese Political System (5) Feudalism of the Chu and
the Co-existence of Feudalism and the System of Prefectures and Counties in the Early Han Dynasty*

一個異姓王留了下來，就是長沙王吳芮。劉邦覺得這些不姓劉的人跟我不是一條心，給他們封地就會造反，於是每滅掉一個異姓王，就把自己的家人封到那裏去；有的時候還會把那個異姓王的土地拆開，封給更多的家人，這樣劉邦就等於是在消滅異姓王的同時封了很多同姓王。

劉邦駕崩前和諸大功臣舉行了一個會盟，當時殺了一匹白馬，然後大家把白馬的血塗在自己的嘴唇上，發誓遵守一個盟約。這個盟約被稱為「白馬之盟」。在白馬之盟中規定，「非劉氏而王者，天下共擊之」，就是如果你不姓劉，卻稱了王，天下人都有義務把你幹掉。大家知道三國後期，曹操當魏王的時候大家都很緊張，因為曹操不姓劉，又被封為魏王，這就違背了當年高祖的白馬之盟，所以大家就覺得曹操要篡位。此外白馬之盟中還規定，沒有軍功的人不能封侯。

劉邦駕崩以後，國政實際上落到了呂后的手裡。呂后一共掌權15年，又封呂家的人為王，這其實也被視為作亂。等到呂后死後，陳平和周勃幹掉了呂家，扶立漢文帝登基。文帝在位的時候，所有的異姓王都被消滅了。長沙王吳芮在文帝晚期的時候也死了，因為沒有後代，所以這個封國也被廢掉了。

文帝初年有一位非常年輕，但卻非常有才學的人叫賈誼。賈誼給文帝上《治安策》。在《治安策》裏，賈誼說，「臣竊惟事勢，可為痛哭者一，可為流涕者二，可為長太息者六。若其它背理而傷道者，難遍以疏舉」。賈誼說：我們國家現在面臨很多問題，其中最大的問題就是諸侯王的問題。賈誼說自漢興以來有很多人造反，其實造不造反跟他姓不姓劉沒有太大的關係。你只要封給他一塊很大的土地，哪怕他姓劉，他也會造反；你封他一塊小的土地，哪怕他不姓劉，像長沙王吳芮就不姓劉，他也沒造反。所以你給他一塊大的土地，等於就是給了他造反的資本。所以賈誼就建議漢文帝，「欲天下之治安，莫若眾建諸侯而少其力，力少則易使以義，國小則亡邪心」，也就是說最好能夠把這些封國變得很小很小，

小到一定程度之後他們就不會造反了。文帝雖然沒有明確採納他的主張,但還是把齊國一分為七,淮南國一分為三。到了漢文帝末期,全國還有18個同姓王。那麼同姓王會造反嗎?這個事咱們就得等到下堂課再說。

第六十一講 ❖ 中國政治制度簡史(六)
中央集權的加強與國家意識形態的演變

Chapter. 61　A Brief History of the Chinese Political System (6)
The Strengthening of Centralized Power and the Evolution of State Ideology

　　大家好。前面幾集雖然是在講歷史，但我們應該看到從戰國到秦、再到楚、再到漢初，中國人其實是在探索如何設計一個強大帝國的政治結構。先秦實行了分封制，秦代改行郡縣制，楚政權恢復了分封制，漢初則實行了分封和郡縣並存的制度。劉邦發現異姓王不可靠。他稱帝七年，平均每年消滅一個異姓王，於是劉邦又封了一些同姓王，甚至立下白馬之盟，不是劉家人都不能封王。但同姓王就靠得住嗎？賈誼認為也靠不住。實際也證明了這一點。

　　還有一個人跟賈誼的想法類似。他就是漢景帝的老師晁錯，那時候景帝還是太子。晁錯不斷給景帝灌輸諸侯國如果太強大就會造反的理念。等到景帝登基以後，對晁錯言聽計從。公元前154年，晁錯向景帝上《削藩策》，建議削除藩國的封地。公元前154年，楚王來朝，晁錯說楚王去年給薄太后服喪期間跟女人之間搞到一起，按罪名應該斬首，但景帝沒有殺死楚王，而是削去了他的東海郡；然後又追查趙王劉遂的過失，削其常山郡；然後說膠西王劉卬賣官、賣爵、舞弊，削其六縣。這幾個動作一做，諸侯們就都感到了危險，覺得自己的封國也會保不住了。

　　在各同姓王中，實力最強大的就是吳王劉濞。劉濞認為景帝馬上就要來對

漢景帝

付他了，於是在公元前154年，就聯合了楚王戊、趙王遂還有膠西、膠東、濟南、淄川的國王一起造反，歷史上稱之為吳楚七國之亂。他們打出的旗號叫作「誅晁錯，清君側」。七國之亂爆發之初兵勢非常之盛，因為它相當於春秋時期的吳國、楚國、趙國和齊國聯合造反。除此之外，劉濞還向更南方的浙江和福建地區派出使節，讓閩越國和東海國也派兵參戰，同時北面的趙國更聯絡匈奴要求支援，所以當時的情況對景帝來說非常危急。景帝就想息事寧人，答應他們的條件，於是就把晁錯處死了，又派出袁盎去和吳國談判，但吳王根本不跟袁盎談，直接把袁盎給關起來了。景帝一看妥協也解決不了問題，於是任命周亞夫為太尉，去攻擊吳楚聯軍，然後派曲周候酈寄去攻擊趙國，派欒布攻擊齊國，又派竇嬰為大將軍進駐滎陽。周亞夫不負眾望，短短三個月的時間就平息了叛亂。

「七國之亂」因為時間很短，只是一個歷史的插曲，可能一般人也不太重視，但它其實是中華民族當時面臨的一個重大選擇。為什麼呢？如果我們要看一下中國的歷史就會知道，七國之亂以前，從春秋開始的500多年是分裂的，中間有一個短暫的秦始皇的統一，一共也就12年，之後就是陳勝吳廣造反，國家又陷入分裂，之後就是楚漢戰爭，然後是漢初消滅異姓王的戰爭，所以你總體看過來，會發現一直到漢景帝登基，中國真正統一的時間只有秦始皇那短暫的12年。在這長達600多年的時間跨度裏，分裂是主流。那麼也就是說，如果七國之亂竟

第六十一講 ❖ 中國政治制度簡史（六）中央集權的加強與國家意識形態的演變
Chapter. 61   A Brief History of the Chinese Political System (6)
The Strengthening of Centralized Power and the Evolution of State Ideology

然成功了，那麼中國就會重新陷入分裂，而且之後可能也很難再統一了。但是七國之亂的平息，讓諸侯王的勢力開始削弱，到了漢武帝的時候得到了徹底的解決，從此「大一統」的觀念深入人心。後面大漢三百多年能夠維繫統一，可能就跟七國之亂的平息有關。

景帝之後繼位的是漢武帝。漢武帝也要解決封國問題，但硬削藩可能導致叛亂，於是武帝就採納了主父偃的建議，頒佈了《推恩令》。過去諸侯王去世之後，整個的封國會傳給嫡長子，也就是說封國有多大，嫡長子繼承的就有多大。現在漢武帝要求「推恩」，也就是諸侯王有多少兒子，就得把他的封國分成多少份，去世後平均地封給他所有的兒子。大家可以想像一下，像中山靖王劉勝一個人就有120個兒子，他的封國再大，一旦分成120份，每個兒子得到的封地都會變得特別小，甚至比一個縣還要小，這樣一個郡守或者縣令就可以直接控制一個封國，而郡守和縣令又是中央政府任命的。漢武帝就這樣通過推恩的方法和平解決了封國的問題。

所以從周代的分封到秦代的中央集權，然後到西楚項羽的恢復分封，再到劉邦的分封和郡縣並存，最後漢武帝通過推恩令徹底解決封國問題，中間經過了六、七百年的探索。這就是秦漢這段歷史之所以重要的原因——奠定了中央集權的制度，後續的王朝基本都是跟牌了，都實行中央集權。

從秦皇到漢武還有一個重要的變化，就是國家意識形態的流變。我們知道早在先秦時期，列國在政治上就向中央集權轉變。其實在秦始皇統一之前，很多國家已經開始廢分封、置郡縣，但並不徹底。在向中央集權過渡的過程中，國家意識形態應該是什麼樣的，卻沒有人知道。先秦諸子一直在辯論的也是這個問題，是禮治還是法治、王道還是霸道、性善還是性惡，百家爭鳴，莫衷一是。之後秦用法家，實現了帝國的統一，但法家實在不適合在和平年代國家治理，所以秦

二世而亡。我們知道劉邦是楚人，老子也是楚人，所以在漢初，楚文化就比較流行。有鑒於秦法律的嚴苛和對百姓的沉重壓榨，漢初就採取了跟法家完全相反的做法。法家很像兵家，什麼都管得死死的，漢初就採取一種無為而治的思路，這就是道家的「黃老之學」。道家意識形態有助於國家經濟的發展，所以我們看到在漢文帝和漢景帝時期，經濟發展非常快。四十年的文景之治，讓大漢政府變得非常富裕。

如果你縱觀歷史，你會發現在漢文帝之前，戰爭是一種常態，從春秋戰國諸侯爭霸的戰爭、秦的統一戰爭、秦統一之後打百越和匈奴、陳勝吳廣造反、劉邦滅秦、楚漢戰爭、劉邦消滅異姓王的戰爭等等，幾乎沒停過。老百姓打了六、七百年的仗，但到了文景時期就不打仗了，開始休養生息。黃老之學主張政府「無為」，既不打仗也不干涉老百姓的經濟活動，這就有點兒像現在西方「自由放任」的古典經濟理論，那麼經濟就蓬勃發展，國家就變得非常富裕。

但這裏還有一個問題，就是道家思想雖然有助於經濟的發展，但對於中國這樣一個擁有遼闊的疆域和眾多人口的國家，中央政府什麼都不管也是不行的。道家的無為思想，最適合小共同體社會，就像老子說的「鄰國相望，雞犬之聲相聞，民至老死不相往來」。如果你能夠聽到鄰近國家的雞叫聲，這個國家得多小？只有這種小國寡民，道家的無為思想才適用。但對於一個大國，道家的治國方法就不適合了。所以我們看到秦的法家不行，漢初的道家也不行。那麼到底什麼意識形態適用於一個龐大的中央集權帝國呢？這個問題到了漢武帝的時候才找到了答案。

漢武帝即位的時候是個什麼情況呢？班固在《漢書》中說，「是時漢興六十餘年，海內乂安，府庫充實，而四夷未賓，制度多闕」。就是說當時大家雖然很有錢，府庫充實，但周邊的匈奴威脅著大漢的安全。在文景時期，因為講無為，就不

第六十一講 ❖ 中國政治制度簡史（六）中央集權的加強與國家意識形態的演變
Chapter. 61　A Brief History of the Chinese Political System (6)
The Strengthening of Centralized Power and the Evolution of State Ideology

想打仗。匈奴入侵，文帝、景帝就用和親的辦法息事寧人，把公主送給匈奴做閼氏（即王后），給匈奴錢。這種做法漢武帝是不能接受的，覺得這是對國格的侮辱，而且也解決不了對國家安全的威脅，所以漢武帝要打匈奴。另外道家的無為削弱了中央政府對地方的控制，諸侯王越來越驕縱。

漢武帝覺得這種情況不能再持續下去了，必須得尋找另外一種國家意識形態。於是漢武帝在登基後就下詔徵「賢良方正直言極諫之士」，也就是人品也好學問也好的人，讓他們給皇帝提出建議。在詔書裏有這樣一句話，「三代受命，其符安在，災異之變，何緣而起？」這幾句話翻譯成現代通俗的理念，就是漢武帝提出了一個極為重要的問題，也就是一個王朝的執政合法性問題。

所謂「三代受命，其符安在」，什麼叫「受命」啊？就是承受天命。夏、商、周這三個王朝為什麼能被大家接受呢？天命為什麼歸於他們呢？漢武帝問的是象徵天命的標誌到底是什麼？既然承受了天命，為什麼還會遇到自然災害，甚至改朝換代呢？

皇帝下詔提出問題，叫「策問」，大臣的回答叫作「對策」。當時有一位大儒叫董仲舒。在他的對策中提出了一個非常重要的概念，叫作「君權神授」。董仲舒在對策之後，漢武帝還有問題，就繼續問他，董仲舒再回答，然後漢武帝再問，董仲舒再回答。漢武帝問了三次，董仲舒回答了三次。這三次對策就被完整地收錄在了《漢書》裏，總稱為《天人三策》。

董仲舒

　　執政合法性問題一直是大漢懸而未決的問題。我們看到，從軒轅黃帝開始，每一個朝代開國的君主都是軒轅黃帝的後代，五帝都是；然後夏朝的大禹是軒轅黃帝的五世孫；周的祖先棄和商的祖先契，都是帝嚳的後代；秦的祖先也是軒轅皇帝的後裔。也就是說雖然夏商周秦在改朝換代，但最高權力一直在軒轅黃帝的家族裡輪轉。而只有劉邦來歷不明。按照《史記》的記載，劉邦的父親叫劉太公，劉邦的母親叫劉媼。所謂劉太公和劉媼並不是名字，相當於現在的劉大叔和劉大媽。劉大媽種地休息的時候夢見一條龍盤在身上，然後就懷孕了，之後生了劉邦。所以劉邦的祖先追溯不到軒轅皇帝，這樣劉邦就成了中國歷史上的第一個平民皇帝。

　　那麼別人就可能會問一個問題，你是怎麼當皇帝的？劉邦可以回答說：我是打出來的，三年反秦、四年滅楚。那別人就可能追問，如果江山是你打下來的話，我可不可以學著你，也造反打天下呢？我可不可以叛亂呢？這就很難回答。

　　在漢景帝的時候，曾經有過一次御前辯論。當時是有一個儒生叫轅固生，還有一個是研習道家理論的人叫黃生，他們爭論「湯武革命」到底對不對。道家主張無為嘛，所以黃生就覺得湯武革命是錯的。而儒家的轅固生就反駁了一句，說如果湯武革命是錯的，那麼當年我們高皇帝起兵反秦，不也錯了嗎？漢景帝就陷入了兩難，如果你承認湯武革命是對的，那麼劉邦當然也是對的，但將來別人造我們的反也是對的；如果你要承認湯武革命是錯的，那麼從一開始劉邦造反就錯了。所以漢景帝無論怎麼回答都不是一個完美答案，這個問題當時就擱置了。

　　真正回答這個問題的，就是董仲舒。董仲舒在《天人三策》中提出了「君權神授」的概念，就是高祖劉邦得天下是一種天命。那麼問題又來了，如果是天命歸漢，大漢王朝是不是就應該千秋萬代地存在下去了呢？董仲舒的回答是否定

第六十一講 ❖ 中國政治制度簡史（六）中央集權的加強與國家意識形態的演變
Chapter. 61　A Brief History of the Chinese Political System (6)
The Strengthening of Centralized Power and the Evolution of State Ideology

的。他說王朝能否延續不僅要看它的天命，還要看國君能不能夠「法天立道」，就是按照天道去治理國家。一個國君應該「溥愛無私，布德施仁，設義立禮」，簡單地說，國君必須人正、心正，同時還能夠正朝廷、正百官、正萬民、正四方。也就是說「君權神授」的概念除了樹立了皇權的神聖性之外，也給皇權設置了一個邊界，就是你必須按照天道來行事。如果你要是傷害百姓，殘暴荒淫，那麼你就背離了天道。這時候各種災禍就會降下。如果你還不知悔改，那麼你就面臨著被推翻的危險。這樣的王朝，應該被推翻，而且也必須被推翻。

所以董仲舒提出的「君權神授」，一方面回答了「為什麼是你執政」的問題，因為你有天命在身；還有就是你怎麼執政的問題，就是必須得按照天道來行事。

天人三策中對君權的約束部分，幾乎跟美國的《獨立宣言》如出一轍。獨立宣言開篇是這樣寫的，「我們認為下述真理是不言而喻的，人人受造而平等，造物主賦予他們若干不可剝奪的權利，其中包括生存權、自由權和追求幸福的權利，也就是說我們每個人的權利是天賦的」，後面又說，「任何形式的政府只要破壞上述目的，人民就有權利改變或廢除它，並建立新的政府」，也就是說如果政府害百姓，百姓有義務起來推翻你，跟董仲舒講的東西是不是很相似？

也就是說美國的國父們認為人的權利是天賦的，是造物主給的，以天賦人權來約束君權，具體表現就是把人權寫入憲法，以憲法約束君權或者政府的權力。《天人三策》裏所談到的君權神授，起到了類似於後來西方國家中憲法對於總統或者國王的權力的約束，所以我個人認為，中國的皇權社會並不是一個絕對獨裁的社會，甚至可以說是一個准君主立憲的社會。

除了君權神授之外，董仲舒還給漢武帝提出了很多建議，其中非常重要的一條就是確立了中國後來的國家意識形態，也就是「罷黜百家，獨尊儒術」。關於這個問題我們下堂課再說。

第六十二講 ❖ 中國政治制度簡史(七)
獨尊儒術

Chapter. 62　A Brief History of the Chinese Political System (7)
Revere Confucianism Only

上一堂課咱們講到董仲舒用「君權神授」回答了一個王朝的執政合法性問題。董仲舒對中國歷史的影響非常深遠，所以我們先簡單地介紹一下他的生平。

董仲舒是西漢的一位大儒，河北廣川人，小時候學習就非常刻苦，留下了一個成語叫「目不窺園」，就是說他在一個花園的旁邊讀書，三年都沒有抬頭往花園裏看一眼，非常專注。他學有所成後聲名遠播，很多人都想拜他為師。他在面前垂下一個簾子，隔著簾子向弟子傳授學問，當然這樣只有靠得近的人能夠聽得見，那麼離他近的弟子再把他的話傳給坐得遠的弟子。董仲舒專門研究《春秋》，在景帝時期做過博士，還寫過一本非常長的書叫《春秋繁露》。

董仲舒在《天人三策》中講到「天人感應」，就是天道和人事之間、或者天象和人類社會的狀態之間互相影響。當上天準備立某個人為君主，那麼就會降下相應的祥瑞，大家一看就知道這個人有天命在身。比如說武王伐紂的時候，一條白色的魚躍入了武王的舟中。我們知道按照五行終始，商代屬金，周代屬火。按照顏色跟五行的對應關係，商朝屬金，五行中金色白，魚又象徵著龍，所以白色的魚跳到武王的船上，就象徵著商朝的天命落到武王的手中，於是武王成就了王業。這就回答了為什麼由你來執政的問題。

那麼你怎麼執政呢？如果一個國君驕奢淫逸、虐待百姓、道德衰微，那麼這時就會招來諸侯的背叛；由於他濫用刑罰會造成很多怨氣，這些怨氣淤積起來就會產生自然災害，這就是災異產生的原因。董仲舒說，「臣謹案《春秋》之中，視前世已行之事，以觀天人相與之際，甚可畏也；國家將有失道失敗，而天乃先出災害以譴告之，不知自省，又出怪異以警懼之，尚不知變，而傷敗乃至」。意思是說他讀《春秋》這本儒家的經典，發現天和人之間的關係是非常讓人敬畏的。當一個國家衰敗的時候，老天爺首先會降下自然災害，比如說地震、洪水、蝗蟲之類的災害來警告你；如果你再不改變就會出現怪異的事，比如突然之間地陷了一個大坑，突然之間下的雨像血一樣；如果你仍然不知道自省，不去改正錯誤，那麼這個國家就要滅亡了。所以董仲舒說，「以此見天心之仁愛人君而欲止其亂也」，就是上天對國君是非常仁愛的，通過這樣的方式來防止動亂的發生，「自非大亡道之世者，天盡欲扶持而全安之，事在強勉而已矣」，就是如果你不到不可救藥的時候，上天總是想給你一點機會的。

除了天人感應和君權神授的概念，董仲舒還給漢武帝提出了一些非常具體的執政建議，包括舉賢良、明教化、興太學，所以《天人三策》還有另外的一個名字，叫作《舉賢良對策》。

什麼叫作舉賢良呢？就是要推舉有能力的人來做官。在漢初能夠做官的主要就是三類人及其後代，一類是功臣，像張良、樊噲、陳平、周勃等等，在朝廷中形成一個功臣集團；還有一批是外戚，相當於皇帝的妻子或者是皇帝的母親這一支，象呂氏外戚、竇氏外戚等等；還有一批人是皇族，直接就被封為諸侯王了。漢景帝的第一個丞相叫申屠嘉，是曾經跟高皇帝打天下的功臣，但你在《史記》中基本上看不到申屠嘉立了什麼功勞。楚漢戰爭時，他就是一個弓箭手。但是他身體好，等到景帝登基的時候，諸大功臣都已經老的老、死的死，申屠嘉也就當

了丞相。也就是說當時選官主要看你的年頭和資歷，而不是才幹和德行。董仲舒認為這樣選官非常不合理，所以他就主張以才幹和德性為標準，具體的做法就是「舉賢良」——由俸祿兩千石以上的官員（相當於省部級和以上）每年向國家推薦兩個人才，國家則對被推薦人進行考核。如果考核發現被推薦的人確實很有能力，道德品性也好，就會獎勵推薦人；否則朝廷就要懲罰你。這種制度也叫「察舉制」，所謂「察舉」就是考察和推薦，這就等於是給了普通人出仕做官的機會。董仲舒說，「毋以日月為功，實試賢能為上，量材而授官，錄德而定位，則廉恥殊路，賢不肖異處矣」。

我們知道，董仲舒是一位大儒，而儒家從來都是注重教育的，所以他還提出了另外兩個建議，一個是明教化；一個是興太學。所謂明教化就是在全國普及教育。董仲舒說：漢武帝是一個明主，不管是能力也好、道德也好都是非常傑出的，但為什麼社會上還有很多問題呢？董仲舒認為是人的整體道德水準不行，怎麼辦呢？董仲舒：「立太學以教於國，設庠序以化於邑」，就是在國家層面設置太學，在地方上設置庠序（地方學校），「漸民以仁，摩民以誼，節民以禮」，就是用仁德去感化人，用「義」去勉勵人，用禮去約束人，「故其刑罰甚輕而禁不犯者，教化行而習俗美也」，這樣你就不需要用很重的刑去懲罰人，而只是通過教化就可以讓很多人不犯罪了。教化大行的時候，風俗也就淳美了，這就是「明教化」。

在「明教化」中，董仲舒建議設置一國的最高學府，就是太學。因為國家的人才不光要選拔還要培養，而靠自學成才的、有天賦的人畢竟是少數，於是國家設立太學，對政府官員的子弟進行教育，讓他們讀儒家的經典。太學制度從漢代開始一直延續下來，到隋唐的時候就改稱國子監。進入太學學習的人就相當於咱們現在的人上大學，每年要考試，根據考試成績決定你繼續學習還是出去做官，甚至直接開除掉。董仲舒說，「臣願陛下興太學，置明師，以養天下之士，數考

問以盡其材，則英俊宜可得矣」。察舉制度是選拔人才，太學是培養人才，這兩條腿一起往前走，就使漢代的人才源源不斷，這是非常了不起的創舉。我們知道歐洲中世紀是一個封建社會，當時能夠做官的主要是三種人，教士、貴族和封建諸侯。歐洲最早的文官制度是在1830年才出現的；日本在明治維新以前，官吏主要還是武士；而中國在漢代就出現了文官政府，普通人通過學習也可以做官，這比歐洲早了將近2000年。

察舉和太學制度就使得除了皇帝之外的所有政府官位都向全民開放。漢代的第一個布衣丞相就是公孫弘，因為儒家的書讀得好，對策第一，得到了漢武帝的賞識。所以察舉制度為漢代提供了很多人才，太學又培養出源源不斷的各種人才來。

除此之外，董仲舒還提出了一個非常著名的建議，被後世總結為八個字——「罷黜百家，獨尊儒術」。在《天人三策》中董仲舒寫了一段非常有名的話，「《春秋》大一統者，天地之常經，古今之通誼也，今師異道，人異論，百家殊方，指意不同，是以上亡以持一統，法制數變，下不知所守。臣愚以為諸不在六藝之科孔子之術者，皆絕其道，勿使並進，邪辟之說滅息，然后統紀可一而法度可明，民知所從矣」。什麼意思呢？董仲舒說：《春秋》這本書是非常注重統一的，裏邊提出的觀點是從古到今，從天到人都認可的，但現在思想上就無法統一。像戰國時期有很多不同的學說，道家、儒家、墨家、陰陽家等等，他們都把自己所講授的學問稱為「道」，但每個人講的「道」都不一樣，這就叫作「師異道」。「人異論」就是大家對一件事情的看法不同，議論紛紛，各說各的道理，吵成一團。這種現象也有一個很好聽的名字，叫百家爭鳴。但是最後因為沒有統一的結論，國君在制定政策的時候也就不知道應該聽從誰的主張，國家的法律也就變來變去，底下人就不知道應該持守什麼原則。所以董仲舒建議說：我認為不研究孔子學說的那些學者，

就不要給它晉身出仕的道路。這樣我們就只有儒家這一種思想，法律也據此來制定，這樣法律就穩定了，老百姓的是非善惡標準也就定下來了。

很多人非常不喜歡「罷黜百家獨尊儒術」，認為是一種文化上的專制，當然也有很多人喜歡，所以這裡有必要簡單地討論一下。

我們知道，統一思想方面做得最極端的就是法家，用國家暴力來強行統一思想。我們以前講過韓非子的主張，「無書簡之文，以法為教，無先王之語，以吏為師」。法家的具體辦法就是焚書，根本就不讓你有思想，只能聽上面的。而董仲舒沒有建議使用暴力，而是通過國家鼓勵儒生做官的政策來引導大家。你自己學什麼都行，也沒有人干涉你，但國家在選官的時候只看你儒家的學問掌握得怎麼樣。

「罷黜百家」的做法影響非常深遠，我想說一下它積極的一面。我們知道儒家儘管具有一些宗教的特點，比如說有祭祀祖先、祭祀孔子的廟宇，但儒家更注重的是道德教化。他強調的是人世間的是非善惡，但並不是以天國地獄為歸宿，所以不是出世的宗教，至於出世修行的部分就交給其它宗教來完成。

以儒家倫理而不是宗教為國家意識形態，就避免了一個問題。什麼問題呢？就是宗教具有鮮明的排它性，就像釋迦牟尼說「天上天下唯我獨尊」，耶穌說：我是唯一的真神。當你以某一個宗教為國家意識形態的時候，別的宗教就沒有辦法繁榮和發展。那麼中國以儒家倫理為國家意識形態，就避免了出現一教獨大的局面，它使得政府更具有宗教寬容的特點。所以你會看到後來的道教和佛教都能夠在中國並存，發展繁榮，像唐代的時候三教鼎盛，給中國帶來了非常豐富和繁榮的文化，這也是尊儒術的一個好處。

我們知道傳統的儒家是提倡包容性的，孔子講「君子和而不同」，我跟你不一樣，但是我們可以和諧相處，所以它也讓中國人對各種外來文化持開放包容

的態度，這就讓中國文化變得豐富而博大。

當然如果獨尊儒術也會帶來一個問題，就是儒家通常都是和平主義者，是特別怕打仗的，所以如果儒家的東西過重，沒有加入兵家來平衡，就可能會造成國家尚武精神的衰落，宋代就是一個非常典型的例子。

獨尊儒術還有一個影響就是為後代的法律制定奠定了一個標準。我們知道美國在制定法律的時候，是以憲法為標準的，違反憲法的法律是無效的。如果國會通過一個法案，大家覺得違憲，就可以通過打官司的形式，由最高法院來裁決。美國的最高法院其實是憲法法院，判定一個法律是不是符合憲法。那麼制定憲法的原則又是什麼呢？有人說是自然法，就是獨立於政治上的實在法而存在的正義體系，簡單地說就是自然法跟政治制度無關，每個人從直覺出發就知道這事對還是不對，因為每個人心中都有良知嘛。你也可以把自然法理解為人類社會幾千年形成的公序良俗，或者是人性良知對善惡的判斷。

也有人認為憲法並不是起源於自然法，而是起源於摩西十誡。十條誡命規定了什麼能做，什麼不能做，這就是法律。我個人覺得其實自然法也是根據神的誡命形成的，就是大家都相信神，神說不可偷盜、不可殺人、不可姦淫，這就成為了大家都認可的一種社會行為準則，或者說自然法。當一個人違反了這種自然法則的時候，就要受到懲罰，具體的懲罰規定就寫在刑法中。

為什麼要討論上面這個問題呢？因為當我們知道了制定法律的根源是什麼的時候，你就明白這個根源是不能動的。只有這個根源不動，法律體系才是穩定的。因為神的誡命永遠不變，那麼由此派生出的善惡標準當然也就永遠不變，法律上判斷對錯的標準就永遠不變，法律就比較穩定了。你不能說今天殺人是錯的，明天殺人又變成對的了，這肯定是不行的，人的思想就亂了。比如說以前殺人是錯的，但中共搞文化大革命，告訴你說你可以殺階級敵人了，而且隨便

殺，這它不就造成了社會混亂嗎？所以這就是為什麼董仲舒講，制定法律的標準是不能變的，即「然後統紀可一，而法度可明，民知所從矣。」

當然董仲舒說尊儒，並不因為儒家就天然正確。儒家之所以正確，是因為儒家的主張符合了天道，所以董仲舒說，「故聖人法天而立道」。孔子為什麼是聖人呢？因為他是根據上天的規則確定了人世間的道理。所以聖人「溥愛而亡私，布德施仁以厚之，設誼立禮以導之」，總而言之就是仁、義、禮等等都是從天道中派生出來的，聖人考察天地的法則制定了人間的法則，所以要人講仁、講義、講禮。春天萬物生長，秋天萬物肅殺，所以國君不僅要教化和養育人，同時也要懲罰人，也就是既有「禮」，也有「刑」。董仲舒說：「孔子作《春秋》，上揆之天道」，揆是揣度的意思，「下質諸人情」，就是孔子既考慮天道，又考慮人情，「參之於古，考之於今，故《春秋》之所譏，災害之所加也，春秋之所惡，怪異之所施也」，就是

漢武帝

你違背了《春秋》就會出現災害和怪異。董仲舒還說，「道之大原出於天，天不變，道亦不變」，這樣制定法律的根本原則就穩定下來了。董仲舒的論述很多，幾乎每一點都深得漢武帝的共鳴。

漢武帝繼位的時候只有16歲，國家太平無事已經很久了，經濟非常繁榮，在這樣的氛圍下人會變得懶惰，說好聽點叫「無為而治」，說不好聽點叫「因循守舊」，也就是很多人在混日子。漢武帝一登基就發現了這個問題，國家積累了有很多需要解決的問

題，一方面是內部諸侯王的驕縱，另一方面是外部的匈奴對大漢的威脅。我們知道漢武帝非常有才幹，他的武功很高，可以徒手和猛獸搏鬥，同時他也非常有文采，他下詔策問，很多人給他提出各種各樣的建議，他都是親自去審查的，有點像殿試的那種感覺。加上漢武帝少年登基，有一種進取的精神，所以他就要對外用兵開拓疆土，對內解決諸侯王的問題和打擊豪強等等。

但是當漢武帝要做事的時候，就受到了很多人的抵制，因為道家講無為，所以他一做事大家就說：要無為啊，不能這麼做呀，我們老祖宗這麼多年都是這樣無為地過日子，不是挺好的嗎？所以漢武帝就意識到，如果要想做事的話就必須得改變國家意識形態，把道家這套「無為」的東西先放在一邊。其實要罷黜百家的還不是董仲舒，而是漢武帝的丞相衛綰。根據《漢書·武帝紀》的記載，衛綰曾經給漢武帝上書說，除了儒家的學說，別的百家學說都不要用，漢武帝也覺得很有道理。

所以當時在朝廷中有兩派勢力，像丞相衛綰、魏其侯竇嬰，以及武安侯田蚡等都支持儒家。聽起來這派勢力挺大，但實際上他們加在一起都幹不過一個人，這個人就是竇太皇太后。竇太皇太后是漢武帝的祖母，主張無為。所以，儒家這一派曾經建議漢武帝，有事不要請示竇太皇太后，自己決定就好了。結果竇太皇太后大怒，結果是趙綰和王臧自殺，竇嬰和田蚡被免職。這是漢武帝尊儒遇到的一次重大挫折。一直到公元前135年，也就是漢武帝登基的第六年，竇太皇太后去世，儒家才真正的揚眉吐氣。

我們前面講了一下中國國家意識形態的變遷，從先秦的百家爭鳴到秦代的法家，然後到漢初的道家，再到漢武帝時期的儒家，這個過程就是中國人對國家意識形態探索的過程，到了武帝時期才真正定下來。我們剛才說過，這個東西如果不定，整個國家制度都是不穩定的，而當這個制度一旦定下來的時候，後面

的那些政治制度設計都只是在這個基礎上進行一些小的修改，但大框架已經定下來了。因為這件事情非常重要，所以我們才花了很大的篇幅來講這樣的一段政治制度的探索過程。從下一堂課開始，我們會講一下中國古代的選官和考試制度。

第六十三講❖中國政治制度簡史(八)
中國古代的選官與考試制度(一)

Chapter. 63　A Brief History of the Chinese Political System (8)
Official Selection and Examination Systems of Ancient China (1)

　　我們前幾堂課講了一下中國政治制度和國家意識形態的變遷,今天我們講一下中國歷朝歷代是如何選拔官員和對他們進行考核的。

　　中國的官員選拔經過了幾次變化。最開始是在先秦時期實行的世卿世祿制度;之後就是漢代的察舉制;魏晉實行九品中正制;然後到隋唐開始了科舉制度,之後選官制度就基本上穩定下來了。我們下面把這個歷史變遷的過程詳細講一下。

　　秦以前的周代實行的是「世卿世祿」的制度,就是天子、諸侯、大夫和士都是屬於貴族,他們的官位和封地由嫡長子繼承,細節我們以前講過,今天不再重複了,但我想討論一下這種制度的利弊。這種制度會讓社會階層固化。在很多人看來,這是非常不合理的。因為你的社會地位跟你的德行、才幹毫無關係,而只跟你的家世有關,等於是貴族的子弟天生就是含著金鑰匙出生的。但如果我們從當時社會生產力的角度去考察,會發現這也是一種必然的選擇。因為當生產力不發達的時候,如果大家都去從事體力勞動,那麼禮樂制度如何維繫,文化又如何發展和傳承?所以就必須有一個貴族階層完成文化的積累、傳承和發展。

　　在孔子以前,只有貴族才能夠接受教育,打仗的時候只有國人可以參軍,

因為國人是城裡人，即使不是貴族，也和貴族有著非常近的血親關係。這些人為國家出征打仗流過血，所以有一種榮譽感，當然也就成了現行制度的維護者，希望國家長治久安；同時因為他們有文化，所以也是文明的傳承和推進者。其實我們現在看到歐洲的君主立憲國家，貴族也仍然是傳統的道德、文化和生活方式的維護者，而且貴族需要參軍為國家效力。

這種榮譽感和教養除了對維繫社會道德有好處，還有利於維繫國際關係。因為當時通婚通常都是貴族之間的通婚，不同國家之間因此建立了姻親關係。不同的部落和邦國之間，都有著或遠或近的血緣或姻緣關係，因此即使發生戰爭也會比較克制，很難出現一國滅掉另外一國的情形，也就是說，戰爭的殘酷性受到了節制。但這個情況到了春秋後期就基本上維繫不住了。

我們知道，到了春秋後期，孔子招收學生的時候就不再看學生的社會地位。只要你交學費，孔子就教你，這樣就把教育下移到了庶民階層。春秋時期由於爭霸的需要，需要任用有才能的人做官，即使是地位卑賤的平民也有了步入仕途的機會，像管仲、寧戚、百里奚等人出身貧窮低微，但卻成為了輔佐齊桓公、秦穆公稱霸的一代名臣。當然他們雖然做官，可是他們的爵位並不高，像管仲是齊桓公的相，相當於總理，正國級的官員，可是他的爵位是下卿，就是下級貴族。而那些世卿，如高子、國子，地位要比管仲高得多。

到了戰國時期，由於諸侯爭霸的需要，很多有能力的人就脫穎而出了。他們被稱為士，很多都窮困潦倒，像「狡兔三窟」裡的馮諼，「毛遂自薦」裡的毛遂等都很窮，但他們可以自我推薦，或者憑藉自己的名聲去做官。戰國時期很多特別厲害的人都是靠自我推薦出仕的，像商鞅、龐涓、范雎、蔡澤、李斯、蘇秦、張儀等等。也有一些是國君信任的人推薦，比如當時戰國初年的時候魏文侯，手下有一個大臣叫翟璜。翟璜就向魏文侯推薦了很多人才。魏文侯想打中山國，翟璜推薦

第六十三講 ❖ 中國政治制度簡史(八)中國古代的選官與考試制度(一)

Chapter. 63   A Brief History of the Chinese Political System (8)
Official Selection and Examination Systems of Ancient China (1)

了樂羊;魏文侯想治理鄴城,翟璜推薦了西門豹;攻克了中山以後沒有人去治理,翟璜又推薦了李悝等等。這些能人出仕的故事,很多都非常精彩,但我們也可由此看出當時並沒有一個成熟的選官制度。就是人才的選拔,並沒有一個什麼考試,海選之類的,很大程度上除了才幹之外還要看你的運氣。

剛才說了春秋戰國時官員的選拔,下面說一下考核制度。戰國時期的官員考核叫上計制度。由於分封制的瓦解,很多國家在戰國時期就開始設立郡縣,郡的長官叫郡守,縣裡的叫縣令或縣長。這種人實際上跟國君之間已經沒有了血緣關係,而完全變成了一種雇傭關係。國君給你發工資,讓你去管理一塊地方,那麼你到底管得好不好、有沒有達到國君的要求呢?國君就要派一些人去對你進行工作考核,這個就是上計制。具體地說,就是官吏每年預先將一年內自己要做的事寫在一個券上,就相當於事先跟國君訂一個計畫,等到年終的時候要向國君彙報。國君會拿著這個券說:你今年跟我說要徵多少多少稅,到底徵沒徵到啊;開墾多少荒地有沒有開墾啊等等,這就叫作上計。

有的官員對這個考核就不重視,比如像西門豹治鄴的時候,按照史書的記載,他就沒拿上計當回事,跟國君說了一番願景,結果上計的時候他沒幹,所以國君把他免官了。就是說,如果你不好好幹,KPI考核不合格,國君會罷你的官。

之後就到了秦代。我們沒有看到秦代有任何跟官員選拔和考核的規章制度,當然也可能會有,但沒有傳下來。秦代的統一時間很短,一共12年,接下來天下大亂,陳勝吳廣造反,三年後秦就滅亡了,歷史就進入了漢代。

漢代選拔和任用官員的方式就制度化了。當時選官主要有四種方式,叫作察舉、徵辟、太學考試和任子制度。我們先說一下什麼叫察舉。察舉就是兩千石俸祿以上的官員,每年需要向國家推薦兩個人才;在地方上,郡守也可以按照治下人口二十萬分之一的比例來推薦人才。被舉薦的人通過國家考試以後加以錄

用。咱們在講董仲舒「天人三策」的時候已經提到了察舉制度。

還有一種選官方式叫「徵辟」，如果皇帝聽說某個人很有才幹，要招他去做官，這就叫作「徵」；還有一種是地方官員聽說誰很有才幹，就招他去做官，這就叫作「辟」。在《漢書》第51卷裏記載了一個叫枚乘的文學家，漢武帝做太子的時候就聽說過他的大名，所以漢武帝即位以後就徵召枚乘，這時枚乘年齡已經很大了，所以「乃以安車蒲輪徵乘，道死」，漢武帝就派出了安車，安車是什麼東西呢？古時候的車上的人都是站著的，就是一個人駕車，尊貴的人站車左，擔任警衛的人站在車右，叫參乘。而安車就是在車上放一個座位，你可以坐下來。什麼叫蒲輪呢？我們知道中國古時候的輪子都是木頭做的，不可能特別圓，加上道路也不平，車子就會很顛簸。於是就用蒲草把輪子給包起來，起到一種減震的作用，這樣你坐在車上不會很顛簸。漢武帝考慮到枚乘年齡太大了，徵召的時候就讓他坐在車上，把輪子用蒲草裹起來，但枚乘還是在路上死了。所以徵辟就是你名聲很大，朝廷就直接徵你做官了，像司馬相如也是被漢武帝直接徵去做官。

還有一種選官的制度就是太學考試，咱們在講天人三策的時候也提到過了，不再重複了。

最後一種任官的制度叫作任子，也叫作恩蔭，就是指省部級和正、副國級的官員，在做滿3年後，可以推薦自己的兒子或者兄弟去做官。這是國家對政府高級官員的獎勵或安撫，但他們的兒子並不能繼承父親的官位，而只能從郎官做起。郎官就是最低一級的官吏。

當時官員還有任用和回避制度，比如你不能夠回到自己的家鄉去做官，因為你們家在那兒很多親戚，七大姑八大姨都來找你，問你能不能給我兒子安排個什麼職位，或者讓你侄子負責什麼工程，這你就很不好辦，因為如果你要是不安排就把親戚們都得罪了，你安排的話就等於把朝廷得罪了。為了避免這種尷

第六十三講 ❖ 中國政治制度簡史(八)中國古代的選官與考試制度(一)

Chapter. 63   A Brief History of the Chinese Political System (8)
Official Selection and Examination Systems of Ancient China (1)

尬的情況出現，官員就不能回家鄉去當官。除此之外，當官還有試用期，還要定期的考核。

漢代設置了一個職位叫刺史，專門負責考察地方官員的治績。漢武帝把全國分成了13個州，實際上就是13個監察區，象冀州、幽州、青州、并州、涼州、揚州等等，每個州由一位刺史負責。每年到了8月份，刺史就到州裏去巡行考察地方官，比如是不是貪污受賄啊，審案子是不是公平啊，經濟發展情況怎麼樣等等。京畿地區還有七個郡，負責考察的官員不叫刺史，而叫司隸校尉。

剛才提到漢代的四種選官制度，實際上在實施中察舉是最主要的選官途徑。但政策執行到了東漢時期就出現了一些問題，就是我們在第51講裏提到的「經學傳家」和世家大族的出現，官位逐漸被這些世族所壟斷。這些世族除了佔據了大量的政治資源外，還擁有大量的土地，從而出現了很多依附他們的農民和私人軍隊，同時這些世家大族互相結交，互相提拔對方的學生或者子弟，這樣就出現了世家大族門生故吏遍於天下的聲勢。這種情形在曹操的時候有所糾正。

因為曹操要打仗，就需要用那些真正有才能的人。這些世族的子弟，平時聊聊天還可以，但不懂軍旅戰陣之事，同時又消耗朝廷的很多俸祿，所以曹操在選官的時候就不能從世族中選。從建安10年到建安22年，曹操陸續下達了三次詔令，也稱為「魏武三詔令」，提出了令當時的世族難以接受的選官原則——「唯才是舉」。也就是不問出身、品德，只要有才幹，曹操就用你，甚至你道德上有瑕疵，曹操也不在乎。但你沒有才能，就是出身再高貴，曹操也不用。

像曹操身邊的一個大謀士叫郭嘉，就屬於極其聰明的人，但個人生活不檢點。當時有個負責監察的官員叫陳群，就經常彈劾郭嘉。曹操鼓勵和獎勵陳群，認為他工作努力，對大家要求很嚴，但也不處罰郭嘉，因為曹操知道他打天下是需要郭嘉的。

等到曹操去世以後，繼位的是曹丕。曹丕想要篡漢當皇帝，那就必須得到百官的支持，而百官裡最有勢力的就是那些世族。所以為了爭取這些世族，曹丕在陳群的建議下制定了一種全新的選官制度，叫作九品中正制度。所謂中正就是做事不偏不倚，又非常正，有能力、眼光好、道德好，這種人叫作中正。當時選官的標準是根據候選人的家世、德行、才幹，把人分為上中下九等，然後根據你的等級，像給你打分一樣，再決定你能夠做什麼官。

但實際執行的時候，雖然說是除了家世之外還要考察德行和才幹，實際只考察家世，於是出現了上品無寒門、下品無世族的現象。如果你社會地位低，你不可能成為上品；如果你社會地位高，你也不會劃分到下品，所以這樣就形成了變相的世卿世祿制度了。

等到司馬家族建立西晉以後，世族的勢力就更大了。世族有一些特權，比如說免除徭役，就是不需要為國家幹體力活，也不需要繳稅和服兵役。那麼一個普通的農民，如果投靠某個世族，變成他的佃戶，也就免除了賦稅、徭役和兵役。這樣世族身邊就出現了大量依附他們的賓客、佃戶、奴婢和私人軍隊，在政治、經濟和軍事上就掌握了話語權。

當時世族的影響能達到什麼程度呢？我們知道，公元311年發生過一個非常重要的事件叫作「永嘉之亂」，匈奴人入侵洛陽，俘虜了晉懷帝。後來逃到江南的司馬睿建立了東晉政權。司馬睿之所以能夠在江南立足，就是因為得到了兩個大世族的支持，一個是王家，一個是謝家，主要是王家的王敦和王導支持他。在二十四史中的《晉書》第65卷有一段讓我們現在看起來瞠目結舌的記載，「及帝登尊號，百官陪列」，就是舉行登基大典的時候，文武百官兩邊站立，晉元帝司馬睿竟然做了這樣一件事——「命導升御床共坐」。百官向皇帝叩頭，山呼萬歲，結果皇帝說：王導你別叩頭，你到我這兒來，跟我一塊兒坐這把龍椅。當時王導

第六十三講 ❖ 中國政治制度簡史(八)中國古代的選官與考試制度(一)
Chapter. 63   A Brief History of the Chinese Political System (8)
Official Selection and Examination Systems of Ancient China (1)

嚇壞了,「因辭,至於三四」,就是反覆推辭。最後王導說什麼呢?「若太陽下同萬物,蒼生何由仰照」。陛下就是太陽,如果太陽降到跟地面一樣高,又怎麼能夠普照萬物呢?這樣晉元帝才算了。所以你會看到皇帝竟然對世族的尊重或者畏懼達到如此程度。當時小孩唱一個歌謠,叫「王與馬,共天下」,就是司馬家族和姓王的家族是共享天下的。

當時的世族有多囂張呢?我們知道南北朝的時候,南方有一個劉宋政權,開國皇帝是宋武帝劉裕。劉裕的舅舅叫路慶之,路慶之的孫子叫路瓊之,這都屬於皇親國戚啦。路瓊之去拜訪王僧達,就是王姓世族的大家長啦。王僧達就不理他,躺在床上半天不說話,突然間問了一句:我們家裏以前的馬車夫路慶之是你什麼人啊?路瓊之說:那是我爺爺。王僧達就很生氣,說你一個養馬人的孫子竟然也敢來見我,就讓人把路瓊之給攆出去;不但把他趕走,連他坐過的凳子都拿出去用火燒掉,就是嫌你太髒了。路瓊之都是皇親國戚了,討了一個沒趣,回來向皇帝哭訴。宋武帝也沒有處罰王僧達。

所以從東漢後期到魏晉南北朝,選官方式有一種向世卿世祿回歸的趨勢,但是兒子還是不能直接繼承父親的官位和爵位,只能從郎官做起。當然如果他們家世很好,升官的機會會比別人多得多。

魏晉南北朝這四百年的大分裂結束於隋。從隋代開始,中國出現了一種新的選官制度,就是科舉制。關於這個問題我們下堂課再說。

第六十四講 ❖ 中國政治制度簡史(九)
中國古代的選官與考試制度(二)

Chapter. 64   A Brief History of the Chinese Political System (8)
Official Selection and Examination Systems of Ancient China (2)

大家好,今天我們講關於中國古代的選官和考試制度的最後一部分,「科舉制」。

科舉制度始於隋大業三年(公元607年),大業是隋煬帝的年號,一直持續到光緒31年(1905年),一共1300年左右。也有人說在隋文帝的時候就已經有了進士科的考試,比我們剛才說的隋大業三年還要再早一點。「科舉」顧名思義就是科、舉,科就是分科考試,舉就是提拔重用。它給了所有人通過學習儒家經典,再考試做官的機會。

最開始科舉考試分成很多科目,並不像明清時期只考儒家經典。比如在唐朝,一個人如果數學很好,他可以去考明算;如果邏輯思維發達,對法律知識掌握很多,他可以去考明法;如果對於儒家的經典掌握很多,他可以去考明經;如果文章寫得很好,他可以去考詩賦;甚至還有武舉之類的科目,所以當時科目還是很多樣的。

唐代的科舉分為兩種,一種叫常科、一種叫制科。所謂「制科」就是皇帝臨時決定開的科舉;常科就是定期的考試,比如說明清每三年開一次的科舉。唐代的常科主要有兩種,一種叫明經科、一種叫進士科。所謂「明經」就是明習經學,

這裏的經學當然指的就是儒家經典。明經考試有這麼幾步:第一步是帖經,就是把大段的儒家經典給抄下來,中間空幾個地方,讓你把空格的部分填出來,所以你只要對儒家的經典倒背如流,考過去是沒有問題的;帖經之後還有默義,默義就是要你解釋經典中這句話到底是什麼意思;然後還要考時務策,就是看你能不能夠結合經典中的論述來解決當前實際問題。經學中像《禮記》《春秋左傳》被稱為大經;《毛詩》《周禮》《儀理》被稱為中經;《周易》《尚書》《春秋谷梁傳》和《春秋公羊傳》被稱為小經。

明經考起來是比較容易的,因為只要你熟讀經典,理解義理,還能夠聯繫點實際就行了。所以唐代有一句話說「三十老明經,五十少進士」,意思就是你三十歲考過明經,已經算年齡很大的了,人家可能十四、五歲就已經把經典背得滾瓜爛熟。那麼「五十少進士」呢?就是如果你五十歲考中進士,那也算進士中比較年輕的了,因為進士特別難考。

進士科除了考經學之外,還要考詩賦,而且錄取名額很少。明經比如說一百人中可能取十個人,就是10%的錄取率,但進士一百人中只取一兩個人,所以考中進士是一件非常榮耀的事。

唐朝的進士考試沒有後來那麼規範和嚴格,應舉的人可以把自己的作品送給朝中有地位的人或者是在文學方面有聲望的人去看,並得到他們的推薦,這個過程叫作行卷。如果得到什麼王爺、公主、權貴或者文壇領袖的推薦,考中的可能性就很大。當然你要想中舉,文章詩賦一定非常好,但你排第幾名可能提前就內定了。就是當初你行卷的時候,考官看你這個人不錯,夠中狀元的了,那麼你可能還沒考試,就已經內定是這年的狀元了。

在《古文觀止》裏收錄了一篇文章叫《與韓荊州書》,作者是李白。我們知道李白是個文采飛揚的人,但他去參加科舉考試的時候也要行卷。他當時是給一

第六十四講 ❖ 中國政治制度簡史(九)中國古代的選官與考試制度(二)
Chapter. 64　A Brief History of the Chinese Political System (9)
Official Selection and Examination Systems of Ancient China (2)

位常常提携年輕人的官員韓朝宗投卷,投的就是這篇《與韓荊州書》。我們一起看一下,「白聞天下談士相聚而言日」,意思是李白我聽說天下的這些士人們聚在一塊聊天的時候經常講這樣一句話,「生不用封萬戶侯,但願一識韓荊州。何令人之景慕,一至于此耶!豈不以有周公之風,躬吐握之事,使海內豪俊,奔走而歸之,一登龍門,則聲價十倍!」我不一一的去翻譯它,這裏李白提到一句話,「一登龍門聲價十倍」,就是如果能夠得到韓荊州的推薦的或者得到他的一句話,這個人立刻就成為一個名士了,他的聲望馬上就漲起來了。他說,「所以龍蟠鳳逸之士,皆欲收名定價於君侯,願君侯不以富貴而驕之,寒賤而忽之,則三千之中有毛遂,使白得穎脫而出,即其人焉」,意思就是我李白像毛遂一樣自薦,只要你提拔一下,我馬上就脫穎而出了。所以你看到以李白這樣的大才,還要向韓荊州請求推薦。

當時關於行卷有很多非常有意思的故事。唐代有一位著名的詩人叫王維,被稱為詩佛。王維妙通音律,畫畫也特別好,詩也寫得好。他去參加科舉考試的時候,覺得如果不能中狀元那就不如不去考了。他就先去見唐玄宗的弟弟岐王李隆范,請求岐王推薦他做今年的狀元。岐王說:這個事兒不太好辦,因為今年有一個舉子叫張九皋,張九皋是張九齡的兄弟。張九齡是當時非常有名的詩人,我們都背過他的「海上生明月,天涯共此時」。岐王說,張九皋已經得到了公主的推薦,內定為今年的狀元。後來岐王想了想說,「這樣吧,我給你想個辦法,過兩天我到公主家中吃飯,我帶你一塊去見公主。」

到了宴會那天,岐王給了王維一身非常漂亮的衣服,然後帶他去見公主。王維長得非常漂亮,在唐朝人寫的《鬱輪袍傳》,這本書其實有一點小說的性質,說「維妙年潔白,風姿都美,立於前行」,就是王維長得特別漂亮,又年輕又英俊,皮膚又特別白,姿態又特別好,站在最前面一排。公主馬上就注意到了,然後問

岐王這是什麼人，岐王說他是一個非常懂音樂的人。公主說：「那麼來演奏一下樂器吧。」於是王維開始用琵琶演奏他新作的一首曲子，把公主都給聽傻了，聲調哀切，滿座動容。公主就問他：你彈的這是什麼曲子呀？王維回答說叫《鬱輪袍》。這時岐王就說：「他不僅僅通音樂，而且詩寫得特別好，幾乎無人能跟他相比。」公主就問：「你能不能把你寫的詩給我看一看呢？」王維就從懷裡面掏出幾首他寫的詩交給公主。公主一看說：「這就是我最近一段時間經常背的詩，原來是你寫的呀？！」感覺是粉絲見到了網紅的感覺。公主立刻就讓王維坐在了客人的席位上，跟他一塊喝酒聊天了。《鬱輪袍傳》中說：「維風流蘊藉，語言諧戲，大為諸貴之所欽矚」，就是他講話特別風趣，儀態儒雅，那些權貴們都很欽佩他，都很矚目他。

岐王就跟公主講說，「若使京兆，今年得此生為解頭，誠謂國華矣」，能不能夠請公主派人跟咱們長安市的市長說說，今年考試就讓王維做狀元，這樣國家也有光彩。公主就說：「為什麼不讓他去參加科舉考試呢？」岐王說：「此人非常驕傲，如果不能夠得狀元他就寧可不考，但我聽說公主您今年已經推薦了張九皋做狀元。」公主就笑了：「都是別人托我的人情，沒什麼了不起，如果王維要去考試，我願意推薦他做第一名。」這樣王維就中了那一年的狀元。這一年是開元九年。

這個故事寫得很精彩，王維穿得如何漂亮，彈琵琶如何得到公主賞識，再怎麼用詩去打動了公主，但是實際上小說中並沒有說明公主是誰。一些人把她解釋為太平公主，但是太平公主那時已經死了很多年了。但王維中狀元這事是一定有的。

李白、王維這樣的大詩人都要行卷，其他人就更不用說了。其實白居易也曾經幹過這事。白居易把自己寫的詩交給一個叫顧況的詩人，請他推薦。顧況看

第六十四講 ❖ 中國政治制度簡史(九)中國古代的選官與考試制度(二)
Chapter. 64 A Brief History of the Chinese Political System (9)
Official Selection and Examination Systems of Ancient China (2)

到白居易的名字時就笑著說：長安可是個物價很貴的地方，住在長安很不容易呀，你怎麼叫白居易呢？然後打開了白居易的詩，看到了「野火燒不盡，春風吹又生」這句詩，就說：像你這樣的才能，住在長安也是很容易的。

當時隋唐的考試是由禮部來主持的。禮部是專門負責教育、祭祀、外交等工作的部門。一個人考試通過後，選官的時候還要送到吏部去，也就是筆試在禮部，面試在吏部。當某個地方官員出缺的時候，吏部就要從候補的進士中挑選。

吏部面試要考察一個人的四個方面，叫身、言、書、判。所謂「身」就是看這個人長得是不是夠帥，當然這種帥氣還不是我們現在說的帥氣，而是要求這個人最好是國字臉，看起來比較方正、比較忠直的那種。因為你要做官嘛，面相要有官員的威儀，這是第一道關。然後是「言」，言就是看你是不是口齒伶俐，吐字清楚，因為有的人可能文章寫得很漂亮，但結巴，像韓非子這樣的。第三項叫作「書」，就是你的書法寫得好不好。第四項叫作「判」，判就是判理優長，看你邏輯思維好不好。因為當時的地方官是兵、刑、錢、穀什麼都管的，也就是說軍隊、司法、財政、收稅之類的都管。所以你必須得會斷案子，頭腦必須要清楚。所以唐朝選官的時候，要看候選人的身、言、書、判，面試通過之後才可以去做官。

在唐代，科舉並不是做官唯一的途徑，還有靠家庭背景的。我們知道在南北朝時期實行的是九品中正制度，出現了很多世家大族，官員們通常都是從這些世家大族的子弟中選。這種選官的方式在唐代也部分延續了下來，如果你家世很好也可以出仕做官。像關東的世族就不願意走科舉這條路。關東相當於現在河南、河北、山西、山東一帶的人，原來世家大族所居住的地方。這些人更願意通過家族的推薦、家族的血統出仕。

我們知道唐代有一個非常有名的事件叫「牛李黨爭」，就是分別以牛僧孺和李德裕為首的兩派人互相傾軋。這兩派人就是出仕的途徑不同。牛僧孺這一

派屬於科舉出仕，重的是詩賦文才；李德裕這批人屬於世族家庭，重視的是儒家經典，所以瞧不起那些科舉出仕的人，覺得他們道德不行，對經典的掌握不好，所以兩邊人互相看不慣。世族官員有宗族勢力為依靠，科舉官員有座師門生的關係網，所以從唐憲宗到唐宣宗這兩派人一直衝突不斷。

剛才提到科舉制度會產生一種座師門生的關係網。大家知道一個人文章寫得好不好是一個問題，別人賞識不賞識你是另外一個問題。舉個例子，假如考官特別喜歡豪放派的詞，考生要是詞風婉約，那你寫得再好我也覺得一般，覺得你氣象太衰朽了，沒有豪放詞那種大氣磅礴的氣勢。所以你寫得再好我也不取你。所以過去有種說法，「文無第一，武無第二」，就是武功可以比出個高下來，但文章到底誰好其實是很難判定的。所以一個考生如果真的被某個考官選中了，那當然考生就視這個考官為知己或伯樂。如果一個考官在這一年錄取了很多人，這些人就都會感激同一個主考官，就會圍擁在他的身邊，形成座師和門生之間的關係。同時考中的這批人就稱為「同年」，也會結成一股勢力。

這種情況對於皇帝來說當然就很犯忌諱，所以宋朝就對考試制度做了一定的改革。從宋代開始，科舉就實行糊名和謄錄的制度。這時候已經不行卷了，反而要糊名，就是把你的名字給糊住。考官根本不知道這個文章是誰寫的。但可能還有一種情況，就是考官認識你的字。這種情況下，他也可能會認出你來，就把你拔擢中舉了。所以又增加了謄錄制度，比如說300個人考試，那就找一個人把這300人的文章全都抄一遍。這樣所有人的筆跡都相同，名字又糊起來，就避免了作弊的可能。

這種糊名和謄錄制度有時也會誤傷那些有才能的人。有一個非常有名的公案。宋仁宗的時候舉行了一次科舉，主考官是歐陽修。我們知道歐陽修是唐宋八大家之一，在宋代是文壇領袖。他閱卷的時候讀到一篇文章叫《論刑賞》，就覺

第六十四講 ❖ 中國政治制度簡史(九)中國古代的選官與考試制度(二)
Chapter. 64 A Brief History of the Chinese Political System (9)
Official Selection and Examination Systems of Ancient China (2)

得寫得非常好,但他覺得文筆有點像自己的學生曾鞏。歐陽修想萬一我要把作者點為第一,最後一看是我的學生,別人就會指指點點,就有輿論壓力嘛,所以歐陽修就把這篇文章評為第二名。結果打開名字一看,發現作者不是曾鞏而是蘇軾。這件事被記述在蘇軾的弟弟蘇轍刻的《亡兄子瞻端明墓誌銘》上。

宋代從宋太祖開寶六年開始,錄取進士一律要經過皇帝親自主持的最後一關,叫作殿試,就是由皇帝來親自定這些考生的名次。所以從此之後進士都被稱為天子門生。過去說你是某一位考官選的,現在大家不再這麼講了,因為都是皇帝選的。你們要想跟賞識你們的人組成座師門生的關係就沒問題了,因為皇帝是你們的老師。

在宋代,知識份子的待遇特別好,取士的人數也很多。宋真宗曾經寫過一首勸學詩。這首詩格調不高,文采也很一般,但讀書人幾乎都會用這首詩來勉勵自己。詩中說,「富家不用買良田,書中自有千鐘粟;安居不可架高堂,書中自有黃金屋;娶妻莫恨無良媒,書中有女顏如玉;出門莫恨無人隨,書中車馬多如簇;男兒欲遂平生志,五經勤向窗前讀」。裏面的很多話現在變成了人人皆知的典故,一說「千鐘粟」、「黃金屋」指的就是你要想求得富貴,就要好好唸書。那時候要是誰考中了狀元或者考中了進士,是一件非常榮耀的事,「十年受盡寒窗苦,一舉成名天下聞」。

明清時代每三年才開一次科舉,每次全國錄取300人,那比現在拿一個博士學位還難。考中進士以後,特別是頭甲的三名,狀元、榜眼、探花,跨馬遊街,人人都會在街邊看今年的狀元郎是誰,然後是瓊林賜宴,皇帝親自請大家吃飯,反正那是知識份子最嚮往、最有面子的一件事了。

科舉在元代曾經一度中斷。元代是蒙古人在統治,他們最開始不太重視漢人文化,也不太重視科舉,所以從公元1271年大元開國一直到了公元1313年,

中間經過了42年都沒有開科取士。一直到元仁宗時期，才重開科舉。

最後我們來說一下明清的科舉。明清時代的考試叫八股取士，分為四級。第一級叫作童子試，也稱之為童試。童試其實也分為三級，我們一會兒再說；童子試考過了以後，你就會得到功名，叫做秀才，之後你可以去參加鄉試，所謂鄉試就是省裏邊的考試。因為中國古代叫「鄉舉里選」，所以雖然在省裡考，但還叫做鄉試。如果你要是在省級考試也考過了，就叫做舉人。中了舉人之後，就有資格到吏部登記，某一個地方如果出缺了官員，你就可以做候選人；舉人們有資格到京城去參加會試，就是禮部舉行的全國考試，如果你中了以後，還要經過最後一關叫殿試。殿試就是皇帝主持的考試。

很多人覺得明清的八股取士特別愚昧，束縛人的思考，把人變得特別僵化，但其實大家知道考試的時候如果考策論，就是對政策的一些看法，你文章寫得再漂亮也是沒有用的，你的見解還必須得符合考官的觀點。咱們拿現在的政治來打個比方，比如說在美國有保守主義者、有自由主義者。你可能是一個保守主義者，文章寫得洋洋灑灑，也非常有說服力，但是如果考官是一個自由主義者呢，你跟他政見不合，他就不會錄取你。所以最好考試不要有太多的主觀因素，八股文就在這樣的背景下出現了。

八股文不讓你表達自己的觀點，而讓你表達聖人的觀點，這叫代聖賢立言。八股文的出題範圍就是在四書裏，四書就是《大學》《中庸》《論語》《孟子》，從中抽出一句話，讓你從這句話發揮。要求你的文章讀起來感覺像是聖人在說話一樣，跟聖人講的道理非常吻合，當然還有嚴格的格式要求，這樣你才能夠考過。所以八股取士與其說是考寫文章，其實也是一種智力測驗。當然它也有它的合理處，就是它非常客觀。考官看到的不是你的觀點，而是你的聰明程度。那麼如果你智商很高，其實你幹什麼都行，學什麼都能學會，所以八股取士其實是挑

第六十四講 ❖ 中國政治制度簡史(九)中國古代的選官與考試制度(二)
Chapter. 64　A Brief History of the Chinese Political System (9)
Official Selection and Examination Systems of Ancient China (2)

選聰明人。

　　剛才咱們說到明清考試童試也分為三級。具體地說，就是縣試、府試和院試。所謂縣試就是由知縣主持，在每年二月份的時候考試。要求考生得到四名村裡人的推薦和一名秀才保舉。秀才保舉是說你文章寫得不錯，村裏人保舉是說這個人品德不錯。有了這些推薦的人才可以參加縣試。再上一級叫府試，就是由知府來考試，也是要求有五名村裡人的推薦和一名秀才的保舉，通過縣試和府試的人就可以成為童生，去參加由各省學政主持的院試。院試就是童試的最高一級了。過了之後就叫作生員，也可以叫作秀才，這樣你就有了功名。

　　有了功名以後，你就有了一些特權，比如說免除徭役。一般人都得幹體力活兒，比如說你在村裏邊要興修水利，冬天的時候大家都得去擔土運石，但如果你中過秀才，就不用參加這樣的勞動了；然後見知縣不跪；不能夠隨便用刑。秀才的第一名叫案首。有了秀才的功名後可以到省裏邊參加鄉試，第一名就叫做解元；然後到禮部去考試，如果中了第一名就叫做會元；然後再經過殿試，如果你又中了頭名就叫做狀元。所以如果一個人省裡考試第一，全國統考第一，皇帝親自考試第一，那麼這個人就叫解元、會元、狀元，連中三元。在中國1300年的科舉中，連中三元的人不超過二十個人。殿試的前三名叫「進士及第」；後面若干名屬於「二甲」，叫「進士出身」；剩下的叫「同進士出身」。

　　關於中國的科舉制度咱們就介紹這麼多了，從下面一集開始我們將講中華文明史的最後一部分，中國的文學史。

第五部分

中國文學簡史

第六十五講 ❖ 中國文學史(一)先秦文學

Chapter. 65　The History of Chinese Literature (1) The Pre-Qin Literature

大家好，咱們今天開始講中華文明史的最後一部分，中國文學史。

關於文學史，咱們只能簡單地介紹一下。這個題目講起來挺難的，因為文學史不像哲學史或者政治制度史。哲學史和政治制度史你可以攝其精要，就是把最關鍵的部分講一下。像老子的生平或者道、陰陽、相生相剋等等概念，這是最重要的部分，這個體系中的其它思想都是從這些基本概念中派生出來的；儒家最核心的價值觀就是「仁義禮智信」，這方面講清楚了，你對儒家就有了基本的把握。但對於文學史來說，就很難攝其精要。你喜歡《西遊記》，覺得應該好好講一講，而別人可能喜歡《紅樓夢》；有人喜歡詩佛王維，但有人更喜歡詩仙李白；像宋詞中，你喜歡婉約派，別人可能喜歡豪放派，所以其實很難講什麼才是精要。文學總是豐富多彩的，這樣才能顯示出文學的感染力和創造性。所以我們在文學史這部分只能給大家介紹一些規律性的東西。

首先我們說一下文學史的研究方法。在這里我們主要借鑒了袁行霈教授在《中國文學史》中的主張。大家知道，文學史就是關於文學的歷史，這麼說感覺好像等於沒說，但這是研究文學史的總綱。也就是說，文學史是應該以研究文學為本的，但你需要把各個文體的發展過程或者各個流派產生的過程串起來，這

樣就變成了文學史。

有人研究文學史,只是側重於某一類文體或者是某一篇作品的歷史背景,比如《長恨歌》的歷史背景是什麼,這固然非常重要,有利於把握作品的內涵,但一個作品之所以能夠打動我們主要還是因為它的文學成就、寫作技巧、作者的文字功夫等等,所以文學史並不是研究歷史。考據這篇文章是哪年寫的,當時作者是懷著什麼樣的心情等固然有其價值,但最主要研究的應該還是作品本身的藝術感染力。

每一個時代的文學會帶有這個時代的烙印,這是不可避免的,比如說跟宋詞相比,元曲就顯得非常粗俗,因為宋詞是士大夫唱的詞或曲子,他的消費對象就是寫給士大夫看的,所以宋詞就比較雅。但元曲不是這樣。我們知道元代開國後,幾十年沒有開科舉,那麼對知識份子來說,讀書就沒什麼實用性了,因為你沒有通過讀書出仕做官的途徑了,所以大部分知識份子混跡於市井小民之間的,走向了社會的下層。正因為他們的作品不再是給知識份子看的,而主要是給那些不大識字的人看的,那麼他就以戲曲和雜劇的形式來演出。觀眾們沒有受過良好的教育,你太雅、用的典故太多,大家也看不懂,所以元曲就不得不通俗。這就是文學作品的時代烙印。像盛唐時期的詩篇瑰麗宏大,和安史之亂以後中晚唐的衰朽氣象非常不同,所以盛唐的詩跟晚唐的詩你一看就能夠看出來。盛唐時李白的詩「君不見黃河之水天上來,奔流到海不復回」,氣勢磅礴,到了晚唐李商隱的時候就是「留得枯荷聽雨聲」了,聽起來就非常衰朽。所以雖然文學作品會帶有時代的烙印,但是具體研究文學史的時候不是為了恢復那個時代的全貌,而是要以具體的作品為對象,研究作品的藝術感染力和它的審美價值。

當然研究文學史還有一種傾向,就是以文學家的生平為研究對象。但把文學家生平搞一個傳記的合集,這並不是文學史。雖然瞭解作家的生平思想和經

歷有助於我們理解他作品中的內涵，準確把握作者的心態，但是文學本身才是他們留給後世的作品，才是影響後代文學創作的作品，所以研究文學史一定要以文學作品為本位。

咱們剛才講了一下文學史的研究方法。話雖然是這樣說，但咱們在中華文明史短短的幾堂課裏，也不可能把一些文學作品拿出來給大家做深入分析，講它的文學成就，所以我們還是不得不講一下各種文體的發展演變過程和特點。

中國的文學帶有非常鮮明的朝代特點，就是不同朝代有不同的文學形式，或者說某個朝代是某類特定文學形式的巔峰。比如說，在春秋時期有《詩經》和戰國時期的《楚辭》分別是中原和楚地的文化，都是以詩為主；先秦還有諸子的散文；到了兩漢時期，最主要的文學成就是漢賦；到漢末又出現了建安文學；到了魏晉南北朝時期開始出現駢文；到了唐代是詩的高峰；宋代是詞的高峰。元朝時，元曲達到高峰。明清時代就是長篇章回小說的高峰。所以你會看到，春秋的詩經、戰國的楚辭、兩漢的賦、魏晉南北朝的駢文、唐詩、宋詞、元曲、明清小說，幾乎是每次到了改朝換代的時候，文學形式就發生重要的變化。清朝滅亡之後，民國時期出現白話小說，到共產黨時代出現了邪惡的党文化，這就是文學的一種發展演變的過程。

我們經常講「唐詩宋詞」，確實詩和詞分別在唐代和宋代達到了它們的高峰，但它們並不是產生於唐宋。就詩這種文體來說，在漢武帝時期就有了五言詩的雛形，因為漢武帝建立了樂府，收集民間的一些民歌，有的民歌就是五言詩；到了漢末建安時期，就是曹操、曹丕和曹植父子三人，是一種新的文學形式的開創者，曹植是寫了大量的五言詩，曹丕開始寫七言詩，所以詩在漢末就已經開始大量出現了，但真正達到頂峰則是在唐朝。宋詞也一樣，在唐的中晚期就出現了，包括一些詞牌都已經成型，但它真正達到高峰是五代十國時期到宋朝，先是

在南唐和蜀地出現了最早的婉約派的詞，後來流傳到了宋，變成了一些士大夫們比較喜歡唱和的文體。

今天我們先介紹一下先秦的文學，就是詩經、楚辭和散文。

傳說中或很多儒家經典中都說《詩經》是孔子整理的，一共305篇。孔子當時整理完時，這本書就叫《詩》，而不叫《詩經》，到了漢代獨尊儒術的時候，因為是孔子整理的，所以就變成了儒家的經典，也就更名為《詩經》。但是《詩經》是不是孔子整理的，有些學者也存疑，因為孔子整理《詩經》的時候至少四十七、八歲了。按照《史記·孔子世家》中的記載，「孔子年四十二，魯昭公卒於乾侯，定公立」即孔子42歲時魯定公繼位，「定公立五年，夏，季平子卒，桓子嗣立」，五年後季平子死了，季桓子繼位為正卿，權力落入家臣陽貨的手中，國家政治非常昏亂，「陪臣執國政」，孔子就沒有出仕做官，「退而修詩書禮樂，弟子彌眾，至自遠方，莫不受業焉」。所以你算算時間會發現，孔子整理《詩經》的時候已經是四十七、八歲了，但顯然那時《詩》已經存在了，因為在《論語》中曾經講過，我們前面講儒家思想的時候也講過這件事，就是孔子告訴他的兒子孔鯉要去學詩，「不學詩無以言」。孔子四十七、八歲時，兒子得二十八、九歲了，他不可能這時候才告訴他的兒子去學詩，那肯定是孔子在孔鯉小時候跟他講的話。所以在孔子以前，就已經有《詩經》了。那孔子做了什麼工作呢？很可能是文字和內容的整理，特別是做過「正樂」的工作。我們知道，《詩經》裡面的詩，我們現在是讀，當時是唱的，所以孔子對《詩經》的曲子做了一定程度的修改，叫作「正樂」。

《詩經》分為三部分，叫作風、雅、頌，其中《雅》又包括小雅和大雅。《風》是來自於15國，大家注意這個「國」不是國家，當時的「國」指的是城，所以15國風指的是15個城的「風」。《風》一共160篇，帶有濃厚的地方色彩，內容大多都是民間的詩歌。

當時的國君如果想瞭解老百姓在想什麼,對國家的政策是否滿意或者對地方官員有沒有什麼意見,當時又沒有民調機構,怎麼辦呢?國君就會派出采詩官,到民間去聽老百姓唱什麼,這就叫作「采風」。你唱一首歌的時候,一定是它的歌詞說出了你的心裡話,否則你會不唱它或者會把歌詞改掉,所以你聽老百姓唱什麼大概也就知道了民意。所以當時國君派出官員到民間去采風,就搜集到很多老百姓唱的歌,放在一起就變成了《詩經》的「風」。它是民間的一種創作。

第二部分叫作「雅」,分為大雅和小雅,一共105篇,其中大雅31篇,小雅74篇。大雅是上層貴族的作品,一般來說是在朝堂最隆重的場合吟唱的。大雅中雖然也有一些針砭時政的怨刺詩,表達對國君政策的不滿,比如稅收太多了,但主要的目的是為了規諫天子,也就是上層貴族對天子的諫言。當然更多的是朝會等隆重的場合演奏的音樂,這叫作「大雅」。

小雅就是下層貴族的詩。小雅和大雅因為它都是反映政事的,政事有大有小,所以叫大雅和小雅。「頌」呢,就是貴族在家廟中祭祀鬼神,讚美治者功德的樂曲。「頌」在演奏的時候一定要配上舞蹈,所以叫「樂舞」。

其實關於風、雅、頌為什麼這樣分,不同的人有不同的說法。當然它也變成了我們現在的一些成語,像「附庸風雅」、「大雅之堂」等。我個人的看法是,在宗廟祭祀時演奏的音

《詩經》同治時期印製版本

樂、廟堂最隆重的朝會時演奏的音樂、貴族聚會宴樂時演奏的音樂，還有民間百姓日常生活中唱歌時演奏的音樂，肯定是非常不同的。祭祀的禮節要莊嚴肅穆，廟堂的音樂要隆重高貴；宴會的音樂要歡樂喜慶；民間的音樂要親切樸素，唱詞也不一樣，就像在什麼場合說什麼話，這樣就出現了不同場合的音樂和唱詞，就變成了風雅頌這三類音樂。

因為「雅」分為小雅和大雅，所以風、小雅、大雅和頌也總稱為「四詩」。我曾經看過一個故事，也可能只是一個傳說，說北宋的時候有番邦為了挑戰北宋的文學成就，就派了一位使臣出了一個對聯的上聯，叫「三光日月星」，要求北宋對出下聯來。這個就很難對，因為「三光」就是日月星，所以三光等於日月星，這是上聯的內在邏輯。但你對的時候，上聯第一個字是「三」，你下聯第一個字也得是數字，而且不能出現「三」。你得用「四」或「五」之類的數字。這就是難點了，你總不能給「三光日月星」對個下聯「四季春夏秋」，那就沒有冬了。後來這個上聯被蘇軾給對出來了，用的是「四詩風雅頌」。雖然是「四詩」，但是「四詩」等于風雅頌，因為其中的雅包括小雅和大雅。

孔子對《詩經》有一句總結，「詩三百，一言以蔽之，曰思無邪」，就是《詩經》裏雖然也有一些男女愛情的詩，但是你讀的時候，思想中不會有邪念。當然也有人說這個「思」是一個發語詞，沒有意義的，但總之，《詩經》是無邪的。

《詩經》深刻影響了後代文學作品的寫作手法。詩經中的寫作手法被概括為三種，叫作「賦」「比」「興」。

「賦」就是「敷陳其事而直言之者也」，有一說一，比如說我很難過，你就直白地說出來「我很難過」，這就叫作「賦」。

「比」是「以彼物比此物也」，簡單地說就是「打比方」。舉例說，我很難過但我不直接說，而說我心如刀絞，這就是打比方了。像詩經裏說「手如柔荑，膚如凝

脂」，就是用了「比」，把你的手比作「柔荑」，把你的皮膚比作凝脂。

「興」是「先言他物，以引起所詠之詞也」，我想說什麼我也不直接說，先跟你說點別的。同樣要表達「我很難過」，但是我這樣講：時間已經到了深秋，草木凋零，一陣寒風吹來，黃葉從樹上飄落，漫天飛舞，還有幾片黃葉濕漉漉地貼在地上，那是因昨夜下過雨，我孤獨地走在小路上，不由得想起三年前的一段往事。前面這段就是景物描寫，既不是有話直說也不是打比方，但它把人逐漸地帶到我想表達的意境裏邊，然後再講真正想講的話，這就叫作「興」。《詩經》裏「興」的手法用得很多，象「桃之夭夭，灼灼其華，之子于歸，宜其室家」。「桃之夭夭，灼灼其華」就是講桃花開得很絢麗，後邊講這個女孩子要出嫁了，找到了一個好人家。你說桃花開的好和女孩出嫁之間沒有必然的邏輯聯繫，這就叫作「起興」。「蒹葭蒼蒼，白露為霜，所謂伊人，在水一方」，前面那個「蒹葭蒼蒼，白露為霜」也是起興。

《詩經》是四言詩。所謂四言詩就是四個字一句。因為中國的語言是單音字，每個字只有一個音節，把兩個字拼在一塊兒就變成了詞，把兩個詞放在一塊就變成了一句詩或者說一個成語。這就是為什麼我們中國的成語基本上是四字結構，比如說狐假虎威，大氣磅礴等等，這跟漢語的發音是有關係的。詩經幾乎都是四言詩，四字一句，讀的方法是每兩個字中間停一下，「關關·雎鳩，在河·之洲，窈窕·淑女，君子·好逑」，這是讀詩經的方法。

詩經的作者基本上都已經湮滅不可考了，最早的作品可能從西周就出現了，積澱了幾百年。當時沒有繁華的都市，所以詩的流傳主要是靠傳唱。

其實中國很多的文學作品都跟音樂有關，像詩經、宋詞、元曲等等都是唱的。像唐代李白寫的《清平調》，「雲想衣裳花想容」這都是唱的；像王維的《送元二使安西》「渭城朝雨浥輕塵，客舍青青柳色新，勸君更盡一杯酒，西出陽關無故

人」，咱們現在讀這首詩覺得很美，但其實當時是唱的，特別是最後一句「西出陽關無故人」要連唱三遍，所以叫陽關三疊，成為中國的一個名曲。

《詩經》成書是在春秋時期；到了戰國時期，文學的代表形式就是楚辭。楚辭是流行於楚地的詩歌集，它的主要作者就是中國歷史上第一位有名有姓的詩人——屈原，當然也有宋玉等人寫的楚辭。我們在《笑談風雲》的第一部《東周列國》裏詳細講過屈原的生平，他的人生很曲折、很不幸，憤懣鬱積，發之於心，述之於口，行之於筆，變成了楚辭。楚辭這種文學形式和中原地區的文學形式非常不一樣。《詩經》是四字一句，整齊劃一，楚辭就非常自由奔放，長短不一。它把「兮」字放在句中或者句尾，「帶長鋏之陸離兮，冠切雲之崔嵬」，把「兮」字放在中間；也有是把「兮」放在句尾的，「余幼好此奇服兮，年既老而不衰」。同時《詩經》一般來說是不大換韻的，一個韻到底，當然它也有個別換韻的；楚辭都比較長，中間多次換韻，增加了很多自由靈動的色彩。

楚地的文化跟中原的文化也不太一樣。中原注重禮樂，主要是人的禮和音樂，雖然也有祭祀祖先、祭祀上天等等，但這種祭祀的對象比較集中。這就不像楚地，祭山川、鬼神、河神、水神之類的，什麼都祭，所以楚地祭祀活動很多。祭祀的時候要唱歌跳舞，所以楚辭的題材也變得非常豐富。因為楚辭的篇幅要遠遠長於詩經，所以對感情的抒發就非常充分，對於事件的敘述更加詳細，對景物的描寫更加繽紛富麗，所以楚辭已經有了漢賦的氣象。我知道我講的這些東西聽起來都挺抽象的，因為你要是沒有讀過那些文學作品，我這麼一說，你也不見得就有那種一下說到你心裡的感覺。如果你讀了很多這樣的文學作品，你可能就會覺得我說的還真是那麼回事。

先秦的詩經和楚辭，其實都是詩。楚辭的句式沒有那麼整齊劃一，但它是押韻的，押韻的文體就是詩，不押韻的就是散文。

　　先秦散文的興起主要是從春秋末期開始的。當時的歷史背景就是都市的興起。我們知道，在春秋後期出現了鐵器和牛耕，於是生產效率就提高了，這樣很多人就不需要去從事農業生產也可以生活，於是一些人就轉入手工業或商業。在手工業和商業彙聚的地方就形成了大的都市。當時有很多非常大的都市，人口有幾十萬之多，像趙國的都城邯鄲、齊國的都城臨淄、楚國的都城郢、東周的都城洛陽等等，都是人口幾十萬、甚至可能達到百萬級別的大都市。

　　都市出現後，人和人之間住得就更緊密了。在莊園經濟時代，一家一家之間住得比較遠。這就對文字的傳播造成了困難，所以只能唱。其實你看那種人口比較稀疏的地方，大家都通過唱歌來交流，像陝西、山西一帶大山阻隔的地方，人們唱山歌；像蒙古、西藏這種人口稀疏的草原或高原上，人們也唱歌，用歌聲來交換信息。但是當有了都市之後，人和人之間直接見面的時候就可以說話了，這樣就帶動了散文的興起。

　　先秦的散文可以分為兩種，一種屬於敘事性的散文，一種是說理性的散文。所謂敘事性的散文就是像《左傳》、《國語》、《戰國策》等等，是記述事件或者記述言論的，其語言非常簡練生動，富於故事性，短短的幾句話可以刻畫出一種人物性格，或反映出人物非常複雜的心理活動，這些都為後來的《史記》所借鑒。

　　先秦的散文非常漂亮，我在這兒沒有辦法給大家舉例子。大家如果感興趣可以去看《古文觀止》，第一篇《鄭伯克段於鄢》就取自於《左傳》，後面還有很多取自《左傳》《國語》《戰國策》《史記》的。那些文章非常漂亮。它雖然不是詩，但你讀起來就是感覺很美，它的語言非常凝練生動，有節奏感。

　　除了敘述性的散文之外，還有說理性的散文，所謂說理性的散文就是要表達一種觀點，主要的代表作就是先秦諸子的作品。你去讀《道德經》、《孫子兵法》或者是《莊子》等，你會看到它的語言成就極為高超。

　　我們知道戰國時期，齊威王設置了稷下學宮，把這些思想家都聚在一起。他們可以在稷下學宮辯論和講學，當然辯論和講學不可能用詩一樣的語言，更不可能我給你唱一段墨家的思想，你反駁我時唱一段儒家思想，所以他們只能是通過口語來辯論。所以先秦時代敘述跟說理性的散文，我們讀起來就覺得它的語言比較淺近了。它雖然也是古文，但不覺得那麼晦澀，不像《尚書》那麼古奧難懂了。因為你需要讓很多人理解你的思想，你也不可能用那種非常難懂的字。特別到了戰國中後期，以蘇秦、張儀為代表的縱橫家開始到處去遊說。這些縱橫家的人物不但非常善於講故事、打比方，而且文采華麗、邏輯嚴謹、說理透徹、極具說服力。因此先秦諸子的散文就成為後世不斷學習和模仿的一座高峰。

　　先秦文學的一個特點，就是文史哲不分家。按照袁行霈的說法就是「你要講文學，沒有辦法離開具有史書性質的《左傳》、《戰國策》，你也沒有辦法去排除具有哲學思想的《周易》、《老子》、《莊子》、《孟子》和《論語》」。除了文史哲不分家，還有一個特點就是詩、樂、舞的結合。它的詩是唱的，甚至要配上舞蹈，這就是當時先秦的文學和藝術形式。

　　公元前221年秦始皇統一了中國。由於秦用法家，而法家是非常反文化的，所以在秦代就沒有留下太多的文學作品。我們現在看到的秦代文學作品基本上就是李斯封山刻石讚頌秦始皇功績的作品。秦以後就到了漢代，關於漢以後的文學成就，我們就留到下堂課再說。

第六十六講 ❖ 中國文學史(二)
漢賦和建安文學

Chapter. 66　The History of Chinese Literature (2) Fu and Jian'an Literature

　　大家好。上一堂課我們講了一下先秦的詩經、楚辭和散文。公元前221年，秦始皇統一了中國。在這段時間里，文學上並沒有什麼可稱道的成就。我們現在能夠看到的秦代文人作品就是李斯留下的石刻銘文。之後就進入了漢代。

　　漢代重視儒學，所以《詩經》成為知識分子的必讀教材，這培養了他們的文學修養。而且我們知道劉邦是楚人，老子是楚人、屈原也是楚人，因此除了漢初在治國方略上遵循老子「無為而治」的哲學，在文學上也重視楚辭的誦讀，並由此形成了一個作家群體。一些皇帝如漢武帝、漢宣帝、漢元帝等，本人就是文學愛好者，因此他們身邊就聚集了很多文人，像漢武帝身邊的司馬相如就是辭賦大家，還有一個名臣叫朱買臣，為漢武帝講解《詩經》和《楚辭》，漢宣帝學習漢武帝，請精通楚辭的九江被（音pī）公為他誦讀楚辭。楚辭比詩經更加華麗，所以由楚辭發展出了漢代的另外一種文體就是賦。

　　不僅是漢代的皇帝，權貴們也非常喜歡和文人們交往，像淮南王劉安、漢景帝的弟弟梁王劉武、吳王劉濞等等都很喜歡附庸風雅，身邊聚集了一批這樣的知識份子。梁王劉武的梁園就是當時知識份子們置酒高會、詩酒唱和的地方。很多非常有名的辭賦家，像司馬相如、枚乘、鄒陽等都曾經在梁園常駐；淮南王

劉安也召集賓客寫下了著名的《淮南子》。其實劉安本人就是一個文學家，留下的詩賦有82篇之多。

我覺得知識份子和官員們交往是非常自然的事情。知識分子因為文章寫得好就成為當時的名士；很多政府官員是通過學習儒家經典考試做官的，所以也有一定的文學修養，懂得欣賞那些知識份子。就連漢武帝都因為讀了司馬相如的文章而希望能和他交往。當然作為名士來講，也願意依附權貴，這樣可以改善自身的生活狀態。像司馬相如曾經一貧如洗，一旦到了漢武帝身邊他就不用受窮了。而且當你能接近這些權貴就等於接近了帝國的權力中樞，在政治問題上也就更加有話語權。所以你會看到像竇憲這樣的外戚，身邊有傅毅、班固等文人。就連董卓這樣的梟雄，也希望通過和名士交往來博得一個愛才的名聲。他一定要徵召蔡邕去做官，就是出於這樣的原因。

漢代由於經濟繁榮，國力強盛，地理範圍之廣幾乎是秦的兩倍，這就使當時的作家充滿了豪邁的情懷。在作品中，用我們現在的話講，就是喜歡巨大的敘事鋪陳，將古往今來、天地萬物置於自己的視野之中，並用藝術的方式加以呈現，所以司馬相如說：賦家之心，苞括宇宙，總攬人物。司馬遷要「究天人之際、通古今之變」。

漢代代表性文體就是漢賦。賦介於詩歌和散文之間，有的地方會押韻，有的地方不押韻，成就最高的就是司馬相如，代表作就是《子虛賦》和《上林賦》。賦最早是將戰國時期說客們的談風變為文學上的誇飾，所以形式也是主客問難的形式，仍以四言為主；內容上則是誇耀版圖之大、財富之盛、人力之雄厚。賦的特點是鋪張揚厲，比如描寫楚王出獵，會描寫周圍的環境，方圓九百里的雲夢澤，它的東面什麼樣、西面什麼樣、南面什麼樣、北面什麼樣、山什麼樣、水什麼樣、土什麼樣、石頭什麼樣，坐著什麼樣的車，駕車的是什麼樣馬，旌旗什麼樣、弓箭

什麼樣，猛士什麼樣，美女什麼樣，白天打獵什麼樣、晚上打獵什麼樣等等。

我這麼一說大家就覺得漢賦特別鋪張，這也就是漢賦的一個特點。描述一個宮殿的時候，會描寫春天什麼樣、夏天什麼樣、秋天怎麼樣、冬天怎麼樣、白天什麼樣、晚上什麼樣，基本上就是按照這樣的思路去寫。大家可以想像一下，這種鋪張華麗的文風就很難描述日常生活，也很難作為一種抒情的載體，所以大賦的題材就非常有限，基本來說就是宮殿、苑囿、田獵、都市等等。它的外表雖然華麗，但它的內容比較空洞，缺乏思想性，同時它能夠描述的範圍也比較窄，只能是這麼幾個題材。

漢代大賦的代表作有楊雄的《甘泉賦》、班固的《兩都賦》、張衡的《二京賦》等等。其實我個人不太喜歡這種鋪張的文風，因為有一種賣弄文采的嫌疑，同時很多字用得非常古奧，讀起來佶屈聱牙。

相比於賦，我比較喜歡詩詞的精煉，因為詩詞是用非常簡單直白的字做一個概括性的描述。我們知道對一個東西的描述越細緻，給人留下的想像空間就越少。就像我們讀《三國演義》，一萬個人讀《三國演義》可能心中有一萬個曹操的形象，或者一萬個諸葛亮的形象，但一旦看電視的時候，電視劇就把曹操的形象固定為一個形象了。所以賦不僅是一種語言的浪費，同時給人的思考空間也比較小。而簡約的東西卻很有味道，你在自己思想中可以有很多二度創作的空間，就給你很多可以回味的餘味。

除了大賦以外，在漢代還有一種賦叫騷體賦。所謂騷體賦的「騷」就是從屈原的《離騷》裏來的，也就是說它模仿的是屈原的寫作風格。騷體賦可能通篇都是押韻的，形式整齊，富有情感。代表作像司馬相如寫過的《長門賦》，描述陳皇后被廢以後幽居長門宮。我們知道陳皇后是漢武帝的第一個皇后，叫陳阿嬌。她一直沒有小孩。漢武帝又寵愛另外一個美女衛子夫，阿嬌因為妒忌就找一些巫

師用巫蠱來詛咒衛子夫。後來巫蠱事發後，漢武帝就把衛子夫立為皇后，把阿嬌貶到長門宮。阿嬌其實出身非常高貴，母親是漢武帝的姑姑，所以她被廢以後幽居在長門宮當然心情就非常灰暗，司馬相如在這個賦裏就描寫了一段她月夜無眠，盼望見到漢武帝，夢中仿佛武帝就在身邊，醒來後悵然若失的感覺，刻畫得非常細膩，惟妙惟肖。咱們可以看其中的幾句話——

「日黃昏而望絕兮，悵獨托於空堂，懸明月以自照兮，徂清夜於洞房，援雅琴以變調兮，奏愁思之不可長，案流徵以卻轉兮，聲幼妙而復揚……忽寢寐而夢想兮，魄若君之在旁，惕寤覺而無見兮，魂迋迋若有亡」。

大家可以看到這種文體跟屈原的離騷其實是非常像的。

除了大賦和騷體賦以外，在東漢還誕生了一些抒情小賦，比如像張衡寫的《歸田賦》，描述出一種恬淡祥和又生機盎然的田園風光，這個我們就不念了。

我個人認為其實在賦和詩詞這兩種文體之間有一種衝突，因為賦鋪張華麗，而詩詞短小精練，所以在賦特別發達的時候，就抑制了詩詞的發展，所以等到漢賦衰落以後，詩詞才能夠興起。我讀文章的時候有一個習慣，當然完全是我個人的看法。我喜歡那種短小精悍的東西。我自己寫文章也是一樣，能用五個字說清楚的事，我就不用六個字去說，能省一個字省一個字，這樣讀起來文章的結構非常緊湊，信息量大。當然我這種想法可能是出於學習知識的一種實用主義的想法，但你確實會發現，很多的詩雖然沒有那種富麗堂皇的詞句，但它的味道非常濃，就像王維的詩，「明月松間照，清泉石上流」，非常簡約，但餘味不盡，意境深遠。

漢代具有代表性的文學形式是賦。下面咱們再說一下漢代的散文。其實漢代的散文也非常漂亮，其最高成就我覺得應該首推司馬遷的作品。《史記》本身就是非常漂亮的散文。司馬遷的《史記》是受了先秦諸子文風的影響，同時也受

到漢初賈誼的影響。賈誼的文章也非常漂亮，我們可能上中學的時候都背誦過他的《過秦論》，氣勢磅礴、旁徵博引。雖然大賦也有這種氣勢，但不同之處在於散文言之有物，它的文采是為內容服務的，而且在其中灌注了賈誼的史觀、灌注了賈誼對政治制度的看法，同時又融入了充沛的情感，這樣就容易把讀者帶入其中。關於司馬遷的《史記》因為可講的東西實在太多，咱們就不講了，我想大家可能都讀過《史記》，都有自己直接的感受。關於《史記》的一些具體評述等我們講「秦漢史」這門課的時候再說。

漢代除了賦和散文之外，還出現了五言詩。現在我們看到的漢代《古詩十九首》都是五言詩。五言詩的興起跟漢武帝創立樂府有很大的關係。漢武帝文武全才，而且很精通音樂。漢武帝專門設置了掌管雅樂的太樂官署，同時設立了樂府去掌管俗樂。所謂俗樂就是民間的音樂。樂府到民間去收集歌詞，除此之外還有貴族文人所做的頌歌，還有國外輸入的歌曲，還有軍樂等等。

漢樂府裏收入的大多數都是民間歌詞，語言非常樸素自然，迴旋反覆，非常活潑。同時在漢代也出現了一些敘事詩。敘事詩其實在中國很少見，不像我們在西方的文學中經常看到長篇的敘事詩篇，比如說《伊利亞特》和《奧德賽》就是詩，像莎士比亞的很多作品也是詩，但在中國這種敘事詩非常少，大多數都是抒情詩，或者山水詩、田園詩、邊塞詩等等。但漢代有一首長篇敘事詩，也是中國歷史上最長的一篇敘事詩——《孔雀東南飛》。《孔雀東南飛》的成詩年代不詳，到底是不是漢代的還有爭議，但袁行霈在他的《中國文學史》裏把《孔雀東南飛》劃分為漢代的作品。

我們剛才談到了賦、散文、五言詩等漢代的文學形式。漢代的文學和經學之間是互相影響的。知識份子要讀儒家的經典，如《詩經》，也要讀《楚辭》，那麼在寫作的時候，他們也會把一些經學的思想融入文學中。我們前面曾經說過，先

秦時期文史哲是不分家的,《史記》的作者司馬遷和《漢書》的作者班固,都既是史學家又是文學家。

東漢末年的時候天下大亂,接下來就是三國鼎立。東漢最後一個皇帝是漢獻帝,他的最後一個年號叫建安。在建安年間又出現了三個非常了不起的文學家,就是曹操,曹丕和曹植父子三人。

曹操是一位非常偉大的文學家。在《三國演義》中,曹操是作為一個負面人物出現的,在戲曲小說中也把曹操描述成一個非常奸詐的人;在戲曲中,曹操都是白臉,但歷史上真實的曹操並不是這樣的。真實的曹操文采武功都非常好,既是一個軍事家,又是一個政治家,同時也是文學家和詩人。他上馬衝鋒陷陣,下馬橫槊賦詩。歷史上像這樣全才全能的人只有幾個,像漢武帝、唐太宗、岳飛、王陽明之類的,才大概可以和曹操相比。

在《三國志·魏書》中說曹操「文武並施,御軍三十餘年,手不捨書,晝則講武策,夜則思經傳,登高必賦,及造新詩,被之管絃,皆成樂章」,就是他雖然在戎馬倥傯時仍然手不釋卷,白天講武練兵,思考打仗方略,晚上要讀經讀史,每次登高遠望的時候要寫文章、寫賦,還要寫詩,寫完詩之後譜上音樂就可以傳唱。後邊還說曹操,「才力絕人,手射飛鳥,躬禽猛獸,嘗於南皮一日射雉獲六十三頭」,就是他可以射下飛鳥,箭法高超,而且武功很高,可以親身和猛獸搏鬥,有一次他在南皮打獵,一天一個人就射下了63頭雉雞。「及造作宮室,繕治器械,无不為之法則,皆盡其意」,蓋房子、做一些藝術品都做得非常好。所以曹操真的是全才全能。

現在留下的曹操的詩大概有20多首,像《短歌行》、《觀滄海》、《龜雖壽》、《蒿裏行》等,都是我們耳熟能詳的名篇。曹操的詩以四言為主,是名副其實的文壇和藝術領袖。他對幾乎失傳的漢代音樂和歌舞進行整理。當時著名的音樂

家、書法家、詩人等等都彙聚在曹操的帳下。

曹操的兒子曹植是中國歷史上第一個大量創作五言詩的人，一生寫了90多首詩，其中有60多首是五言詩。他完成了五言詩從民間的詩歌就是樂府詩到文人詩的轉變。曹操的另一個兒子魏文帝曹丕也是一位詩人，中國現存的第一首成熟的七言詩就是曹丕所做的《燕歌行》。大家可以讀一下這首詩——

「秋風蕭瑟天氣涼，草木搖落露為霜，群燕辭歸鵠南翔，念君客遊多思腸，慊慊思歸戀故鄉，君為淹留寄他方，賤妾煢煢守空房，憂來思君不敢忘，不覺淚下沾衣裳，援琴鳴弦發清商，短歌微吟不能長，明月皎皎照我床，星漢西流夜未央，牽牛織女遙相望，爾獨何辜限河梁」。

你很難想像曹丕這樣一位皇帝能夠寫下這麼深情的充滿幽思的詩。這就是中國歷史上第一首成熟的七言詩。大家可能注意到一個特點，就是每句話都押韻，這和後來的詩很不一樣。這種寫法叫「柏梁體」，讀起來其實我感覺更像是歌詞。

除了寫成熟的七言詩之外，曹丕還寫了中國歷史上第一部文學批評著作，就是《典論》。《典論》裏有一篇《論文》，其中有這樣一句話蠻有意思，「蓋奏議宜雅，書論宜理，銘誄尚實，詩賦欲麗」。曹丕已經對文章進行了分類，而且他認為不同類別的文章應該有不同的要求。所謂「奏議宜雅」就是你給皇帝寫信一定要文雅；「書論宜理」就是要表達一個觀點就得把道理講清楚；「銘誄尚實」就是你記述一個人的一生行為，應該是有一說一，既不要誇張也不要貶低；「詩賦欲麗」就是如果要寫詩賦就要寫得漂亮。他後面還說，「蓋文章，經國之大業，不朽之盛事，年壽有時而盡，榮樂止乎其身，二者必至之常期，未若文章之無窮」，他講文章是可以永遠流傳下去的。一個人雖然生命有限，但他的文章可以不朽，所以他把文章的地位拔得非常高。

　　咱們剛才簡單講了一下漢代文學的一些特點。在三國之後，中國統一於兩晉。我們曾經提到這時佛教開始了快速的發展，同時也出現了魏晉玄學，這些哲學思想影響了文人對世界和人生的看法，也必然影響到文學的風格。這個時代也出現了成熟的駢體文。這個文體，我們下堂課再說。

第六十七講 ❖ 中國文學史(三)
六朝駢文、 文學理論和小說

Chapter. 67   The History of Chinese Literature (3)
Parallel Prose, Literary Theory, and Fiction of the Six Dynasties

上一堂課我們講了一下漢賦、漢代的散文、漢代的古體詩和建安文學。今天我們講一下駢文。駢文也稱為六朝駢文,六朝指的是定都于南京的六個朝代。我們知道三國時期的東吳定都于南京,再往下就是東晉定都于南京,然後是南北朝時期的宋、齊、梁、陳,合在一起稱為六朝。駢體文的出現體現出魏晉南北朝的文人開始逐漸注重詩文的音樂美和形式美的結合,從西晉以來文學開始逐漸駢偶化。所謂「駢」就是注重對仗,對仗又有兩種,一種對仗是押韻的,叫做俳賦;還有一種對仗是不押韻的,叫做駢文。

駢文有兩個特點,第一個特點是「對」,第二個特點叫作「典」。所謂「對」就是指對仗,這是漢語特有的一種文學形式。中國人有對對子、寫對聯的傳統,這在西方是不可能的,因為羅馬文字是多音節的,而且橫著書寫,而漢文是單音字,可以豎著寫,加上它有平仄鏗鏘的音調,就非常適合於做對子。到魏晉南北朝時期,聲韻學開始完善,南朝齊梁時期的沈約開始標明四聲,就是漢字的「平上去入」,並開始講聲韻對仗。所以「對」就是平仄相對、意義相對。

駢文的第二個特點就是用「典」。我們在讀六朝駢文的時候經常會看到作者用典,就是會提到一些人名和事蹟,這顯示出他們是讀過很多書的人。大量的

使用典故，有時候給人一種吊書袋子的感覺。當然作為中國人來說，漢語之所以非常簡潔，除了漢字本身的表達能力之外，也是因為在漢語中有很多很多的典故、成語，你一說大家就知道它背後的故事是什麼，承載了什麼樣的內涵。這種用典加上對仗，讓創作既有難度又有深度。

駢文的發達始於南朝，然後逐步傳入北方。東晉時期的王羲之寫的《蘭亭序》就是駢文。駢文一直流行到了唐初，當時寫公文、議論文等都用駢文，好像是當時文人的一種習慣。哪怕講一件很簡單的事情，他也要駢四儷六地寫，顯得非常有文采。駢文的最高成就應當首推初唐時期王勃的《滕王閣序》。在我個人看來，《滕王閣序》實在是駢文的最高境界，一座不可逾越的高峰。

王勃是一個少年天才，十四歲就科舉及第，擔任沛王府的修撰。沛王叫李賢，是唐高宗和武則天的兒子。有一次李賢和英王李顯鬥雞，李顯就是後來的唐中宗。因為王勃是沛王的幕僚，他就寫了一篇檄文，討伐英王的雞，本來是想給沛王助助興的，結果文章流傳到了宮裡，被高宗看見了。高宗非常生氣，認為王勃在用文章挑撥兩個皇子的關係，於是把王勃逐出長安。王勃後來又因為殺死官奴曹達的事件，這個詳細的我們不講了，《舊唐書》中說王勃是被別人陷害了，其實他自己也有做事考慮不周的地方。按照當時的法律，王勃應該被判死刑，但正好趕上天下大赦，所以他就沒事了。但王勃的父親受此連累被貶到了交趾，就是現在的兩廣，我估計是在廣西一帶，所以王勃就覺得很對不起父親。咱們現在覺得廣西廣東風景很好，氣候也不錯，但當時是發配人的地方。

王勃去看望父親的途中經過南昌，當時叫洪州。洪州都督閻伯嶼重修了滕王閣。滕王閣是長江邊上的一座高閣，是為紀念滕王李元嬰修建的。李元嬰是李世民的弟弟。當時正好是公元675年的重陽節，閻伯嶼就在滕王閣宴請當地的官員和名士。王勃正好趕上了這個聚會。

閻伯嶼在席間就跟賓客們講，滕王閣是洪州最美的地方，各位都是才子名士，這樣一個風雅的聚會為什麼不寫一篇文章記下來呢？文章寫好之後，我們會刻在石碑上流傳後世。閻伯嶼問：誰主動請纓寫這篇文章呢？當然文人嘛，總是要謙虛謙虛，互相推讓一下，大家都不寫。閻伯嶼的女婿吳子章也是當時的名士，在頭天已經寫好了一篇非常漂亮的文章，就準備等到大家都推辭的時候把這篇文章拿出來，大家一看都會稱讚嘛，於是他的名字就會跟文章一樣刻在石碑，像王羲之的《蘭亭序》一樣千古留名。結果大家推來推去就推到王勃這兒了，王勃當時很年輕，沒有人拿他當回事，而且大家都不太認識他，但是王勃慨然應允，說既然這樣我就寫吧。這話一出口就得罪了所有人，因為賓客們都是名士、宿儒或是很有社會地位的官員，突然之間一個名不見經傳的小夥子大言不慚地說我來寫，大家都覺得挺沒意思的。氣氛就比較尷尬。

閻伯嶼也一氣之下起身離席了，之後吩咐手下人說：你們看著這小孩能寫出什麼，寫一句報一句。王勃通常在寫文章之前會做兩件事情，或者是蒙頭大睡或者是磨墨，其實是在打腹稿。當然宴會場合，睡覺是不可能的，王勃就開始磨墨，磨了很長時間。大家都有些不耐煩了，然後王勃終於開始寫了。他寫的第一句是「豫章故郡，洪都新府」，聽起來並不是非常漂亮，但起得越平後面才更有餘地推向高潮。所以僕人把這句話報到閻伯嶼那兒，閻伯嶼就說是老生常談，沒什麼了不起的。第二句話說，「星分翼軫，地接衡廬」，閻伯嶼說也不怎麼地。第三句是「襟三江而帶五湖，控蠻荊而引甌越」，閻伯嶼就沒講什麼話，覺得還不錯。再往下寫，「物華天寶，龍光射斗牛之墟，人傑地靈，徐孺下

王勃畫像

· 317 ·

陳蕃之榻」，這是表示對主人閻伯嶼的恭維或者嚮往，因為陳蕃是東漢末期非常有名的權貴，一般人他是瞧不起的，只有徐孺來的時候，陳蕃會拿出一張床，意思是歡迎你睡在我這裏。等徐孺一走，陳蕃就把這張床掛起來。所以閻公就說，王勃這是想要跟我見面談一談啊。後面王勃又寫，「雄州霧列，俊彩星馳，臺隍枕夷夏之交，賓主盡東南之美」，越寫閻公聽得越心驚，因為文章不但漂亮而且大氣，越寫越漸入佳境，所以閻公就不等了，親自去看王勃寫文章。最後看王勃寫到，「落霞與孤鶩齊飛，秋水共長天一色」，閻公拿手拍著桌子說：此子落筆如有神助，真是天才啊！

閻公就跟王勃說，咱們先談一談。王勃說：請先等我把文章寫完。等到《滕王閣序》寫完後遍示諸儒，所有人都完全被王勃的文采所折服，沒人能提出一點意見，或改其中的一個字。這樣《滕王閣序》就成了千古名篇，稍微有一點文學素養的人應該都讀過《滕王閣序》。

閻伯嶼就拉著王勃的手跟王勃講了一番話，其實我講這個故事也就是想講閻伯嶼的這番話。閻伯嶼說「帝子之閣，風流千古，有子之文，使吾等今日雅會，亦得聞於後世，從此洪都風月，江山無價，皆子之力也，吾當厚報」。這句話讓我深有同感。大家知道，從古到今不知道人蓋過多少房子了，有無數非常壯麗的宮室，有的留下來，有的沒有留下來；但有一些建築沒有那麼雄偉壯觀，但卻會永遠被人記住，為什麼呢？因為這些建築和一些有名的文章是聯繫在一起的，就像王羲之寫下《蘭亭序》的蘭亭，只是山裡的一個小亭子，但因為王羲之在那裏寫下了《蘭亭序》，這個小亭子就不再是一般的亭子了；像歐陽修寫《醉翁亭記》的醉翁亭；像范仲淹寫《岳陽樓記》的岳陽樓；包括像王勃寫《滕王閣序》的這個滕王閣，都是如此。建築物跟文章聯繫在一起，就名垂千古了。這就是為什麼曹丕在《典論·論文》中說，「蓋文章，經國之大業，不朽之盛事」，一個人的財富和

功業都會隨著歷史而過去，但文章卻永永遠遠地流傳下去。所以曹丕說，「年壽有時而盡，榮樂止乎其身，二者必至之常期」，就是一個人的壽命是有限的，一個人的榮華富貴也不過就是他這一生的時間而已，「未若文章之無窮」，只有文章才可以不朽。

我們讀《滕王閣序》的時候會覺得音韻節奏特別好，其實王勃有意使用了一種技術，叫作「馬蹄韻」。我們知道駢文講對仗，奇數句和偶數句之間是一種對仗關係。同時還有一個要求，因為是對仗，所以奇數句跟偶數句之間平仄就要相反，比如說「南昌故郡，洪都新府」，可能用當時人的語言來念，有平仄對應的關係。那麼馬蹄韻要求每一個偶數句的結尾和下一個奇數句的結尾的字一定是平仄相同的。比如說「南昌故郡，洪都新府」，「府」是仄音，「星分翼軫」的「軫」也是仄音；因為對仗關係，「地接衡廬」的「廬」就一定要是平音；「廬」是平音，後面「襟三江而帶五湖」的「湖」是平音，「控蠻荊而引甌越」的「越」是仄音。等於是所有的偶數句都是平仄相鄰的，奇數句為了對偶也是平仄相鄰。馬蹄韻的規律一直到唐初才被人發現。王勃有意使用了這一規律，所以讀起來，這篇文章音韻鏗鏘就像唱歌一樣，非常好聽。

一百年以後，詩聖杜甫對王勃有一個評價，他說，「王楊盧駱當時體」，這裏的「王楊盧駱」就是王勃、楊炯、盧照鄰、駱賓王這「初唐四傑」。「王楊盧駱當時體，輕薄為文哂未休，爾曹身與名俱滅，不廢江河萬古流」，說那些嘲笑王勃文章的人，等你們這些人不在了，名字被人遺忘了，但是王勃的文章還會像江河一樣永遠流傳下去。

在六朝有很多精緻的駢文小品，像《與朱元思書》就是南梁的文學家吳均寫的一個山水小品。咱們就念幾句話，感受一下。「風煙俱淨，天山共色，從流飄蕩，任意東西，自富陽至桐廬，一百許里，奇山異水，天下獨絕」。我不接著念了，

文中有些非常有名的話，像「鳶飛戾天者，望峰息心，經綸世務者，窺谷忘反」，有的人充滿了豪情壯志，但看到這樣的風景就會產生清淨避世的心。

除了駢文之外，詩在六朝也得到了發展。當然它沒有發展到唐詩的那種境界。東晉時期的很多詩受了魏晉玄學的影響，後來又受了佛學的影響。我們知道，佛教和道教都是主張隱居修行的，這種心態也影響了當時詩壇的格調。

東晉時期出現了一位非常著名的田園詩人陶淵明。陶詩描寫田園的風光、農家的生活，恬淡、簡樸而自然，像他寫的《歸園田居》就是代表作——「少無適俗韻，性本愛丘山。誤落塵網中，一去三十年。羈鳥戀舊林，池魚思故淵。開荒南野際，守拙歸園田。方宅十餘畝，草屋八九間。榆柳蔭後簷，桃李羅堂前。曖曖遠人村，依依墟裏煙。狗吠深巷中，雞鳴桑樹顛。戶庭無塵雜，虛室有餘閒。久在樊籠裏，復得返自然」。這首詩的味道特別足，大家記得《紅樓夢》裏有一個海棠詩社，寶釵、黛玉教香菱作詩的時候也提到這句「曖曖遠人村，依依墟裏煙」。「狗

陶淵明畫像

吠深巷中，雞鳴桑樹顛」，你聽到深深小巷中的狗叫，聽見雞鳴的聲音，但你卻會感到一種安靜，感到心靈的安寧。所以陶淵明的寫作手法非常高明，明明有聲音，但卻能夠讓你感到安靜。「方宅十餘畝，草屋八九間」，就是這樣特別直白的文字，但讀起來又非常有味道，讓人升起對田園生活的嚮往和眷戀。

陶淵明視官場如樊籠，視歸隱為自然。他的很多詩描寫的都是日常生

活，人人可見的事物和風景，但他從中能夠展現出一種超然世外的胸襟和心情。像他的《飲酒詩》中說，「結廬在人境，而無車馬喧，問君何能爾，心遠地自偏，采菊東籬下，悠然見南山，山氣日夕佳，飛鳥相與還，此中有真意，欲辨已忘言」。不知道大家讀這首詩是什麼感覺？「采菊東籬下，悠然見南山」，給人一種超越於塵世之外的感覺了。

雖然這裏有一種返樸歸真的道家氣息，但陶淵明本人似乎對遇到仙人或者妙悟玄理並不那麼看重。他的《桃花源記》所描寫的桃花源，完全是一個人的世界，而不是一個神仙世界。其實我個人感覺，陶淵明的時代，禪宗還沒有傳入中國，但他那種順其自然，在日常生活中保持恬淡自然的心境，有一點禪的味道。劈柴擔水，無非妙道。

陶淵明是東晉人。東晉滅亡後，江南先後出現了宋齊梁陳四個朝代。在齊、梁、陳時代，詩歌得到了進一步的發展。這時出現了新體詩（也叫近體詩、格律詩）。新體詩也叫永明體，「永明」是南朝齊武帝的年號。南齊的時間很短，後來被梁武帝給取代了。

漢代的五言古體詩實際上是唱的歌詞，就像我們看的古詩十九首等等，但到永明體出現以後，詩和音樂之間就分開了。以前的詩是唱的，像《詩經》，《大風歌》、古詩等都是。但永明體出現以後，詩就是吟誦而不是歌唱，就是你只是念它就可以了。這樣，詩不再配樂以後，就要求讀起來音韻鏗鏘和諧，要能夠在讀的時候自動有一種音樂美。這其實應該感謝沈約。沈約總結了漢語的四聲，就是平、上、入、去，有一些聲調，象入聲，在我們現代漢語中已經沒有了。當時沈約總結了漢語的四聲，然後把這些不同的音調按照一定格律組織起來，這在近體詩中要求就比較嚴格。

隨著文學的發展和文學作品的增加，出現了很多深具藝術審美價值的文

章，於是有些人開始搜集這些作品並將它們結集。這種工作靠普通人是很難做的。幸運的是南朝的很多皇帝都是文學愛好者。像梁武帝蕭衍和太子蕭統，不但文學造詣極高，而且圍繞在他們身邊有一個文士集團，經常在一塊做詩和品評文藝。

蕭統招聚文學之士進行學術研討，搜集了三萬多卷圖書，還組織人編選了《昭明文選》。這本書原來就叫《文選》，後來蕭統死得比較早，諡號為昭明，這本書就改名為《昭明文選》。《昭明文選》收錄了自周代到六朝梁以前的七、八百年間一百三十多位作者的詩文共七百多篇，是一部現存最早的文學總集。蕭統做了一個很重要的工作，就是把文學和非文學分開了。過去咱們一直講文、史、哲不分家，蕭統覺得有些文章像屬於《經》、屬於《史》，包括諸子的散文。這些文章的主要目的並不是為了文學欣賞和文學創作，雖然文筆確實很優美，但只為了說明一個事。這類文章就沒有收入在文選中。蕭統一定要找那種寫得很漂亮的、但又是純文學美的文章，才會收入文選中，這就劃分了文學和非文學的界線。

在南齊，還出現了中國第一部系統的文藝理論巨著，就是劉勰寫的《文心雕龍》。《文心雕龍》一共五十篇，分成五個大部分，探索文學的目的、文體的分類、每一種分類的特點和文學的創作過程、寫作技巧等等做了非常系統的探討，包括文學批評也做了系統的探討。

最後我們說一下魏晉時期的一種新文學形式，就是小說。按道理來講，小說在先秦時期就應該有了，因為先秦諸子中有一家叫小說家，但那時的小說都湮滅了。雖然在《漢書·藝文志》中說有十五家小說，但沒有一本流傳下來。我們現在看到的最早的小說就是魏晉時期的小說。這些小說可以分為兩類：一類叫作志怪，一類叫作志人。所謂「志怪」的「志」就是記的意思，就記述一些比較怪異的事情，像神仙方術、鬼魅妖怪等等；還有一種叫志人，就是記述人的行為和趣

聞軼事。

　　像干寶的《搜神記》、曹丕的《列異記》等都屬於志怪小說；《世說新語》就是非常典型的筆記體志人小說。時間關係我們就不再講裏邊一個一個的故事了。雖然當時對人物刻畫還不是那麼成熟，但很多情節已經非常曲折和引人入勝了。像《搜神記》裡的《三王墓》、《董永》等等，都是我們耳熟能詳的故事。

　　《世說新語》的作者是劉義慶。他的伯父就是南朝劉宋政權的開創者劉裕。劉義慶因為顯赫的家世，所以他召集文學之士編撰了《世說新語》，主要記載的內容就是魏晉名士的趣聞軼事和玄虛清談。志怪和志人小說的出現為後來唐傳奇小說、宋代的平話、元代的戲劇，甚至明清的長篇章回小說都奠定了基礎。

　　魏晉南北朝結束於隋。我們知道，隋唐時期是詩的巔峰，關於唐詩我們就下一堂課再講。

第六十八講 ❖ 中國文學史(四) 唐詩(上)

Chapter. 68　The History of Chinese Literature (4) Tang Poetry (1)

　　大家好，今天我們講文學史的唐詩部分。在隋唐以前的南北朝是一個大分裂的時代，南方的文學和北方的文學也顯出不同的特點。南方的文學注重音韻聲辭之美，就是文章要漂亮，但可能會流於纖弱和輕浮；而北方的文學則剛健質樸。總的感覺就是南方文勝於質，北方質勝於文。到了隋唐統一之後，南北的文風也開始融合，造就出中國文學史上的一個黃金時代——盛唐的文學。

　　大唐是中國歷史的黃金時代，不光武功赫赫，而且其文學成就也讓後人難以望其項背，尤其是唐詩，成為了中國文學史上一座不可逾越的豐碑。大唐的開國皇帝李淵，帶有鮮卑人的血統。很多過去漢人統治的王朝都比較歧視少數民族，要「明夷夏之辨」。但唐太宗李世民說「自古皆貴中華，賤夷狄，朕獨愛之如一」。所以在文化上大唐也顯出了一種海納百川的氣度。

　　大唐是詩的高峰。從字數上來說，詩可以分為五言詩和七言詩，就是一句話五個字或七個字。從體裁上來講，詩又可以分為古詩、律詩和絕句。律詩一般來說是八句；絕句是四句；古詩的篇幅可長可短，沒有那麼嚴格的限制。古詩不光是在篇幅上沒有太多限制，在聲韻和對仗方面的要求也比較寬鬆；律詩對於格律的要求就非常嚴格，要求第三句和第四句必須對仗，第五句和第六句也必

須是對仗的，全詩八句，只能用一個韻，而且平仄必須互調。後來也發展出長的律詩，不限字數，但要求每兩句都必須對仗，這種律詩就叫作排律，是杜甫首創的。李白用古詩比較多，因為古詩對於音韻和字數沒有那麼嚴格的限制，比較適合於李白這種飄逸奔放的性格。

大唐不僅詩壇上群星輩出，而且題材也非常廣泛，但安史之亂以前的詩和安史之亂以後的詩非常不一樣。我們知道，安史之亂是中國歷史上一個非常重要的分水嶺。它不僅是大唐由盛轉衰的分水嶺，本質上來說五代十國是安史之亂的延續，而整個宋朝的政治制度設計都是為了避免安史之亂的出現。安史之亂以前，大唐有一種蓬勃向上的生命力，《中國文學史》一書中形容當時的世人有一種少年心情。比如說，離別本來應該是很傷感的，但大唐的詩人看來，只不過是各自分開去建立自己的功業，將來還會有再相會的那天，因為來日方長。這樣的離別詩就很少有壓抑低沉的傷感。比如說像王勃的「海內存知己，天涯若比鄰，無為在歧路，兒女共沾巾」；高適的「莫愁前路無知己，天下誰人不識君」；王維的「勸君更盡一杯酒，西出陽關無故人」。雖然都是離別詩，但沒有那麼愁雲慘霧的。在初唐和盛唐時期也湧現出很多邊塞詩人，像王昌齡、王之渙、高適、岑參等等。到了中唐和晚唐以後，大唐國力江河日下，雖然也有很多了不起的詩人，像白居易、杜牧、李商隱、溫庭筠等等，但就不再有盛唐那種大氣磅礴的詩篇了。所以文學的形式和當時國力、社會環境和風氣也有很大的關係。

唐詩中還有一個值得注意的現象，就是大唐是儒釋道三教鼎盛的時期。開國皇帝李淵自稱是老子後代，當然道教就很受重視。佛教也是在大唐達到了高峰，很多佛教的宗派都是隋唐時期形成的；儒家思想作為科舉的內容也很受重視，所以大唐是儒釋道三教的頂峰。我們看到大唐最了不起的三位詩人，李白是詩仙，跟道家有關；王維是詩佛，跟佛家有關；杜甫是詩聖，和儒家有關。有人曾

經統計過，《全唐詩》中跟佛教有關的詩達到10.3%之多，像李白、李賀、李商隱等的詩都有很多反映出神仙信仰，這是道教影響的顯例。

關於唐詩有太多可以值得討論的話題，也有太多的詩人和詩作值得介紹，我們這裏受篇幅的限制只能浮光掠影的講一點，並且集中在盛唐時期，也就是大唐的開元和天寶年間。這段時期固然有像張九齡、孟浩然、崔顥、高適、岑參等詩人，但我個人最喜歡的還是王維和李白，所以我接下來想介紹一下大唐最偉大的詩人王維、李白和杜甫。

首先說一下王維。王維早年也想建功立業，所以他創作了一些邊塞詩，像《從軍行》、《觀獵》、《出塞作》等等，最有名的就是《使至塞上》，「單車欲問邊，屬國過居延。征蓬出漢塞，歸雁入胡天。大漠孤煙直，長河落日圓。蕭關逢候騎，都護在燕然」，其中「大漠孤煙直，長河落日圓」被王國維稱為千古壯觀的名句，讀起來塞外遼闊雄渾的景象躍然紙上，這也是王維詩的一個特點。

王維詩、畫、音樂三絕，他的詩就像畫一樣。有一個關於王維的傳說，有一次王維去做客，主人請王維看一幅畫，畫上有很多樂師按宮引商在那兒演奏，一幅靜態的畫讓王維看，問王維他們在演奏什麼曲子。王維看了一眼說這是什麼什麼曲，果然樂師在演奏的時候各自的手型就是在那個位置。他一眼看過去就知道，所以王維對音樂的感覺特別好。同時王維本人又是一位畫家。人們讚美王維的詩靜逸明秀，詩中有畫，畫中有詩。像他寫的《山居秋暝》，非常的美，「空山

王維《晚笑堂竹荘畫傳》

新雨後，天氣晚來秋。明月松間照，清泉石上流。竹喧歸浣女，蓮動下漁舟。隨意春芳歇，王孫自可留」。讓你仿佛看到一幅清新寧靜的畫卷，靜謐之中又有動感，還給人一種生機盎然的喜悅。

袁行霈在《中國文學史》中形容這首詩說讓人的思緒達到了空明無滯礙的境界，自然之美和心靈之美渾然融為一體。王維因為精於畫作，對自然的觀察就是從一個畫家的視角，細緻入微。因為畫畫是要用顏色的，所以在王維的詩作中也有很多顏色的使用，「日落江湖白，潮來天地青」，還有「江流天地外，山色有無中」等，就像一幅畫一樣。

安史之亂以後，王維無意仕進，所以經常焚香獨坐，禪定修行，他的一些詩已經遠遠地超越了紅塵，達到了空明反照、寵辱不驚的境界。像他的名句「行到水窮處，坐看雲起時」就是這種境界的體現。王維晚年因為經常禪定，詩中就顯出一種空靜之美，他的《鹿柴》「空山不見人，但聞人語響。返景入深林，復照青苔上」；他的《竹裡館》裡寫道，「獨坐幽篁裡，彈琴復長嘯。深林人不知，明月來相照」。一般人想像到這種景色的時候，感到的可能是一種難耐的寂寞，因為你看不見人，人家也不知道你在這裡，但王維的這些詩讀起來給人一種心靈空靜之美，也讓人體會到作者心靈的空靜已經與自然的空靜混為一體。

當然跟王維這種空靜的心態相反，當時大唐有很多詩人是要立功邊塞的，所以就出了很多邊塞詩人。像王翰的「葡萄美酒夜光杯，欲飲琵琶馬上催。醉臥沙場君莫笑，古來征戰幾人回」，就是非常典型的邊塞詩。在邊塞詩人中，最傑出的大概是王昌齡的《出塞二首》，其中「秦時明月漢時關，萬里長征人未還。但使龍城飛將在，不教胡馬度陰山」這句話被評為唐詩七絕的壓卷之作，慷慨而蘊籍，悲壯而不淒涼。王昌齡的《從軍行七首》讀起來都給人這樣一種蒼涼而又悲壯激昂的感覺，「青海長雲暗雪山，孤城遙望玉門關。黃沙百戰穿金甲，不破樓蘭

終不還」，氣勢非常闊大。「大漠風塵日色昏，紅旗半卷出轅門。前軍夜戰洮河北，已報生擒吐谷渾」，這都讓人感受到邊疆上橫戈躍馬的豪邁。

說到詩人就不能不說一下詩仙李白，這是中國從古到今公認的詩壇第一人。韓愈在點評大唐詩人的時候說「李杜文章在，光焰萬丈長」，就是把李白和杜甫並列，但杜甫卻在回憶和懷念李白的詩句中說，「白也詩無敵」，李白的詩是別人根本就比不上的。

在《舊唐書》和《新唐書》中都有關於李白的傳，是跟其他詩人文人的合傳。李白是五胡十六國時期西涼開國者李暠的第九世孫，唐高祖李淵是李暠的七世孫，所以李白跟唐高宗是一個輩分的。《新唐書》上說李白出生的時候，他的母親夢到太白金星入懷，就是長庚星入懷，所以就給他起名叫作李白，字太白。

在我們的印象中，李白是個書生，但實際上少年時的李白是一個俠客，《李翰林集序》中說李白「少任俠，手刃數人」。李白在《贈從兄襄陽少府皓》中也提到此事，說「結髮未識事，所交盡豪雄，卻秦不受賞，擊晉寧為功」，意思是我小時候不是特別懂事，所以願意結交一些江湖上的豪傑之士，「卻秦不受賞」指的是魯仲連義不帝秦的典故，「擊晉寧為功」指的是在長平之戰之後，信陵君為了救援趙國，他的門客朱亥錘殺晉鄙這件事，後來李白又寫到，「托身白刃裡，殺人紅塵中，當朝揖高義，舉世稱英雄」。就是李白

李白畫像

自述年輕的時候路見不平殺過惡霸，但具體殺的是誰、幫的又是誰，李白沒有說，也不可考了。

李白欣賞俠客，而俠客就是可以不計個人安危地去幫助別人，但自己又不指望從中得到什麼好處。李白有一首非常著名的詩叫《俠客行》，其中四句說「十步殺一人，千里不留行，事了拂衣去，深藏身與名」，這固然寫出了俠客高強的武功，但是更重要的就是「事了拂衣去，深藏身與名」。施恩不望報，非常灑脫，這也是李白自己的寫照。

李白飽讀詩書，十歲就把《詩經》《尚書》等都讀通了。當時益州的刺史叫作蘇頲，後來做官做到玄宗的宰相。他跟李白說：你是天縱奇才，稍微學習一下就可以比得上司馬相如了。但李白當時的志向不在讀書，而是在於擊劍。《新唐書》上說李白「喜縱橫術」，就是蘇秦張儀的那套東西；「擊劍」，劍術很高明；「為任俠」，喜歡抱打不平；「輕財重施」，對錢根本就不看重，幫別人的時候簡直花錢如流水。李白曾經寫過一篇自述的文章叫《上安州裴長史書》，其中說自己「不逾一年，散金三十餘萬，有落魄公子，悉皆濟之，此則是白之輕財好施也」。

李白的詩瑰麗雄奇，好像長江大河一樣奔湧而來，又呼嘯而去。像他寫景的詩句，「山隨平野盡，江入大荒流。月下飛天鏡，雲生結海樓」，氣象非常闊大。「君不見黃河之水天上來，奔流到海不復回」，「飛流直下三千尺，疑是銀河落九天」等等，一般人寫這種氣象的詩有一種硬著脖子說大話的感覺，但李白寫得非常自然，舉重若輕。我個人認為，其實是因為他站在了一個高於人間的層次，所以寫人間大氣象的時候就可以信手拈來。

李白仙風道骨，寫的一些像《西上蓮花山》《夢遊天姥吟留別》所展示的是一個從尋仙而得道的形象。李白自號「青蓮居士」，寫詩說「青蓮居士謫仙人，酒肆藏名三十春。湖州司馬何須問，金粟如來是後身」，意思是他就是天上貶下來

的一個仙人，在酒肆中喝酒混日子，已經混了三十年了，如果你要問我以後是誰，那就成如來佛了。當時的人也稱他為李謫仙。

李白的詩餘味不盡，像他的《獨坐敬亭山》中寫道「眾鳥高飛盡，孤雲獨去閑。相看兩不厭，只有敬亭山」，一般人看到鳥飛雲散會有一種落寞的感覺，但這裏你看到的是一種恬淡出塵的境界。杜甫讚美李白說，「昔年有狂客，號爾謫仙人，筆落驚風雨，詩成泣鬼神」。大家知道中國自古文人相輕，像杜甫這樣一位詩聖，對李白簡直崇拜得不得了。

天寶初年，李白到會稽去遊歷，結識了著名的道士叫吳筠。我們知道唐玄宗特別喜歡道，招吳筠進京，吳筠就把李白也帶到了長安。在長安，李白見到了賀知章，一位大詩人、書法家，是武則天時期的狀元，自號四明狂客，很少瞧得起人的，但他看到李白的時候非常仰慕，說：你是天上下來的神仙。

賀知章就把李白推薦給了玄宗，玄宗特別的喜歡和尊重李白。《新唐書》上有這樣一句話，「帝賜食」就是玄宗賜他吃飯，「親為調羹」，親自幫他去調湯，「有詔供奉翰林」，就任命李白為翰林學士。李白特別喜歡喝酒，經常和當時的名士聚飲，包括賀知章、寫草書的張旭等等。杜甫做《飲中八仙歌》就是講喜歡喝酒的這些人，其中提到李白時說「李白斗酒詩百篇，長安市上酒家眠，天子呼來不上船，自稱臣是酒中仙」，喝醉了之後皇帝都不放在眼裡。

有一次洛陽送來了一些牡丹，唐玄宗命人送到沉香亭。那些牡丹非常漂亮，玄宗就和楊貴妃在那兒賞花。唐玄宗本人是一位音樂家，很有藝術修養。他覺得這麼漂亮的花、這麼美的景色，又跟愛妃在一起，再唱一些過去的陳詞濫調就沒意思了，於是想找李白來填一些新詞。但李白卻不在宮裏，出去喝酒了嘛。賀知章知道李白經常去哪個酒樓，果然就在那裏找到了。當時李白喝得已經都站不起來了，賀知章讓小太監把他扶在馬上，一直扶到宮裏。玄宗就一直在催李

白,問怎麼還不來?太監回復說李白現在喝醉了,走不了路,玄宗就親批走馬入宮,讓李白騎著馬到沉香亭。

李白到沉香亭之後,已經醉得神志不清。於是用冷水撲面,李白才醒來,然後拿起筆來立刻就把詞填好了。《新唐書》中說「援筆成文,婉麗精切無留思。」但具體寫的什麼沒有寫入《新唐書》中,後世所傳,就是那三首著名的《清平調》。從上下文來看,也應當如此。《清平調》都是贊美楊貴妃的美貌。第一首說「雲想衣裳花想容,春風拂檻露華濃,若非群玉山頭見,會向瑤台月下逢」。非常美,見到雲彩會想起你的衣裳,見到花會想起你的容貌。第二首說「一枝紅艷露凝香,雲雨巫山枉斷腸。借問漢宮誰得似,可憐飛燕倚新妝。」第三首說「名花傾國兩相歡,長得君王帶笑看。解識春風無限恨,沉香亭北倚闌干。」我們不去具體品評這三首詩了,玄宗和楊貴妃讀詩當然非常高興。

但這三首詩給李白惹來了麻煩。有一次李白喝酒喝醉了,讓高力士給他脫靴子。高力士是玄宗最寵信的宦官,從誅殺韋后和安樂公主的時候就跟著玄宗,權勢熏天,連李林甫都要用心巴結的人。肅宗在東宮為太子時,稱其為二兄,諸王公主皆稱呼「阿翁」,駙馬們稱其為「爺」。你想,李白讓他脫靴子,他雖然做了,但心裏能平衡嗎?《新唐書》上的說法是「白嘗侍帝,醉,使高力士脫靴。力士素貴,恥之,擿(tī,挑出)其詩以激楊貴妃,帝欲官白,妃輒沮止。」具體哪首詩,《新唐書》上沒有講,但大多人都認為是第二首詩中的「可憐飛燕倚新妝」這句,就是把楊貴妃比作西漢成帝的皇后趙飛燕。趙飛燕這個人人品很差,而且和胡人私通淫亂,所以高力士這麼一說,楊貴妃就覺得李白是在諷刺她和安祿山的關係不正常。

李白是個很驕傲的人,他曾經說過嘛,「安能摧眉折腰事權貴,使我不得開心顏」。知道楊貴妃想讓玄宗疏遠他,索性上表懇求還山,玄宗給了他很多錢,就讓他離開了。

　　公元755年，安史之亂爆發。公元756年6月，玄宗幸蜀。玄宗的兒子永王李璘割據江陵，截留江淮稅金租賦，打的旗號是要平亂，實際上是想自己趁亂造反。這時肅宗已經即位，並得到了玄宗的認可，肅宗也需要錢打仗，而且知道李璘花費大量的錢招兵買馬，就讓李璘去到蜀中覲見玄宗，但李璘不加理會，之後在12月25日造反，在次年2月兵敗被殺。

　　這件事就牽連到了李白，因為李璘召李白做幕府，李白也以為李璘要平叛，就去了。等到李璘被殺，李白就歸在永王一黨，先判死刑，後改流放夜郎，就是現在的貴州。這個時候的李白已經快六十歲了，我們可以想見他去流放地的心情，而這個時候郭子儀出手了。《新唐書》上說「至是子儀請解官以贖」，也就是郭子儀感念李白當年對他的營救，願意納還官爵為李白贖罪。而此時的郭子儀正是平叛的最主要將領，任朔方節度使、兵部尚書、同中書門下平章事，相當於朔方軍區司令、國防部部長兼宰相。因此肅宗赦免了李白。李白逆水行舟，到達白帝城的時候，皇帝的赦令也到了。於是李白重獲自由，順江東下。他寫下了著名的《早發白帝城》——「朝辭白帝彩雲間，千里江陵一日還，兩岸猿聲啼不住，輕舟已過萬重山」。

　　盛唐還有一位無法回避的大詩人，就是杜甫，被稱為詩聖，也稱為詩史。杜甫是杜預之後，就是滅東吳結束三國時代的那位西晉軍事家。杜甫年輕時代舉進士不第，四處漫遊，33歲在洛陽遇到了李白，結伴漫遊。那時候杜甫的詩仍然有一種盛唐氣象，像「會

杜甫畫像

當淩絕頂，一覽眾山小」的豪邁情懷。安史之亂以前，他已經感受到官場的腐敗和生民的疾苦，寫下了《兵車行》、《麗人行》等。安史之亂爆發後，杜甫被叛軍捕獲，被押解到長安，他寫下了著名的《春望》。「國破山河在，城春草木深。感時花濺淚，恨別鳥驚心。烽火連三月，家書抵萬金。白頭搔更短，渾欲不勝簪。」之後又寫下了《三吏》、《三別》。杜甫晚年顛沛流離、窮困潦倒，他的風格沉郁頓挫，充滿了悲天憫人的情懷。杜甫被稱為詩史，用古體詩來敘事，但杜甫最重要的成就還是律詩。李白的詩，寫得飄逸奔放，不受任何束縛，而杜甫的詩，卻對煉字極為重視，杜甫自述「為人性僻耽佳句，語不驚人死不休」。

李白是盛唐詩人，之後就是安史之亂之後，大唐中衰，進入中唐時期。唐朝的詩人實在太多，好詩也實在太多。關於中晚唐的詩人，以及由韓愈、柳宗元發起的古文運動，以及唐代的傳奇小說，我們就留到下堂課再說。

第六十九講 ❖ 中國文學史(五)
唐詩(下)、古文運動和傳奇小說

Chapter. 69　The History of Chinese Literature (5)
Tang Poetry (2), Classical Prose Movement and Classical Short Stories

　　上一次我們講了盛唐的三位詩人，詩仙李白、詩佛王維、詩聖杜甫，分別代表著道家、佛家和儒家。下面介紹一下中唐和晚唐的詩人。之後我們會講一下韓愈開始的古文運動和唐代的傳奇小說。

　　安史之亂結束時，玄宗和肅宗都已經駕崩，唐代宗繼位。唐代宗用的最長的一個年號，叫「大曆」，這時詩壇的風格已經發生了重大變化，所以這段時間唐詩的風格被稱為「大曆詩風」。大曆年間的詩人已經失去了盛唐那種奮發昂揚的進取精神，心情變得孤獨寂寞或者清高避世。這種變化就有點像魏晉玄學的出現，當進取無望的時候，人就會變得消極，有的就想當隱士去了。我們讀大曆時期的作品能夠感受到這種特點。像韋應物的詩《滁州西澗》「獨憐幽草澗邊生，上有黃鸝深樹鳴。春潮帶雨晚來急，野渡無人舟自橫」；像劉長卿的《重送裴郎中貶吉州》「猿啼客散暮江頭，人自傷心水自流。同作逐臣君更遠，青山萬里一孤舟」；像劉長卿的「日暮蒼山遠，天寒白屋貧。柴門聞犬吠，風雪夜歸人」。大家可能能夠體會到，這些詩句所描述的「野渡無人舟自橫」、「青山萬里一孤舟」或是「柴門聞犬吠」，已經跟王維的那種「靜」完全不一樣了，而是一種冷落而寂寥的情感。

　　大曆詩風以後出現的就是韓孟詩派，以韓愈、孟郊和李賀為其代表。詩人

們開始追求詩句的奇險怪異，甚至以醜為美，比如李賀把墳墓、鬼火、烏鴉、狐狸、山野、黃昏等都做為描摹的對象，詩中透出森森鬼氣，所以李賀也被稱為詩鬼。因為他們有的詩實在太醜了，我們這裏就不講了。當然詩的風格除了跟當時的社會環境有關，跟每個人的氣質也有很大的關係，李賀年紀輕輕就死了。他老寫那些墳墓、狐狸之類的，你讀起來就感覺他肯定壽命不長。

在中晚唐還有兩位很有名的詩人，劉禹錫和柳宗元。他們都是因為參與永貞變革，最後都被貶到環境惡劣的地方。當然他們的詩中難免透出一種沉痛悲涼的感覺。但劉禹錫是有傲骨的，是很不服氣的，所以他的詩中就有一種不屈的精神，例如他寫的《酬樂天·揚州初逢席上見贈》，這裏的「樂天」是白居易，詩中寫到，「巴山楚水淒涼地，二十三年棄置身。懷舊空吟聞笛賦，到鄉翻似爛柯人。沉舟側畔千帆過，病樹前頭萬木春。今日聽君歌一曲，暫憑杯酒長精神」。其中「沉舟側畔千帆過」已經成了一個名句。

劉禹錫在參加永貞革新之後被貶為郎州（今湖南常德）司馬，十年後被朝廷「以恩召還」，回到長安。他覺得朝廷中還是小人當道，於是在遊玄都觀的時候就寫了一首詩《玄都觀桃花》「紫陌紅塵拂面來，無人不道看花回。玄都觀裡桃千樹，盡是劉郎去後栽」。他實際的意思是說朝廷中那些小人都是我走了之後被提拔起來的。詩中用了很多唇齒音，讀起來給人一種咬牙切齒的感覺。他這是以桃花來隱喻暫時得勢的奸佞小人。當然那些人也聽得出來，就又跟皇帝進讒言，又把劉禹錫給貶走了。這一貶又是12年。12年後當詩人回來再游玄都觀的時候，又寫詩道「百畝庭中半是苔，桃花淨盡菜花開。種桃

劉禹錫《晚笑堂竹莊畫傳》

道士歸何處，前度劉郎今又來」——我又回來了，有一種示威的感覺。

當時跟劉禹錫一塊兒被貶的還有柳宗元。柳宗元的名作叫《江雪》——「千山鳥飛絕，萬徑人蹤滅。孤舟簑笠翁，獨釣寒江雪」，給人一種隨遇而安的感覺。

中唐後期靠近晚唐還有兩位詩人，一個叫元稹，一個叫白居易，合稱為「元白」。 元稹悼念亡妻的詩，白居易記述唐玄宗和楊貴妃故事的《长恨歌》，都写得情致深婉。元稹24歲時娶了20歲的世家閨秀韋叢，31歲時韋叢因病去世，元稹悲傷不已，為亡妻寫了一組悼亡詩，其中「曾經滄海難為水，除卻巫山不是雲。取次花叢懶回顧，半緣修道半緣君」，已經成為用情專一的千古佳句了。他的《遣悲懷》三首是悼亡詩中最傑出的作品，每首詩讀起來都覺得作者是和著淚寫的。「昔日戲言身後事，今朝都到眼前來」，當時咱們兩個人開玩笑，說你死了之後怎麼處理這些東西，結果現在我就真的面對著這個問題了；「誠知此恨人人有，貧賤夫妻百事哀」；「惟將中夜長開眼，報答平生未展眉」，就是妻子嫁給元稹之後，元稹很窮、地位也很低，但他的妻子有些錢，妻子為了讓他過好日子，就把自己的首飾衣服等都典當了，所以這一輩子經常日子過得很愁苦。現在妻子死了，元稹說「惟將中夜長開眼，報答平生未展眉」，就是我夜夜無眠地思念你，以此報答我給你帶來的愁苦。

這些詩讀起來很感人，但其實我不太喜歡元稹的為人，因為他寫詩歸寫詩，實際生活中他四處留情，跟當時的才女薛濤、名伶劉採春等都有超乎尋常的關係，所以說得好聽一點，元稹是風流多情，說得難聽一點兒是用情不專。

元稹《晚笑堂竹莊畫傳》

白居易畫像·南薰殿藏版

　　和元稹並稱的詩人是白居易。白居易寫詩特別注重詩的文辭淺近易懂，要不識字的老婆婆都能夠聽明白。用淺白的字寫出有深意的詩其實是一件很難的事，但白居易做起來舉重若輕。像他寫的《長恨歌》和《琵琶行》已經是在用詩來講故事。詩中幾乎沒有什麼特別難的字，或者特別難懂的典故，但是讀起來也很感人。

　　晚唐還有兩位非常著名的詩人，被稱為「小李杜」，一個是杜牧，一個是李商隱。杜牧出仕的時候，大唐已經日薄西山。杜牧的詩寫得明麗雋永，文章也漂亮，比如那篇著名的《阿房宮賦》。杜牧年輕的時候喜歡讀兵書，還給曹操所定的《孫子兵法》十三篇做注釋，所以他文武全才，但一直沒有施展的機會。

　　唐朝有很多詩人寫一些詠史的詩，實際上是借史詠懷，借用過去的歷史來表達自己的心情。杜牧有一首非常有名的詠史詩叫《赤壁》——「折戟沉沙鐵未銷，自將磨洗認前朝。東風不與周郎便，銅雀春深鎖二喬」。他雖然說「東風不與周郎便」，如果當時沒有颳東風的話恐怕二喬就被曹操虜到銅雀台裏去了，但他是借史喻今，指的是自己就像周郎遇不到東風一樣。杜牧對國家的前途有一種深重的憂慮，他寫過《泊秦淮》——「煙籠寒水月籠沙，夜泊秦淮近酒家。商女不知亡國恨，隔江猶唱後庭花」。所以他應該感到大唐已經呈現出一股衰朽的氣象，就快要結束了。

　　杜牧懷才不遇，於是寄情於山水之間，出沒於青樓楚館，寫過很多豔麗的

杜牧畫像

詩作，像《寄揚州韓綽判官》「青山隱隱水迢迢，秋盡江南草未凋。二十四橋明月夜，玉人何處教吹簫」，非常的纏綿婉約。

　　還有一位也非常善於寫愛情詩的就是李商隱。李商隱有很多詠物的詩，也有諷喻當時政治的詩，但李商隱最高明的就是一些愛情詩，寫得特別朦朧，就是你不知道他到底在隱喻什麼，但你就是覺得特別美。最有名的就是《錦瑟》——「錦瑟無端五十弦，一弦一柱思華年。莊生曉夢迷蝴蝶，望帝春心託杜鵑。滄海月明珠有淚，藍田日暖玉生煙。此情可待成追憶，只是當時已惘然」，很深情，但你就是不知道他到底在說什麼，故事的背景是什麼，他思念的又是誰等等，所以他表達情感深沉而又含蓄。《中國文學史》中說李商隱在開拓一種心靈的境界。他還有兩首愛情詩也特別有名，都叫作《無題》。「相見時難別亦難，東風無力百花殘。春蠶到死絲方盡，蠟炬成灰淚始乾。曉鏡但愁雲鬢改，夜吟應覺月光寒。蓬山此去無多路，青鳥殷勤為探看」，這個是一首《無題》。還有一首說，「昨夜星辰昨夜風，畫樓西畔桂堂東。身無彩鳳雙飛翼，心有靈犀一點通。隔座送鉤春暖酒，分曹射覆蠟燈紅。嗟余聽鼓應官去，走馬蘭台類轉蓬」。

　　讀李商隱和杜牧的詩，你會發現一個問題，就是晚唐詩人已經開始寫一些意境優美而婉約的愛情詩了。我個人認為這為後來婉約的宋詞作了鋪墊。

　　關於大唐的詩人，我們就簡單介紹這麼多了。因為大唐詩人實在太多，咱

們也介紹不過來，只是按照時間順序介紹了一些有代表性的詩、它們的作者以及當時的詩風。

下面我們講一下古文運動。我在講魏晉南北朝時期的文學時，花了很多時間講駢文。其實駢文一直到中唐的時候還一直很盛行，但從中唐開始，文體開始從駢文向散文過渡，這就是著名的古文運動。

我們經常講唐宋八大家，所謂「八大家」都是古文大家，宋代六個人，以歐陽修為文壇領袖，然後是「三蘇」，蘇軾、蘇洵、蘇轍，還有王安石、曾鞏，一共六個人；在唐朝的時候有兩個人，就是韓愈和柳宗元，合起來稱為「唐宋八大家」。唐宋八大家裏年齡最大的就是韓愈，他是「古文運動」的宣導者，蘇軾讚美韓愈說他「文起八代之衰」，所謂「八代」指的就是東漢、魏、晉、宋、齊、梁、陳、加上隋，也就是古文衰落了八個朝代，到了韓愈的時候才有所起色。

韓愈是非常提倡「文以載道」的。韓愈、柳宗元、劉禹錫、裴度等很多人生活的時代正好是大唐中衰的時代，知識份子們出於一種深重的憂患意識，希望在政治上能有所改革。我在講中國政治制度史的時候曾經提出過一個觀點，就是一個統一的國家應該有一個統一的國家意識型態。當時大唐是儒釋道三教鼎盛，而釋教（佛教）和道教都是避世修行的，所以一些知識份子就覺得你們都出家修行，這個國家誰管呢？所以當時的知識份子就排斥佛道，希望能夠以儒家的思想來抗衡

韓愈畫像

佛教和道教。當然我並不同意他們的看法，因為儒家中雖然有著經世致用的學問，但實際上做官的時候，你完全可以以一種出世的心態來做入世的事情，這事該怎麼辦還怎麼辦，但是你自己心裏邊不執著它。

以韓愈為代表的這些儒家人物，在文章上貫穿著這種「實用主義」，就是通過儒家義理的闡釋來激發人為國家服務的熱情，因此他們更注重文章的義理，而不是僅注重文辭的優美，這就是「文以載道」。

「文以載道」的説法其實是宋代的朱熹提出來的，當時韓愈的説法叫「文以明道」，當然這個「道」指的是儒家的「道」。所以韓愈要做的，就是接續儒家的道統，所謂「堯舜禹湯、文武周公、孔子孟子」。韓愈認為到了孟子之後，儒家的道統中斷了，現在憑著我韓愈就要把儒家的道統接續起來，所以韓愈就不喜歡駢文。駢文注重用典，注重文辭華麗。「用典」容易讓文章晦澀難懂，文辭華麗常常會讓內容流於空泛，所以韓愈和柳宗元的古文要言之有物，煉字精到。當然他們也注重排比、對偶、比喻、長短句、參差錯落，讀起來朗朗上口，只是這些是放在第二位的。咱們肯定讀過很多他們的作品，像中學課本學過的韓愈的《雜説》，柳宗元的《黔之驢》《小石潭記》《捕蛇者説》等等，我們就不在這裏邊贅述了。但我們需要知道在唐代開始出現了一種古文運動，就是古代散文的復興運動，以及它的歷史背景。

唐代文學還有一個突出的成就，就是文言小説的成熟。唐代出現過很多的文言小説，被稱為唐傳奇，記述一些奇聞異事。這些小説的篇幅都不長，但情節曲折生動，讀起來讓人欲罷不能。從唐代宗到宣宗這一百年是文言小説成熟的時期。作品的題材非常廣泛，有的是講愛情的、有的是講俠客、有的是講政治的、有的講歷史、有的講夢幻、有的講神仙，所以唐代的傳奇小説非常好看。

像陳玄祐寫的《離魂記》講的是有一位叫張倩娘的女子，為了追求自由的

愛情，靈魂離體跟情人結合，十幾年以後回到故里，靈魂跟肉體合而為一。這篇唐朝的小說，到元代的時候經過鄭光祖的發揮，就成了著名的元代雜劇《倩女離魂》。唐代的傳奇中也有一些題材，有點象後來的《聊齋志異》的題材，就是人和狐狸之間的相戀，像《任氏傳》就是講這個內容的；也有講人和神之間的相戀，像李朝威的《柳毅傳》，就是柳毅跟龍女之間的愛情故事；還有的是描寫人間愛情的，像《李娃傳》、《鶯鶯傳》、《霍小玉傳》等等，其中有一些故事到後世變成了長篇的戲劇。像《玉堂春》跟《李娃傳》有點象，《鶯鶯傳》後來變成了《西廂記》等等。

很多後世的文學創作都受到唐代的傳奇小說的影響。一位著名的當代武俠小說家就曾經講過，他的武俠小說中深受唐傳奇的影響，俠客、海戰、驢子、匕首、復仇、弈棋等很多元素，和當代武俠小說中非常好玩的場景，都能夠在唐傳奇中找到它們的影子。像唐代的《紅線》就是俠女。《聶隱娘》、《昆侖奴》、《虯髯客傳》等都是奇幻小說。大部分唐傳奇都被收錄在宋代的《太平廣記》裏。

我們拿《聶隱娘》的一部分舉個例子。貞元年間，魏博節度使手下有一位大將叫聶鋒，聶鋒的女兒叫聶隱娘。聶隱娘十歲時，來了一位尼姑化緣，看見聶隱娘就很喜歡她，於是對聶鋒說：「這小女孩交給我帶走吧。」當然聶鋒就特別生氣，斥責尼姑。那尼姑也不生氣，說你就是把聶隱娘放到一個鐵櫃子裏鎖起來，我今晚也能把她偷走。結果當天晚上聶隱娘果然就失蹤了。聶鋒特別驚駭，到處去搜尋，但是一點消息都沒有。五年以後，

尼姑把聶隱娘送了回來，跟聶鋒說，「你這個女兒，我已經教了她一身功夫，現在還給你了。」然後尼姑忽然之間就不見了。

當時聶鋒一家人又悲又喜，悲的是女兒五年中不見蹤影，不知道是不是吃了很多苦，高興的是女兒又回來了。聶鋒就問女兒，你學了什麼東西啊？聶隱娘說：我也沒學啥，那尼姑就天天教我打坐。聶鋒家裡的人不信，就一定讓她講實情。聶隱娘說：「那我就告訴你們吧。」

聶隱娘說：那天晚上，尼姑把我偷走後，不知道被她帶著走了幾里，天明的時候來到了一座山裡，看到很多很多的猿猴。我到了後發現那兒已經有了兩個跟我差不多的女孩，大概也都十歲左右，長得特別漂亮，也特別聰明，而且不吃東西。她們可以像猿猴一樣飛簷走壁。尼姑給了我一粒藥，吃完以後我就跟那兩個女孩學習飛簷走壁了，漸漸身輕如風。尼姑還給了我一把劍，大約兩尺多長，十分鋒利。一年後，我可以用劍去刺猿猴，百無一失；後來可以刺虎豹，一下就可以把虎豹的頭砍斷；三年之後我能在空中飛翔，可以用劍去刺老鷹。然後尼姑給我換其它的劍，劍身越來越短，最後減至5寸，以至於我去刺飛鳥的時候，飛鳥都不知道我來了。

到第四年時，尼姑就帶我到一個都市中去，指著一個人說：此人這輩子都幹過什麼壞事，讓聶隱娘當晚把這個人殺死。然後尼姑給她一把羊角匕首，白天殺人，別人也看不見聶隱娘。殺人後把人頭拿回到她們住的客店裏，尼姑把一種藥彈在人頭上，人頭就化成水了。大家看到這兒會想起來《鹿鼎記》，是吧？後來尼姑把聶隱娘的後腦打開，在那裏藏一把匕首，這裏有點兒象孫悟空的金箍棒的感覺吧？尼姑說你想用的時候就可以把匕首從腦子裏邊抽出來。現在你功夫已經成了，我就送你回去吧，二十年之後我們可以再見面。

我這裏只是講了個開頭，《聶隱娘》的後半部還有很多傳奇的經歷，包括她

的婚姻，神機妙算的陳許節度使劉昌裔，可以摺叠的黑白驢子，與精精兒和與妙手空空兒的鬥法等等。時間關係咱們就不講了，有興趣的朋友可以自己去看。

從這個故事中，你能夠看到很多當代武俠小說中奇幻情節的原型。當然唐代的小說都很短，現代人把其中一些元素提取出來再加以發揮，就變成了長篇武俠小說。

關於唐代的文學咱們就說這麼多了。唐代之後就是宋代，關於宋代的文學咱們就等到下堂課再說。

第七十講 ❖ 中國文學史(六) 宋詞

Chapter. 70　The History of Chinese Literature (6) Ci Poetry of the Song Dynasty

上一堂課我們講了唐代的幾種文學形式，唐詩、唐代的傳奇小說以及韓愈開啓的古文運動，今天咱們講一下兩宋的文學。

兩宋是中國文化的又一座高峰，這跟兩宋初年趙匡胤定的國策有關。我們知道，唐代在安史之亂以後就進入了一個亂局，後來又經過五代十國頻繁的政權更迭。公元960年，趙匡胤陳橋兵變，建立北宋。趙匡胤吸取了藩鎮割據的教訓，就一直執行一個政策，叫「崇文抑武」，就是重視文官而抑制武將，所以兩宋大概是讀書人生活最幸福的時代。一個是官員的俸祿很高，國家非常富裕；再一個就是宋太祖曾經有遺詔，禁止子孫殺言官、士大夫及上書言事者。所以宋代的言論氣氛非常寬鬆。在這樣的一種自由表達的氛圍下，無論是政治上還是學術上，知識份子們就經常喜歡發一些議論，同時積極著書立說、互相辯論，這就讓兩宋呈現出一片文化上非常繁榮的景象。

宋王朝是中國歷史上第一個「坊市合一」的王朝。「坊」指的是居民區，「市」指的是商業區。在宋朝以前，商業區跟居民區是嚴格分開的，一到了晚上，整個商業區都要關閉，叫「宵禁」，也就沒有什麼夜生活和娛樂。白天大家都要上班、勞動，也就沒有太多逛街的機會，各種各樣的文化和娛樂活動就比較少。宋代由

於坊市合一，一些小店的營業就沒有時間限制，半夜2點鐘你願意營業的話也可以，所以這就使得夜生活和各種娛樂形式變得豐富繁榮，於是很多藝術形式，像評書和戲劇等就得到了長足的發展。

說到兩宋的文學就不能不提一下宋詞。宋詞可以說是和唐詩並立的兩大文學高峰。詞這種形式其實在中晚唐時就開始出現，象李白、劉禹錫、溫庭筠等都填過詞，但當時沒有什麼詞牌的概念。後來溫庭筠創造了很多詞牌。到了五代時期，南唐的中主李璟和後主李煜都是非常著名的詞人，特別是李煜的詞膾炙人口。晚年時，李煜投降北宋，被軟禁起來，經常發出家國的悲音。像他填的《破陣子》「四十年來家國，三千里地山河，鳳閣龍樓連霄漢，玉樹瓊枝作煙蘿，幾曾識干戈」，這是他講他以前的幸福生活，「一旦歸為臣虜，沈腰潘鬢消磨，最是倉皇辭廟日，教坊猶奏別離歌，垂淚對宮娥」，講他拋棄江山投降北宋，場景非常淒慘。李煜寫的這首《浪淘沙》也非常有名「簾外雨潺潺，春意闌珊，羅衾不耐五更寒，夢裡不知身是客，一晌貪歡」，做夢的時候還能回到當年，重溫溫柔寶貴的生活，下面卻說，「獨自莫憑欄，無限關山，別時容易見時難，流水落花春去也，天上人間」，原來過的日子就像是天上的人間一樣，但現在這樣的日子再也沒有了。李煜留下了很多名句，像《虞美人》中的「問君能有幾多愁，恰似一江春水向東流」，像《烏夜啼》裏的「剪不斷，理還亂」等等，都成為了文人模仿的對象。

唐末和五代的詞都比較短，這種短詞叫作「小令」。小令是用來唱的，所以對平仄和押韻的要求很高，填詞並不比寫詩容易。在北宋初年，還有一位著名的詞人叫柳永。他發展出一種叫作「慢詞」的宋詞。慢詞也稱為長調，篇幅比較大，讀起來甚至像一篇短文章一樣。像柳永的《雨霖鈴》、蘇軾的《念奴嬌·赤壁懷古》都是屬於在長調中非常有名的。

按照過去一些流行的說法，宋詞分成兩個流派，婉約派和豪放派。當然也

有很多學者不同意這種觀點。我們講一下這兩個流派。婉約派的代表人物非常多，像北宋的晏殊父子、歐陽修、張先、秦觀、李清照等等，都是非常有名的大詞人；豪放派的代表人物基本上就是蘇軾和辛棄疾。這只是一個大概的劃分，因為蘇軾和辛棄疾也填了很多婉約的詞。

實際上宋代的知識份子幾乎都擅於填詞，其內容基本上都是描述個人情感，所以很少會看到大唐那種豪放的詩風。雖然一些詞人曾經做過邊塞的將軍，但他們的詞跟盛唐時期的邊塞詩相比，也有很大區別。舉例來說，范仲淹曾經在陝西守邊四年，抵抗西夏。他目前留下的五首詞中，有一首叫《漁家傲》，「塞下秋來風景異，衡陽雁去無留意，四面邊聲連角起，千嶂裏，長煙落日孤城閉。濁酒一杯家萬里，燕然未勒歸無計，羌管悠悠霜滿地，人不寐，將軍白髮征夫淚」。他把邊塞的蕭索氣象和軍人的思鄉心情刻畫得非常生動，但是跟盛唐時期的邊塞詩「秦時明月漢時關，萬里長征人未還，但使龍城飛將在，不教胡馬度陰山」的豪邁情懷就非常不同，范仲淹的邊塞詞中就帶有一種淡淡的哀愁。

實際上范仲淹留下的詞基本上都有這種淡淡的哀愁，像他那首非常著名的《蘇幕遮·懷舊》「碧雲天，黃葉地，秋色連波，波上寒煙翠。山映斜陽天接水，芳草無情，更在斜陽外。黯鄉魂，追旅思，夜夜除非，好夢留人睡。明月樓高休獨倚，酒入愁腸，化作相思淚」。詞寫得情景交融，非常漂亮，但也很婉約。

北宋初年的文壇是一個詞人輩出的時代，象晏殊和晏幾道父子、歐陽修、張先等都是傑出的詞人。大家可能都聽說過一句話「國家不幸詩人幸」，就是當社會很動蕩，詩人很鬱悶愁苦的時候，心中就有些話不吐不快，這時詩人們可能會詩興大發。而當生活富裕而安寧的時候，再寫詩詞就可能有種無病呻吟的感覺。像晏殊是北宋的太平宰相，一生榮華富貴，但悠閒的生活也養成了他多愁善感的性格。人性就是如此，患得患失。當你人生順利的時候，你卻會覺得人生苦

短。晏殊的《浣溪沙》就有這樣的一種無奈和苦悶——「一曲新詞酒一杯，去年天氣舊亭台，夕陽西下幾時回，無可奈何花落去，似曾相識燕歸來，小園香徑獨徘徊」，你覺得他過得夠幸福的了，都有自己的「小園香徑」了，但他還在徘徊。說他無病呻吟有點兒太過分了，但他多少有點多愁善感。

跟晏殊相比，北宋的文壇領袖歐陽修就要豁達得多。歐陽修的一生，經歷了宦海浮沉，但他卻一直保持了隨遇而安的樂觀性格，像他的《朝中措·平山堂》裏這樣寫，「平山欄檻倚晴空，山色有無中，手種堂前垂柳，別來幾度春風。文章太守，揮毫萬字，一飲千鐘。行樂直須少年，尊前看取衰翁」（「尊」是通假字，通木字旁那個「樽」），顯示出作者瀟灑曠達的個性。

其實歐陽修不光寫詞是這種風格，散文也很像其為人。他這一點跟韓愈不同。韓愈是唐代唐宋八大家中的第一人，歐陽修是北宋唐宋八大家裡的第一人，但韓愈的文章氣勢咄咄逼人，而歐陽修的散文就簡易平和。我們可能都背過歐

宋泰政歐陽文忠公贍

陽修寫的《醉翁亭記》，「臨溪而漁，溪深而魚肥，釀泉為酒，泉香而酒洌」，讀起來覺得特別親切和自然。

回到宋詞，我們再說一下柳永，因為講宋詞是繞不開柳永的。柳永也是婉約派的代表人物。他的仕途一直不得意，做官也都是一些屯田員外郎之類的小官。他也自甘沉淪市井，和一些青樓女子往來唱和。柳永創作了大量的慢詞，同時在詞的審美情調上也向俗的方向發展。過去的詞都是文

人的詞，是文人之間宴會、賦詩、酬酢的作品，也是寫給文人看的作品，都比較雅，但柳永將詞風向俗的方向發展。柳永創作的慢詞因為篇幅長，所以帶有一定的敘事性，描寫就不僅僅是一些意象的描述，也包括對人的行為、環境、心態的刻畫。像柳永寫的《雨霖鈴》「寒蟬淒切，對長亭晚，驟雨初歇，都門帳飲無緒，留戀處，蘭舟催發，執手相看淚眼，竟無語凝噎，念去去，千里煙波，暮靄沉沉楚天闊」，讀的時候你能夠把兩個離別時的表情、動作和心理還原出來，刻畫得非常細膩。後面說「多情自古傷離別，更那堪，冷落清秋節，今宵酒醒何處，楊柳岸，曉風殘月，此去經年，應是良辰好景虛設，便縱有千種風情，更與何人說」。柳永這首詞流傳得非常廣，像他《雨霖鈴》裏邊的「楊柳岸，曉風殘月」，《蝶戀花》裏的「衣帶漸寬終不悔，為伊消得人憔悴」等，都成為千古名句。這些名句流傳非常廣，很多人都會唱，所以當時有句話說「凡有井水處，皆能歌柳詞」，只要有人住的地方，大家就會唱柳永的詞。

跟柳永同時代的，還有另外一位北宋文壇上不可逾越的高峰，就是蘇軾。蘇軾開創了跟柳永不同的豪放派詞風。蘇軾實在是北宋文壇的一顆巨星，歐陽修在讀到蘇軾文章時就感歎地說，「吾当避此人出一頭地」，意思是他比我還牛。

蘇軾不僅是一位散文家，也是一位大詞人，還是大書法家。他在宋代詩壇的地位大概相當於李白在唐朝詩壇的地位，他的詩寫得也非常好。「不識廬山真面目，只緣身在此山中」，含有深刻的哲理。其實我剛才引用這句詩也是為了説明宋詩的一個特點。因為很多宋代的文人都喜歡讀書、思考哲學問題，所以宋詩就注重理趣，經常會帶有哲理性。

蘇軾的仕途也非常不順利，經常被貶官，而且一貶再貶，不管是司馬光代表的舊黨還是王安石代表的新黨，兩黨上台好象都看他不順眼。他雖然一再被貶，離京城越來越遠，但是他的文學成就卻越來越高。他曾經被貶到黃州擔任

團練副使，寫下了著名的《念奴嬌‧赤壁懷古》「大江東去，浪淘盡，千古風流人物……」，成為豪放派的代表作。他還有另外一篇豪放派的代表作《江城子‧密州出獵》，那時蘇軾已經年齡很大了，連頭髮都白了，但還是有一種少年的心情，這在北宋的詞壇上也是很少見的。「老夫聊發少年狂，左牽黃，右擎蒼，錦帽貂裘，千騎卷平岡。為報傾城隨太守，親射虎，看孫郎。酒酣胸膽尚開張，鬢微霜，又何妨，持節雲中，何日遣馮唐？會挽雕弓如滿月，西北望，射天狼」，這的確是很豪放，也很少見。

蘇軾留下的名篇很多，像《水調歌頭》「明月幾時有，把酒問青天」這一首幾乎是家喻戶曉。他填的《江城子‧悼亡妻》，字字相思，哀婉動人，「十年生死兩茫茫，不思量，自難忘。千里孤墳，無處話淒涼。縱使相逢應不識，塵滿面，鬢如霜。夜來幽夢忽還鄉，小軒窗，正梳妝。相顧無言，唯有淚千行。料得年年腸斷處，明月夜，短松岡」。太太去世十年後，他夢到她還在窗前梳妝打扮，「相顧無言，唯有淚千行」，蘇軾說你現在就是再見到我，你也不認識了，現在我已經「塵滿面，鬢如霜」了。

但總的來說，蘇軾還是很豁達的，你會經常看到他特別樂觀，他的《定風

蘇東坡畫像

波》裏有句話說「回首向來蕭瑟處，歸去，也無風雨也無晴」，已經到了物我兩忘，曠達脫俗的境界。在宋代的詩、詞和古文這三種文體中，蘇軾的成就都是當之無愧的第一人。

　　宋代還有一位婉約派的女詞人，生活在北宋和南宋年間，叫李清照。李清照出生於書香門第，幼年生活非常優裕，後來她嫁給了如意郎君趙明誠。兩人結婚不久，趙明誠負笈遠遊，就是到外地求學，所以李清照閨閣寂寞，就寫了一些思念丈夫的詞。其中有一首非常有名叫《醉花陰》，「薄霧濃雲愁永晝，瑞腦銷金獸，佳節又重陽，玉枕紗廚，半夜涼初透，東籬把酒黃昏後，有暗香盈袖，莫道不銷魂，簾卷西風，人比黃花瘦」，寫得很惹人憐愛。她把這首詞寄給趙明誠，趙明誠看了之後一方面很感動，另一方面他又覺得不服氣，覺得李清照填詞的水平超過了自己。他就連續努力，填了五十首詞，然後把李清照寄來的這首《醉花陰》混在裏邊，讓他的朋友陸德夫看。趙明誠說你看這五十首詞，哪首最好？陸德夫

李清照畫像

一眼就把李清照的詞挑出來說，「莫道不銷魂，簾卷西風，人比黃花瘦」，這句太絕了。所以他夫妻倆填詞的水平確實不在一個級別上。

　　李清照和趙明誠才子佳人，詩酒唱和，一同搜集金石書畫，生活幸福美滿。但好景不長，靖康之恥之後，高宗南渡，李清照和丈夫也輾轉來到江南。趙明誠一病而逝，搜集的那些價值連城的金石書畫幾乎丟失殆盡。之後李清照遇人不淑，嫁給了人品十分低劣的張汝舟。張汝舟不但對她態度

惡劣，而且還家暴，她後來發現張汝舟營私舞弊、欺騙朝廷，就把張汝舟給舉報了。按照當時的法律，如果妻子舉報丈夫屬實的話，妻子也要坐牢。於是張汝舟被貶官，李清照獲准離婚，但因此坐牢，幾天後她被營救了出去。她懷念前夫，填了很多感傷身世的詞。像她寫的《一剪梅》「此情無計可消除，才下眉頭，卻上心頭」；《武陵春》裏的「風住塵香花已盡，日晚倦梳頭，物事人非事事休，欲語淚先流，聞說雙溪春尚好，也擬泛輕舟，只恐雙溪舴艋舟，載不動，許多愁」，你讀起來覺得她的生活真的特別悲慘，一天到晚不開心。像她在《聲聲慢》裏寫的「尋尋覓覓，冷冷清清，淒淒慘慘戚戚」，其實也都不是無病呻吟之語，而是她真正心情的寫照。

說完北宋詞人，我們再說一下南宋。南宋有一位詞人叫辛棄疾，和蘇軾並稱為「蘇辛」。倒不是說他的成就跟蘇軾差不多，而是因為他也填了很多豪放派的詞。辛棄疾出生在北方的金國，少年時抗金歸宋。他既是將軍，又有俠客之風，金代初年，海陵王完顏亮大舉南侵，後來被南宋將領虞允文在采石磯打敗。金國的漢人由於不滿海陵王的苛政，趁機奮起反抗，辛棄疾也聚集了2000人加入義軍，這支隊伍的領導人叫耿京。後來耿京被叛徒張安國所殺。辛棄疾在得到消息後率領50多人襲擊了幾萬人的敵軍，那真是大俠才能幹的事，抓到叛徒，送到建康交給南宋朝廷處決。所以辛棄疾有俠客之風。

辛棄疾的詞非常豪邁，像《南鄉子》中寫道「何處望神州，滿眼風光北固樓，千古興亡多少事，悠悠，不盡長江滾滾流」，意境就有點像李白寫的「君不見黃河之水天上來」的感覺，後面說「年少萬兜鍪，坐斷東南戰未休，天下英雄誰敵手，曹劉，生子當如孫仲謀」。他在《破陣子》裏寫道「醉裡挑燈看劍，夢回吹角連營」，這種詞風在當時比較少見。當然辛棄疾也寫了一些婉約的詞，像《青玉案》裏寫的「眾裡尋他千百度，驀然回首，那人卻在，燈火闌珊處」，就寫得很婉約。

還有一位我不想回避的詞人，就是中國著名的愛國將領岳飛。岳飛的《滿江紅》成為一代愛國主義的絕唱，下闋裏寫道「靖康恥，猶未雪，臣子恨，何時滅，駕長車踏破，賀蘭山缺，壯士饑餐胡虜肉，笑談渴飲匈奴血，待從頭，收拾舊山河，朝天闕」。

岳飛平生有兩大抱負，一個是恢復中原，再一個是功成身退。岳飛還有一首《滿江紅》，寫了這樣一番話「遙望中原，荒煙外，許多城郭。想當年，花遮柳護，鳳樓龍閣。萬歲山前珠翠繞，蓬壺殿裏笙歌作。到而今，鐵騎滿郊畿，風塵惡」，這是回憶當年金軍入侵前，北宋繁華富庶的生活。後邊說「兵安在，膏鋒鍔，民安在，填溝壑。歎江山如故，千村寥落。何日請纓提銳旅，一鞭直渡清河洛。卻歸來，再續漢陽遊，騎黃鶴」，就是我希望有一天能夠恢復中原，之後就去修道了。他生活的時代，由於朝廷昏庸，奸臣當道，加上同僚的妒忌和排擠，岳飛壯志難申。他在《小重山》中寫到「欲將心事付瑤琴，知音少，弦斷有誰聽」。

宋代慷慨悲歌的詞人，像蘇軾、辛棄疾、岳飛等確實不多。即使丟了半壁江山，很多詞人仍然沉醉於風花雪月之中。南宋初年有一個叫俞國寶的人，寫過一首著名的《風入松》——「一春長費買花錢，日日醉湖邊，玉驄慣識西湖路，驕嘶過，沽酒樓前，紅杏香中簫鼓，綠楊影裏秋千」，你看簡直太美了，騎著白馬在西湖邊上跑去，在這個花團錦簇的春天，垂柳紅杏，脂粉和花香飄散在空氣中，還能夠看到女孩子蕩秋千，耳邊隱隱感到女孩子的笑聲，多麼明媚的一副春景！下面說，「暖風十里麗人天，花壓鬢雲偏。畫船載取春歸去，餘情寄，湖水湖煙。明日重扶殘醉，來尋陌上花鈿」。

大家讀這首詞的時候，是不是會想起林升寫的《題臨安邸》，「山外青山樓外樓，西湖歌舞幾時休，暖風吹得遊人醉，直把杭州作汴州」。當時半壁江山已經沒了，但南方還是一片歌舞昇平。剛才俞國寶的詞的最後一句話說「明日重扶殘

醉，來尋陌上花鈿」，這幾個字是宋高宗趙構給改的。原來俞國寶寫的是「明日重攜殘酒」，昨天的東西沒吃完，咱們今天接著吃，高宗一看太窮酸了，就把「明日重攜殘酒」改成了「明日重扶殘醉」。所以你看從上到下，從皇帝到文人都是沒心沒肺的感覺。

下面我們簡單說兩句宋代的詩。宋代的讀書人特別喜歡思考，所以大家可以看到北宋初年湧現出很多哲學家，像周敦頤、程顥、程頤、張載、邵雍等等。他們喜歡關心和議論國家大事，所以我們看到宋代的散文中有很多的議論文，像歐陽修的《朋黨論》，蘇軾父子三人都寫過《六國論》等等。這種風氣也反映到詩中。宋代的一些詩有學者氣息，平實細膩，帶有一些憂患意識。宋代寫詩最多的就是陸遊，現存9300多首。陸游是著名的愛國詩人，一直以恢復中原為理想，死前陸遊寫過一首非常著名的詩，「死去原知萬事空，但悲不見九州同，王師北定中原日，家祭毋忘告乃翁」。

從宋代開始還有了「說話」，就是說書或者說是說唱藝人的表演。宋代的說話分為四大家，一類叫「小說」，主要是講一些脂粉靈怪的事和傳奇公案，就是講一些女孩子的故事、怪異的故事、傳奇，還有公案，公案就是破案子的；還有一類叫「說經」，就是講佛經和道藏；還有講史，就是帶有演義性質的歷史故事；還有一類叫「合生」。這個「合生」現在大家可能都不知道是怎麼回事了，這個「生」有的寫成生命的生，有的寫作聲音的聲，大概可能是說唱表演，包括帶有一種即興表演成分的講故事。這些藝術形式都流傳到了元代。這些敘事性的文學，形成了元代的北方的雜劇和南方的戲曲。

關於元曲的部分，我們下節課再說。

第七十一講 ❖ 中國文學史(七)
元曲、明清小說(上)

Chapter. 71　The History of Chinese Literature (7)
Qu of the Yuan Dynasty and Fiction of the Ming and Qing Dynasties (1)

　　大家好，咱們今天開始講元曲。元代是中國歷史上第一個完全由少數民族建立的王朝。隋唐雖然也有少數民族血統，但也有漢人的血統，文化上也是全面漢化的，而蒙古人漢化程度就比較淺，而且對漢人有一種歧視。由於元朝30多年沒有開科舉，很多讀書人雖然熟讀儒家經典或者善於吟詩作賦，但卻沒有通過考試出仕做官的機會。這就使很多元代的知識份子走向了文學創作的途徑。

　　元代的文學跟唐詩宋詞針對的受眾不同。唐詩宋詞一般來說都是為了抒發作者個人的志向和情感，或者是文人聚會宴飲時彼此唱和的作品，所以讀者主要是文人，或一些風雅的青樓女子。也就是說，唐詩宋詞主要面對的是小眾，也就是跟自己心靈相通的同道或者是一起聚會的賓朋。但元朝的創作卻是面向大眾的，這就要求作品必須能被市井小民所接受，即使他們受教育程度不高甚至連字都不認識，但也能夠理解這些文學作品。因此元代的文學作品必然是通俗的，也必然帶有故事性，由此帶動了敘事文學的興起。

　　我們上一堂課講到宋代開始出現說唱藝人的說書，這種敘事性的藝術形式到元代變成了北方的雜劇和南方的戲曲。北方的雜劇和南方的戲曲都包括「曲詞」，就是唱；「賓白」，就是念白；還有「科」，就是動作、表情、舞蹈、武功等

等，雜劇和戲曲的體制有所不同。

北方的雜劇一般是四折戲，相當於現在的四幕，大家知道電影一般都是三幕結構，元代的北方戲劇是四折，角色分為末、旦和淨。所謂「末」就相當於「生」，就是男生；「旦」就是女子；「淨」就是花臉。全劇從頭到尾只能是一個正末（男一號）主唱或者是正旦（女一號）主唱，在音樂上是一折一個宮調。南方一個劇本就有若干「出」組成，這個「出」有點像「折」，但對它的數量就不做規定，多少「出」都行，曲詞的宮調也沒有規定。生、旦、淨、末、丑都可以演唱，而且有獨唱、對唱、合唱、輪唱等等。南方的戲曲以杭州為中心，北方的雜劇以大都為中心。二者音樂上的不同，也跟南北方言的差別有關係。

雜劇和戲曲這種敘事性的藝術形式，是通過唱和表演來完成的。除此以外，元代還有散曲。散曲有點像宋詞，但更加口語化，也沒有在給你講一個故事。像馬致遠的《天淨沙·秋思》就是最著名的散曲之一，「枯藤老樹昏鴉，小橋流水人家，古道西風瘦馬，夕陽西下，斷腸人在天涯」，內容沒有任何故事性，有點像宋詞，但比宋詞更通俗。

咱們上中學的時候都學過張養浩的《山坡羊·潼關懷古》，「峰巒如聚，波濤如怒，山河表裡潼關路。望西都，意躊躇，傷心秦漢經行處，宮闕萬間都做了土。興，百姓苦；亡，百姓苦」，這就是非常典型的散曲。我不知道大家能否品味到跟宋詞的不同，元曲的詞非常通俗，甚至很粗俗。

下面介紹一下幾位元曲大家和他們的著作。關漢卿、王實甫、馬致遠、鄭光祖都是元曲名家。關漢卿的代表作是《竇娥冤》；王實甫的代表作是《西廂記》，講張生跟崔鶯鶯的愛情故事；白樸的代表作是《梧桐雨》，講唐明皇和楊貴妃的愛情故事；馬致遠的代表作是《漢宮秋》，講的是王昭君的故事；鄭光祖的代表作《倩女離魂》；紀君祥的代表作《趙氏孤兒》，這些都是元曲中非常有名的戲劇。

關漢卿畫像

關漢卿和王實甫在元曲中的地位被比作詩壇上的李白和杜甫。關漢卿一生經歷了金朝和元朝。他雖然熟讀儒家經典，但一直沒有出仕做官的機會。他本人很喜歡戲劇，甚至化妝登台表演。他的作品像《竇娥冤》、《救風塵》、《望江亭》、《魯齋郎》、《單刀會》等等都是膾炙人口的作品，其中《竇娥冤》中六月飛雪的情節已經變成了現在中國人述說冤情的符號。我們下面簡單介紹一下《竇娥冤》。

《竇娥冤》講述了一位窮書生竇天章，為了還高利貸把女兒端雲抵給他的鄰居蔡婆婆，做她兒子的童養媳。蔡婆婆把她改名叫竇娥。竇娥嫁過去之後不到兩年，丈夫就死了。蔡婆婆靠放高利貸為生，曾經借錢給一個叫賽盧醫的醫生。有一天，她到賽盧醫那裡討債，結果賽盧醫沒錢，就想把蔡婆婆勒死。在行兇的過程中，被張驢兒父子撞破，賽盧醫就嚇跑了。張驢兒是個無賴，聽說蔡婆婆是寡居，家裡還有一個年輕的小寡婦叫竇娥，就強迫蔡婆婆和竇娥嫁給張驢兒和自己的父親。蔡婆婆同意了，但竇娥死活不肯。

後來蔡婆婆生了病，張驢兒就想討一副毒藥把蔡婆婆毒死，這樣竇娥一個年輕的女子無依無靠，肯定就會嫁給他了。他就去找賽盧醫。賽盧醫一開始不肯給他毒藥，張驢兒就威脅他說：當年你行兇未遂，被我撞破，你要不給我毒藥，我就舉報你。賽盧醫一害怕就把毒藥給了張驢兒。張驢兒本來是想毒死蔡婆婆的，但蔡婆婆生病噁心，就把下了毒藥的湯給張驢兒的爹喝了。結果張驢兒把他爹給毒死了。

張驢兒威脅竇娥嫁給自己，否則就誣告竇娥下毒。竇娥不從，雙方到官府去打官司。過程我不講了，昏官桃杌最後做成冤案，將竇娥處斬。竇娥臨終前發下了三樁誓願——血染白綾，天降大雪和大旱三年。竇娥祈求六月飛雪，把她的屍體掩埋住，從此之後楚州大旱三年。她的詛咒一一實現。竇娥的父親竇天章科舉中第，榮任高官，回到家鄉聽說此事，終於為竇娥平反昭雪。

大家知道戲劇跟小說是很不一樣的，小說可以描述人的心理，在時間跟空間上也不受限制，但戲劇需要在有限的空間（舞台），和有限的時間（一場演出的時間）內講清楚一個故事，因此必須在非常短的時間內安排非常激烈的矛盾衝突，讓觀眾很快能夠進入劇情，關注主人公的命運，情緒隨著劇情或笑或哭或悲或喜，因此就必須塑造性格非常鮮明的人物，並且要迅速跟觀眾之間建立共情。同時戲劇裏每一個角色都要有自己的語言特點、生活閱歷、心理活動等等，這方面關漢卿處理得非常老練和成熟。

在關漢卿的戲曲中，有像關羽這樣的大英雄，也有像張驢兒這樣的無賴，也有像趙盼兒這樣的風塵女子等，都非常鮮活生動。像《單刀會》講魯肅邀請關雲長到江東軍營參加宴會，關雲長就單刀赴會。他坐船過去的時候有一段唱，「水湧山疊，年少周郎何處也，不覺的灰飛煙滅，可憐黃蓋轉傷嗟，破曹的檣櫓一時絕，鏖兵的江水猶然熱，好教我情慘切，這也不是江水，二十年流不盡的英雄血」，非常慷慨豪雄，很符合人物身份。像賽盧醫唱的「行醫有斟酌，下藥依本草，死的醫不活，活的醫死了」，非常詼諧幽默。像竇娥跟婆婆在法場告別的唱詞，讀之令人淚下，「念竇娥葫蘆提當罪愆，念竇娥身首不完全，念竇娥從前已往干家緣，婆婆也，你只看竇娥少爺無娘面，念竇娥服侍婆婆這幾年，遇時節將碗涼漿奠，你去那受刑法屍骸上烈些紙錢，只當把你亡化的孩兒薦」，非常悲涼。後來竇娥發下三樁誓願時，則是滿腔冤情化為怒火，「你道是天公不可期，人心不可憐，不知皇天也肯從人願，做甚麼三年不見甘霖降，也只為東海曾經孝婦冤，

如今輪到山陽縣，這都是官吏每無心正法，使百姓有口難言」，這就是竇娥在憤怒地向天地訴說她的冤情。

關於元曲，我們就簡單說這些了，因為咱們不能像宋詞那樣給大家念很多元曲，因為它一個曲子就是一個幾十分鐘的故事。咱們下面說一下明清小說。

從元末明初的時候開始，文壇上出現了長篇章回小說。中國的第一部長篇章回小說就是《三國演義》。同時代還有《水滸傳》。明代章回小說除了「三國」、「水滸」之外還有吳承恩的《西遊記》和許仲琳的《封神演義》。四大名著中有三部成書於明代，第四部《紅樓夢》則成書於乾隆年間。

我個人覺得四大名著各有側重，《三國》講天下，《水滸》講江湖，《西遊》講神魔，《紅樓》是以家庭為背景來講社會百態。

除了長篇章回小說之外，明末小說家馮夢龍還寫了《東周列國志》和短篇小說集《喻世明言》、《警世通言》和《醒世恒言》，合稱「三言」。「三言」和凌濛初的《初刻拍案驚奇》、《二刻拍案驚奇》合稱「三言二拍」，是短篇小說的傑出代表。

我認為長篇小說的出現和流行，跟當時的科技發展有很大關係，主要推手就是印刷術的普及。在印刷術成熟和廣泛使用之前，文學作品一定得篇幅短才能夠手抄和流傳，有了印刷術之後，長篇小說就可以刊刻印刷發行了。

下面說一下《三國演義》這部中國古代長篇章回小說的開山之作。它的作者是元末明初的羅貫中。三國的故事非常精彩，早在唐代就已經深入人心，像杜甫的詠史詩《蜀相》中說「三顧頻繁天下計，兩朝開濟老臣心，出師未捷身先死，常使英雄淚滿襟」；像李商隱描述唐代民間藝人說三國時觀眾的反應說「或謔張飛胡，或笑鄧艾吃」，就是笑張飛魯莽，或笑話鄧艾口吃。張飛給人留下了一個魯莽的形象，《三國演義》裏說他「豹頭環眼，燕頷虎鬚」，這應該是羅貫中編的。實

際上張飛長啥樣，正史沒有記載，但長得應該不差，因為他的女兒嫁給了後主劉禪做皇后。我們之所以對張飛形成了刻板印象，那就是文學的力量。到了宋代，說書藝人講三國已經非常常見；到了元英宗至治年間（1321到1323年）已經有了印刷版的《全相三國志平話》，故事上邊有插圖，所以跟連環畫很像，但內容大多都是藝人自己發揮出來的，也不見於正史。在這些文藝創作的基礎上，羅貫中根據正史《三國志》和裴松之注的正史資料整理成了《三國演義》。後來到了清朝康熙年間，毛綸、毛宗崗父子辯證史事、增刪文字，修改成今日通行的120回本《三國演義》。其實咱們看到的《三國演義》開篇詞「滾滾長江東逝水」那首，不是羅貫中寫的，而是明朝的學士楊慎寫的。

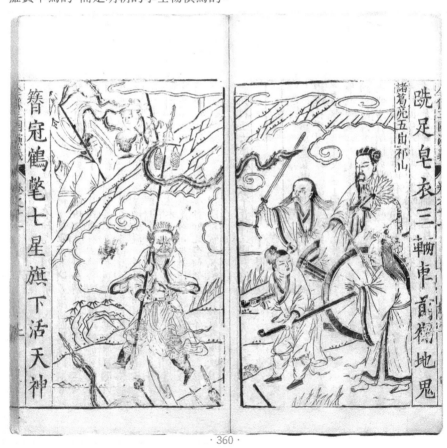

第七十一講 ❖ 中國文學史（七）元曲、明清小說（上）

Chapter. 71   The History of Chinese Literature (7)
Qu of the Yuan Dynasty and Fiction of the Ming and Qing Dynasties (1)

《三國演義》以東漢末年為歷史背景，講述了從黃巾起事到魏蜀吳三國鼎立，最後由西晉統一這96年間的故事。書中刻畫了將近200個人物形象，其中最成功的有諸葛亮、曹操、關羽、劉備、趙雲、周瑜、魯肅等等。《三國演義》寫得極為精彩，有人把它稱為古今第一才子書。這固然跟羅貫中本人的才華有關，但也跟三國這段歷史本身非常精彩有關。羅貫中還有一些其它作品，像《隋唐兩朝志傳》、《殘唐五代史演義》、《三遂平妖傳》等等，你讀那些小說的時候，感覺精彩程度和藝術成就遠遠不能跟《三國演義》相比。

關於羅貫中的生平有各種說法，但都沒有可靠的證據，比較流行的說法是他「有志圖王」，就是想自己造反稱王，後來跑到張士誠那兒做參謀，但張士誠不肯採納羅貫中的建議，最後敗給了朱元璋。羅貫中知道張士誠成不了事，就離開張士誠，回家後開始寫作《三國志通俗演義》。據說他在完成《三國演義》之後，又加工和整理了他的老師施耐庵的《水滸傳》。

既然《三國演義》是小說，那就必然要安排衝突。《三國演義》以蜀漢為正統，那麼跟蜀漢為敵的曹操就被塑造成了一個奸雄，既有雄才大略又殘暴狡詐，是一個政治野心家和陰謀家，這和歷史上真實的曹操相差非常遠。就像我們說《三國演義》中的張飛和歷史上真實的張飛可能長相差別很大一樣。

歷史上真實的曹操在政治、經濟、軍事、文學方面都有傑出的成就。在政治上曹操「挾天子以令諸侯」，其實是「奉天子以令不臣」；在經濟上，曹操實行了屯田制，恢復了經濟；在軍事上，曹操討董卓、降張繡、殺呂布、滅袁術、敗袁紹、征劉表；在文學上，曹操留下了《短歌行》、《觀滄海》等膾炙人口的詩句；曹操本人的武功又高，還著有兵書，是一個全才之人。

羅貫中刻畫曹操的一個橋段特別有意思，講在官渡之戰膠著的時候，有一天晚上袁紹手下的謀士許攸去投靠曹操。許攸是曹操幼年的朋友。曹操當時的

情況已經很危急了，兵少糧盡。他在大帳裏準備要睡了，這時突然聽說許攸來了，大喜過望，來不及穿鞋就光著腳跑出來迎接。曹操一見許攸，撫掌歡笑，然後兩人間有一段對話。我給大家念一念，大家體會一下，因為這種刻畫人物性格的手法非常高明。「攸曰，公今軍糧尚有幾何？操曰：可支一年。攸笑曰，恐未必。操曰：有半年耳。」這下子許攸就生氣了，站起來「拂袖而起，趨步出帳曰：吾以誠相投，而公見欺如是，豈吾所望哉，操挽留曰：子遠勿嗔，尚容實訴，軍中糧實可支三月耳。攸笑曰，世人皆言孟德奸雄，今果然也。操亦笑曰：豈不聞兵不厭詐？遂附耳低言曰：軍中止有此月之糧，攸大聲曰：休瞞我！糧已盡矣！」這段對話很有意思，許攸問曹操說曹公的糧食還有多少啊？曹操說夠吃一年的。許攸說沒那麼多吧？曹操說半年。許攸就站起來離開大帳，不跟你說了，你整天騙我。曹操追出去，拉著許攸的手說：別別別，別走，我跟你說實話，我軍中的糧還可以吃三個月。然後許攸說：大家都說你是個騙子，你看你果然是個騙子。一般人謊言被戳穿會很尷尬，曹操的反應是什麼呢？「操亦大笑」，你不笑話我嗎，我跟你一塊兒笑，然後說，打仗怎麼能講實話呢？沒聽說過「兵不厭詐」嗎？然後曹操趴在許攸的耳邊說：我軍中糧只夠吃一個月了。許攸說：算了吧，你一顆糧食都沒有了，「休瞞我！糧已盡矣！」

　　這段話把曹操性格刻畫得非常鮮活，一方面需要許攸出主意，另一方面又不能跟他說真話；被許攸揭穿後，曹操沒有任何尷尬，你會覺得他簡直奸詐到家了。實際上在《三國志》中對這段的記載也大致如此，羅貫中並沒有做太多的演義發揮，曹操當時就是這麼講的，但這並不能說明曹操人品有問題。因為諸葛亮也騙嘛，騙周瑜、騙魯肅、騙孫權、騙曹操，也是一個接一個地用計。你不用計怎麼能贏呢？但咱們一說諸葛亮就是足智多謀，一說曹操就是奸詐狡猾，其實是預設的立場不同，他們都同樣聰明絕頂。

曹操本人是一個大英雄。在《三國演義》中有個非常精彩的情節——青梅煮酒論英雄。曹操對劉備說「今天下英雄，惟使君與操耳」，天下英雄就是你和我了。劉備嚇得筷子都掉到地上了。劉備為什麼害怕呢？這很簡單啊，曹操說天下英雄只有咱倆，也就是說只有你能跟我爭天下，我把你殺了不就沒人能跟我爭天下了嗎？但曹操卻沒有殺劉備，既然你是英雄，我也是英雄，男人嘛，我給你個機會跟我堂堂正正地逐鹿中原。這件事情是確有其事，在《三國志》中是有記載的，當然沒有青梅煮酒這個背景。《三國志·蜀書二》中有這麼一句，「是時曹公從容謂先主曰：今天下英雄，唯使君與操耳，本初之徒，不足數也」。後面說「先主方食，失匕箸」，當時因為正吃飯，嚇得勺子和筷子都掉到地上去了。所以這段對話，除了青梅煮酒是羅貫中安排的背景之外，其它部分還是相當真實的。

可能有人會問，曹操說天下英雄只有劉備跟曹操，為什麼沒提孫權呢？因為青梅煮酒的時候，孫權只有17歲，當時江東的主人還是孫權的哥哥孫策。曹操是看不起孫策的，覺得他性格莽撞暴躁，成不了事。那時孫權還沒有進入曹操的視野。等到赤壁之戰以後，曹操才發現原來孫權也是個英雄。《三國志》裡講建安十八年，曹操攻濡須，孫權和他相拒月餘，其中有一個小插曲。曹操有一天看到從孫權的大營中出來幾條小船，朝曹操這邊水寨開過來。大家都覺得孫權就這麼兩條船，射箭就把他射死了，或者出大船把他一包圍，就把他消滅了。結果曹操什麼反應呢？曹操說：他想來看看我的水寨，那是客人呢！來人！把水寨門打開，讓孫權進來。孫權就在曹操的水寨裏邊轉了一圈，看完了之後孫權還告訴船上的人奏樂，鼓樂喧天的，之後孫權就走了。曹操既沒追也沒放箭，也沒有把水寨門一關，把孫權擒住。所以曹操很大方，跟青梅煮酒的時候沒殺劉備是一樣的心態。而且曹操還感歎了一句話「生子當如孫仲謀」，要生個兒子就得像孫權一樣。所以後來辛棄疾在他的《南鄉子·登京口北固亭有懷》中就引用了這句話——「生子當如孫仲謀」，所以曹操對英雄非常珍惜。

曹操對人也有很寬容的一面。官渡之戰後，曹操大敗袁紹，攻入袁紹大帳的時候發現了很多的書信，都是曹操手下的人向袁紹暗通款曲。很多人就跟曹操說，丞相趕快看看誰對你有二心，咱們一封一封信看。曹操不看，反而下令全部燒掉。這件事也是真的。在《三國志》中的記載是「收紹書中，得許下及軍中人書，皆焚之」。《魏氏春秋》裏還記下了曹操當時說的一句原話，「当紹之強，孤猶不能自保，而況眾人乎？」袁紹那時候那麼強大，連我自己都擔心，我手下的人擔心也很正常。非常大度。

曹操跟袁紹決戰前，袁紹的主簿（秘書）陳琳，寫過一篇檄文罵曹操，而且把曹操祖宗八代罵了個遍。後來曹操抓到陳琳的時候也沒殺他，說你這麼有才，算了吧，你的文章可以治療頭風。因為當時曹操頭疼，讀陳琳的檄文，嚇出了一身汗，頭疼反而好了。曹操也經常喜歡說些大實話，「設使國家无有孤，不知幾人稱帝，幾人稱王」等等，非常坦誠。

曹操被塑造成為一個反面人物，諸葛亮則是作為正面人物塑造的。諸葛亮是羅貫中心中賢相的化身，不僅鞠躬盡瘁、死而後已，而且具有經世濟民、再造太平盛世的雄心壯志，羅貫中還賦予了他呼風喚雨、神機妙算的奇異本領。

諸葛亮的死充滿了悲劇色彩。當時他在上方谷差一點殺死了司馬懿，但因為天降大雨而功虧一簣。諸葛亮知道自己將不久于人世，於是「強支病體，令左右扶上小車，出寨遍觀各營，自覺秋風吹面，徹骨生寒，乃長歎曰：再不能臨陣討賊矣！悠悠蒼天，曷此其極！」嘆息良久。

剛才說的這些都帶有文人謀士的色彩。武將中，關羽的形象塑造得非常成功，他威猛剛毅、義重如山，從屯土山約三事到斬顏良、誅文醜、過五關斬六將，包括華容道放曹操、單刀赴會等等。這些事跡讓民間把關羽當成神一樣來供奉。《三國演義》中還有一個非常讓人喜愛的形象，就是趙雲。歷史上真正的趙雲跟

劉備的關係沒有關、張那麼近，甚至還不如馬超和黃忠。關、張、馬、黃這四人都被封為「重號將軍」。前將軍、後將軍、左將軍、右將軍、車騎將軍等封號屬於重號將軍。重號將軍可以開府，有自己的辦事人員。趙雲只是一個雜號將軍，是不能開府的。但諸葛亮的計策只有趙雲可以執行。諸葛亮每當要做一件事兒，就交給趙雲。因為如果你交給關羽，關羽不見得聽你的，他和劉備關係太好、地位太高。你要給張飛三個錦囊的話，他恨不得沒出門就先拆了看了，所以也不行。只有趙雲能擔當此任，這也是羅貫中匠心獨運的地方。趙雲的特點是既忠誠又勇敢，既有自己的謀略又很聽話，這就是羅貫中寫作人物的技巧。

　　《三國演義》是長篇章回小說的開山之作，後面其它別的章回小說，我們就等到下一堂課再說。

第七十二講 ❖ 中國文學史(八)
明清小說(下)

Chapter. 72　　The History of Chinese Literature (8)
Fiction of the Ming and Qing Dynasties (2)

　　上一堂課我們講了中國長篇章回小說的開山之作《三國演義》,今天接著講一些其它明清小說中的名著。

　　先說一下《水滸傳》。《水滸傳》作者是施耐庵,講述的是以梁山泊宋江為首的綠林好漢從開始被迫落草到發展壯大,一直到受到朝廷的招安,再奉旨東征西討的歷程。中國人流傳著一句話叫「少不讀水滸,老不讀三國」。什麼意思呢?就是年輕人讀水滸容易學到很多打打殺殺的東西,產生暴力傾向;三國則是英雄爭霸,裏面有很多的算計和勾心鬥角,老年人應該淡泊一些,不要再有那麼多的雄心壯志了。我本人並沒有很喜歡《水滸傳》,在四大名著裏,它的文筆相對來說是比較弱的,再一個就是它雖然開篇非常精彩,但後面情節雷同的部分太多。

　　不知道大家是否注意到一個現象,四大名著都跟歷史有些關係。《三國演義》本身就是取材於《三國志》的正史記載;《西遊記》取材於唐代高僧玄奘去西天取經的故事;《水滸傳》取材於《大宋宣和遺事》,是帶有野史性質的史書;《紅樓夢》取材於曹雪芹的家族經歷。

　　下面說一下《西遊記》。《西遊記》是著名的神魔小說,以玄奘西天取經為主綫,精彩地描述了師徒四人和白馬的修煉過程。《西游記》的成書時代大約在十

六世紀，即明朝中葉。自問世以來在中國和世界各地廣為流傳，被翻譯成多種語言。我在北京上班的時候，聽去北韓做工程的同事講，北韓的電視台都在播《西遊記》。我覺得蠻有意思的，你很難想像豬八戒一張嘴滿口的韓文，但從北韓這樣封閉的國家也播《西遊記》，足見它的傳播力和被接受的程度。

明《西遊記圖冊》，中國國家博物館藏

《西遊記》的作者一般認為是明朝的吳承恩。關於吳承恩的生平也有很多版本。相傳他小的時候勤奮好學，一目十行，不但文筆很好而且還精於繪畫、書法和圍棋。他雖然幼時就名聲遠播，但科舉考試一直不得意，晚年創作整理了《西遊記》以及一些別的小說，但除了《西游記》外，其它小說都找不著了。像這種寫取經路上的奇遇的，在西方也有類似的題材，《荷馬史詩》中的奧德賽就是講特洛伊戰爭結束後，奧德修斯回家途中的奇遇。但是與西方的這些文學相比，《西遊記》的成就更高一些。拋開文學上的成就不談，就内涵來說，《西游記》遠非其它小說可比。很多人把《西遊記》當作了一個神話故事，實際上它講述的是一個非常精彩的修煉過程，也隱晦地講了很多修煉的道理。

《西遊記》第一回的題目是「靈根育孕源流出·心性修持大道生」。這一回的標題就點出了兩個問題，一個是修煉者的根基很重要，不是每個人都能去取經的，有很多僧人在取經路上就被妖怪吃掉了，根本到不了西天，而唐僧能行那是因為他是天選之人，本來就是如來佛的弟子金蟬子，而且已經轉世修行了十世。孫悟空是齊天大聖，豬八戒原本是天蓬元帥，沙和尚是捲簾大將，白龍馬是西海龍王的兒子，本來就都是神。他們既有緣分，也有使命，最後他們才能夠修成，一般凡人真的是想去西天也去不了。所以題目一開始就講「靈根育孕源流出」，意思是修煉人的根基非常重要。第二個，就是開宗明義地談到要靠「心性修持」才能夠成道。

「修持心性」這個問題其實是天機，在《西遊記》的很多地方都有提及，但都不敢十分明示，因為天機不可泄。比如說孫悟空出家，跟菩提祖師修煉的地方叫「靈台方寸山，斜月三星洞」，　靈台指的就是人的心，過去說「靈台清明」就是指這人心裡很明白。「方寸」也是心，說這個人心亂就說他「方寸已亂」。「斜月三星」是一個字謎，就是「心」的字型。「心」的一勾就像是一灣斜月，三個點就像是三顆星星，所以「斜月三星」也是心。也就是說，孫悟空是在哪兒修成的呢？是在

修心的地方修成的。這是《西遊記》中關於修煉的一個非常重要的暗示。

在西天取經的路上，一直把孫悟空稱為「心猿」。在《西遊記》一百回的題目裡，光「心猿」這個詞就出現了十餘次，實際上也是在告訴讀者：唐僧西天取經為什麼能成功？因為他的心一直是向佛的，一直是這顆心保著他，最後修成正果。

《西遊記》的第九十八回，題目是「猿熟馬馴方脫殼‧功成行滿見真如」，說師徒四人歷盡磨難到達西天後，有這麼一段：「三藏方才醒悟，急轉身，反謝了三個徒弟。行者道，兩不相謝，彼此皆扶持也。我等虧師父解脫，借門路修功，幸成了正果，師父也賴我等保護，秉教伽持，喜脫了凡胎。」這裡孫悟空說得非常明白，像孫悟空、豬八戒和沙和尚都是有神通的。孫悟空一個筋斗就可以翻到靈山見佛，但如來佛卻不會把經傳給他，必須得保護唐僧到西天才能夠取得真經，師徒四人才能夠各正果位。說明什麼問題呢？就是修煉必須得有人體。所以人身是非常難得的，只有人身才能修煉成佛，所以孫悟空才說「借門路修功，幸成了正果」，靠的就是唐僧的肉身。

在《西遊記》第八回裏說「我佛造經傳極樂‧觀音奉旨上長安」。如來佛講他有大乘真經三藏，「怎麼得一個有法力的，去東土尋一個善信，教他苦歷千山，遠經萬水，到我處求取真經，永傳東土，勸他眾生，卻乃是個山大的福緣，海深的善慶，誰肯去走一遭來？」這時觀音菩薩就請佛旨去東土點化唐僧取經。臨行前，如來佛告訴觀音菩薩說，「這一去，要踏看路道，不許在霄漢中行，須是要半雲半霧，目過山水，謹記程途遠近之數，叮嚀那取經人。」觀音菩薩在去東土的路上，替唐僧收了孫悟空師兄弟三人，並且安排了唐僧的修煉道路。每當唐僧有難，多數都是觀音菩薩解救。實際上，在修煉界很多人都知道一個天機，度人的是佛，但具體做事的是菩薩。這個天機在《西遊記》裏也講出來了。《西遊記》中有很多回的描述，都是在影射修煉路上人會遇到的考驗，只是那些天機不能隨便洩露。

　　人修煉最難控制的就是這顆心，它像猴子一樣無法安靜下來；人的意念也會像脫韁的野馬，所以在《西遊記》中管孫悟空和白龍馬叫「心猿意馬」。孫悟空剛被唐僧從五行山下解救出來，就打死了六個強盜，其實就是人的「六欲」，所以那一回叫「心猿歸正　六賊無蹤」，把心擺正之後才能夠摒除那些慾望。

　　在唐僧西行的路上有九九八十一難，只有兩個關是必須如來佛親自出手才能解決的，一個就是獅駝國的大鵬鳥，是如來佛的舅舅；還有一個就是真假孫悟空，那一回的題目叫「二心攪亂大乾坤　一體難修真寂滅」。從修煉的角度看，人能不能修成最終看的就是這顆心，但那個時候，這顆心出了問題，連唐僧也分辨不了哪一顆心才是他的真心，這就是修煉上最大的一個問題，也只有如來佛出手才能夠解決的，這時是連觀音菩薩都無能為力的。類似的對修煉人的影射比比皆是，不修煉的人看《西遊記》只是看一個熱鬧而已，真懂修煉的人就能夠看出很多門道來。

　　《西遊記》裏還有一個非常有意思的現象。在小說中，很常見的情節就是要磨練主人公的意志和能力，甚至一開始要把主人公的生活毀掉，然後讓他在逆境中逐步成長，練就各種本事、抵禦各種誘惑，最後成為天下無敵的高手。像《獅子王》裏的辛巴，各種武俠小說等，差不多都是這個套路。武俠小說的主角一開始出來的時候通常都是武功低微，然後作者就給他安排各種各樣的奇遇，設計各種各樣的磨難，讓他最後成長為天下第一高手。但孫悟空從一出世就本領高強，每遇到妖魔鬼怪的時候計謀百出、鬥智鬥勇。一般的英雄遇到困境時，因為一種移情作用吧，我們都會為他感到緊張和痛苦，但當孫悟空遇到磨難的時候，我們總是抱著一種看熱鬧的心態，看看這猴子用了什麼稀奇古怪的方法或神通擺脫困境，這也是我們讀《西遊記》和讀一般小說時心情不一樣的地方。

　　下面說一下《紅樓夢》。《紅樓夢》是以賈、史、王、薛四大家族為背景，以林

黛玉和賈寶玉的愛情悲劇為主線，著重描寫了榮國府和寧國府從盛轉衰的過程。《紅樓夢》的作者是曹雪芹，成書的年代是乾隆49年。最初的《紅樓夢》是以手抄本的形式流傳的，只有前八十回，叫作《石頭記》，後來各種各樣紅樓夢的續作紛紛出爐，一直等到高鶚續寫了後四十回，才有了完整的一百二十回的《紅樓夢》。

簡單介紹一下曹雪芹的身世。曹雪芹的高祖因為隨清兵入關有功而受到封賞，他的曾祖父曹璽、祖父曹寅、他父親這一輩的曹顒和曹頫相繼擔任江寧織造達60多年之久，頗受康熙皇帝的寵信。康熙帝六下江南，有四次住在織造府的，等於曹寅四次接駕。康熙跟曹寅的關係很好，曹寅生病時康熙還特別給他寫了一個西藥的方子，說吃什麼藥能治這個病。《紅樓夢》裏邊提到江南的甄家，「獨他們家接駕四次」，暗示的正是當時康熙皇帝對曹家的寵信。雍正初年，由於皇子爭位，宮廷鬥爭牽連到曹家，於是曹家遭到多次打擊，最後曹頫被革職入獄，家產抄沒，舉家遷回北京，家道從此衰落，一度窮到舉家食粥的地步。

我個人認為，《紅樓夢》的文學成就在四大名著中應該是最高的，裡邊塑造了形形色色的人物，性格都非常鮮明。最難得的是曹雪芹以誰的身份寫作詩詞

清·孫溫《紅樓夢》彩繪

就會帶有那個人的才氣、靈性，甚至是其人的人格和命運，這一點在中國小説中誰都無法跟曹雪芹相比。

一般人把《紅樓夢》當作愛情故事來讀，也有人認為書中的主旨是為了反映封建禮教對人性的壓抑，但其中我覺得最有價值的，除了不可超越的文學成就外，還有很多關於人生命運安排和人性的刻畫，像《好了歌》、十二支《紅樓夢》曲都是幫人看破紅塵之語。

第五回中，賈寶玉夢遊太虛幻境，看到了紅樓十二釵的判詞。判詞的形式就很像唐代袁天罡跟李淳風所寫的《推背圖》，有詩有畫。像襲人的判詞「枉自溫柔和順，空雲似桂如蘭，堪羨優伶有福，誰知公子無緣」，就注定了襲人後來不可能嫁給寶玉的。後面是一簇鮮花一床破席，因為襲人姓花，寶玉給她起名叫襲人，所以就是鮮花加上破席就是花襲人。探春的判詞「才自清明志自高，生於末世運偏消，清明涕泣江邊望，千里東風一夢遙」，注定了她是要遠嫁的。惜春的是「勘破三春景不長」，咱們一般説「三春」感覺好象春天的正月二月三月，但這裏「三春」指的是惜春的三個姐姐，元春、迎春和探春。「勘破三春景不長」，三個姐姐最後都命不太好或者結局不太好。「緇衣頓改昔年妝，可憐繡戶侯門女，獨臥青燈古佛旁」，就是惜春注定要出家的。寶玉當時看不懂，後來等到惜春出家的時候，寶玉就想起了這些判詞。

當然高鶚後來寫《紅樓夢》結局的時候，也沒有完全按照這些判詞來寫。像王熙鳳的判詞説「凡鳥偏從末世來，都知愛慕此生才，一從二令三人木，哭向金陵事更哀」。「凡鳥」是一個字謎，加在一塊是鳳，王熙鳳的「鳳」。「一從二令三人木」描述的應該是賈璉對王熙鳳的態度，一開始是言聽計從，後來就可以命令她了，第三步是「人木」，「人」「木」加在一塊兒是休息的「休」，意思是説王熙鳳最終的結局，應該被賈璉休回娘家，但是高鶚沒有這麼寫。

　　《紅樓夢》裏有很多匠心獨運的地方，像第二十二回賈府猜燈謎，元妃寫的是「能使妖魔膽盡摧，身如束帛氣如雷，一聲震得人方恐，回首相看已化灰」，謎底就是爆竹。迎春寫的是「天運人功理不窮，有功無運也難逢，因何鎮日紛紛亂，只為陰陽數不同」，答案是算盤。探春寫的是「階下兒童仰面時，清明妝點最堪宜，遊絲一斷渾無力，莫向東風怨別離」，這是風箏。「遊絲一斷渾無力」暗示她最後跟賈府的聯繫一斷之後，就像風箏一樣飄走了。最後惜春寫的燈謎是「前身色相總無成，不聽菱歌聽佛經，莫道此生沉黑海，性中自有大光明」，謎底是佛前的海燈，喻示惜春的出家。所以你看四姐妹寫的燈謎，都是對她們未來命運的暗示。當時她們的父親賈政就已經意識到了，所以後面《紅樓夢》裏寫道「賈政心內沉思道，娘娘（元春）所作爆竹，乃一響而散之物」，就像他們家一樣，繁榮一下，「咣」就沒了，變成灰了。「迎春所作算盤，是打動亂如麻；探春所作風箏，乃飄飄浮蕩之物；惜春所作海燈，一發清靜孤獨。此乃上元佳節，如何皆作此不祥之物為戲耶？」所以賈政的心裡當時就感到特別悲涼。

　　我覺得在讀《紅樓夢》的時候，如果不看到後面結局，光看那時候賈府還是烈火烹油、鮮花著錦，一片繁華富貴的景象呢。所以我們讀這些詩的時候可能不知道曹雪芹到底蘊含了什麼深意，所以得等你讀到後面，翻過來再看前面才會知道，曹雪芹原來要表達的是這個意思。所以很多人看《紅樓夢》就翻過來倒過去看N遍，就變成了一種學問，叫「紅學」。

　　四大名著有一個共同的特點，就是都帶有宿命感。《三國演義》的結尾寫的是「紛紛世事無窮盡，天數茫茫不可逃」，就是講宿命；《水滸傳》一開始就預言了36顆天罡星和72顆地煞星要擾亂江山；《西遊記》本身就是講修煉的過程的，唐僧取經是在十輩子以前就已經注定的；《紅樓夢》講的是「木石前盟」和「金玉良緣」之爭。賈寶玉佩的玉是女媧補天剩下的一塊石頭，林黛玉是一棵絳珠草，他們之前的盟約是「木石前盟」；而薛寶釵有一個金鎖，所以她和寶玉之間是「金玉

良緣」。十二釵的命運早就都寫在判詞裏邊。關於《紅樓夢》有專門的紅學和無數的專著，我們就不再贅述了。脂硯齋在評《紅樓夢》的時候，揭示了很多類似的暗示、伏筆、照應等，就是曹雪芹匠心獨運的地方。

下面再說一下《封神演義》。《封神演義》的作者是明朝的許仲琳，也有一種說法說作者是陳仲琳，還有說是明代的道教學者陸西星所作。《封神演義》全書一共一百回，以姜子牙輔佐周文王和武王討伐商紂的歷史為背景，描寫了闡教和截教諸仙鬥智鬥勇、破陣、斬將、封神的故事。

書中說老子、元始天尊和通天教主有一個共同的師父叫鴻鈞道人。等到武王要伐紂的時候，通天教主這邊的弟子就都跑到紂王那邊去了，然後老子和元始天尊的弟子就都跑到了武王這一邊，然後雙方開始鬥智鬥法。在戰爭開始前，老子、元始天尊和通天教主一塊兒商量著寫了一個名單，這個名單就是封神榜。凡是封神榜上有名號的人都要在這場戰爭中死去，靈魂進入封神台，等到戰爭結束後，由姜子牙把他們的靈魂招出來，一個一個按照封神榜上的神位把他們封為神。那些正面的人物被奉為正神，比如雷神，負面的人物就被封為瘟神、痘神之類的神。

《封神演義》成書的時間大概是在隆慶、萬曆年間，也就是明朝末年。在明末還有一位非常傑出的小說家，叫馮夢龍，他寫了《東周列國志》。

《東周列國志》由馮夢龍寫完後，到清代的時候又經過蔡元放整理，就變成了一部長篇小說，是除了《三國演義》之外流傳最廣、影響最大的通俗歷史演義。《東周列國志》從西周末期的周宣王三十九年（公元前789年）開始一直寫到公元前221年秦始皇統一中國為止，包括春秋戰國五百多年的歷史，內容非常豐富和龐雜。最開始的創作者叫余邵魚，編了一部《列國志傳》，大概一共是28萬字；後來馮夢龍在此基礎上整理成為《新列國志》，108回，把字數從28萬增加到

70多萬。乾隆年間，蔡元放對《新列國志》加了潤色修訂，又加上了序、讀法、大量的評語和一些夾注，改名為《東周列國志》。

跟《三國演義》不同，《三國演義》是三分虛七分實，《東周列國志》基本上是基於四本書，就是《左傳》、《國語》、《戰國策》和《史記》，所以它大概有九分是來自於正史。《三國演義》寫三個國家，而《東周列國志》寫了幾十個國家之間的關係，無數的事件都敘述得條理清晰、有條不紊，而且當時各種聰明才智之士、諸子百家之言都能得到很好的呈現，這實在顯示出馮夢龍的文字功夫極為了得。

馮夢龍除了寫《東周列國志》之外還創作了《三言》，第一本叫《古今小說》，後來改名叫《喻世明言》，一共是四十篇；后來再加上《警世通言》四十篇、《醒世恒言》四十篇，一共《三言》，收小說一百二十篇。每卷中的每一篇都是一個獨立的故事，有的取自民間的傳說，也有一些是戲曲改編的，大部分故事情節非常曲折離奇、引人入勝，加上馮夢龍的文筆又特別好，所以讀起來很抓人。

跟《三言》並稱的就是《二拍》。《二拍》就是《初刻拍案驚奇》和《二刻拍案驚奇》，刊刻於明代崇禎年間。這時明朝已經基本上快結束了，《二拍》的作者叫淩濛初。《初刻》和《二刻》各四十卷，一共是八十回，但是其中有一卷是重複的，還有一卷是雜劇，實際上是七十八卷，內容多取材於古往今來的奇人異士，包括一些商人的活動和婚姻愛情等等。

清代還有《儒林外史》和《官場現形記》等諷刺小說，時間關係我們就不再解說了。

關於文學史這部分我們就講完了。我們整部《中華文明史》也到此全部結束。感謝您的收看，再見。

章節頁圖片：戰國晚期至西漢早期 勾雲紋環 現存於台灣國立故宮博物院

鳴　謝

錢穆先生在《國史大綱》中曾表達過這樣的觀點：一個國家的國民應當對本國的歷史抱有一定的溫情和敬意。這一點，我深以為然。但僅僅掌握一些歷史知識仍不足以瞭解一個民族的特質，而必須要從歷史中提煉出這個民族的文化精髓。

這本《中華文明史》就是在嘗試論述中華民族與其他民族有何本質不同。這絕非爲了提倡狹隘的民族主義，因本人深信各民族皆為神所創造，理應和睦平等相處。但民族乃是一個文化的概念，因此民族之復興必須以這個民族的獨特文化之復興為前提，否則我們復興的可能就是另一個民族，甚至因缺乏文化的支撐而永遠無法達至民族的復興。

有鑒於此，我們必須回溯中華文明的信仰根源，那是神爲這個民族奠定的文明基石和樹立的文化框架。而這類討論恰恰是目前各類文明史著作中很少見到的。

在中共奪取政權七十餘年間，中華文明遭遇了滅頂之災。幸運的是，有形的器物儘可以毀滅，而無形的精神仍然散落在民間。筆者在法輪大法的修煉中，獲得了重新看待中華文明的獨特視角，並以學術的方式在這本書中呈現出來，希望能在民族文明的重建中做一點拋磚引玉的工作。

中共的統治是人類歷史上最殘暴、野蠻和黑暗的時期，但剝極必復，否極泰來，等我們走過這個時期，我們將面臨著信仰的重建，道德的回升和文化的復興。在這個歷史大變動的時期，能夠順應大勢而出版這本書，是我們的心願，也是我們的幸運。

同時我也相信，不同民族的優秀文化理應相互借鑒。因此，爲了向中國大陸和其他族裔傳播這些理念，我們成立了「天亮聯盟」這一非營利機構，以籌款完成書籍的整理、出版和翻譯工作。過程中，我們得到了眾多社會各界人士的慷慨捐助，讓這項浩大的工程得以完成。在此謹致謝忱！

以下是出資1000美元以上的捐款人鳴謝名單，排名不分先後。

CPSIA information can be obtained
at www.ICGtesting.com
Printed in the USA
LVHW051237210723
752889LV00003B/12